浙江省哲学社会科学规划课题成果（09HQZZ003）
国家自然科学基金（71572181）资助出版

制度变迁、市场需求
独立审计质量的改善

陈　俊著

Institutional Change, Market Demand and Improvement of Independent Audit Quality

图书在版编目(CIP)数据

制度变迁、市场需求与独立审计质量的改善 / 陈俊著. —杭州 : 浙江工商大学出版社, 2018.9

ISBN 978-7-5178-2553-1

Ⅰ. ①制… Ⅱ. ①陈… Ⅲ. ①上市公司—股票上市—审计—研究—中国—1998—2004 Ⅳ. ①F239.22

中国版本图书馆 CIP 数据核字(2017)第 317784 号

制度变迁、市场需求与独立审计质量的改善

陈　俊著

责任编辑　王黎明

封面设计　林朦朦

责任印制　包建辉

出版发行　浙江工商大学出版社

(杭州市教工路 198 号　邮政编码 310012)

(E-mail:zjgsupress@163.com)

(网址:http://www.zjgsupress.com)

电话:0571-88904980,88831806(传真)

排　　版　杭州朝曦图文设计有限公司

印　　刷　虎彩印艺股份有限公司

开　　本　710mm×1000mm　1/16

印　　张　13.75

字　　数　219 千

版 印 次　2018 年 9 月第 1 版　2018 年 9 月第 1 次印刷

书　　号　ISBN 978-7-5178-2553-1

定　　价　41.00 元

浙江工商大学出版社营销部邮购电话　0571-88904970

摘 要

我国转型经济与新兴市场的基本特征决定了，在我国从计划经济向市场经济转型的过程中，制度的匮乏或缺失，以及由此而带来的迅速的制度演进是一种常态。从这个角度来看，经济转型本质上可以理解为一个制度变迁的过程。由于我国证券审计市场的发展植根于我国经济转型和新兴市场的总体背景之下，因而在其发展过程中也必然伴随着更为迅速的制度变更。显然，对我国证券审计市场相关的审计质量的需求和供给等问题的分析也应当以此为出发点。

本书延续了李树华(2000)的研究，以我国 1998—2004 年期间的 IPO 市场为研究对象，以我国股票发行定价制度的市场化演进过程为研究切入点，对研究期间我国 IPO 市场的审计师选择问题及审计市场结构变化，会计师事务所的审计质量差异化，以及审计质量的经济后果等问题进行了考察和实证检验。研究结果表明，首先，随着我国股票发行定价市场化程度的提高，在 2000 年以后，李树华(2000)所发现的“审计独立性的提高与审计市场的背离”这一现象已经终止并发生了逆转，大规模会计师事务所(“十大”)的 IPO 市场份额获得了稳步提升。究其原因，在我国证券审计市场的迅速演进过程中，新兴的高质量审计需求在 2000 年以后开始逐渐显现，是来自市场的自发需求力量最终推动了大规模会计师事务所 IPO 市场份额的提高。其次，市场自发的高质量审计需求也进一步推动了会计师事务所的审计质量差异化。这种以事务所规模区分的审计质量差异在 2000 年以后开始出现，但仍不够明显。不过，2002 年以后的研究结果表明，大规模会计师事务所(“十大”)的审计质量要系统性地高于其他会计师事务所。最后，本书研究发现，在 2002 年以后，审计质量具有明显的经济后果，高质量审计师(“十大”)所审计的 IPO 公司抑价程度显著更低。此外，对 IPO 审计定价的考察结果也表明，作为“质量(或声誉)溢价”，高质量审计师在 IPO 过程中也确实收取了更高的审计费用。

本书的主要贡献如下：(1)本文的研究结果首次表明，李树华(2000)所发现的“审计独立性的提高与审计市场的背离”现象在我国 IPO 市场中已经终止并发生逆转。(2)本书延续了李树华(2000)的研究,在一段较长的时期内(1998—2004)对我国 IPO 审计市场中与审计质量相关的问题进行了考察,从而填补了 1997—2000 年期间关于上述问题的研究空白。(3)本书首次在一段较长的时期内,对审计质量的需求和供给问题进行了较为详细的分析和考察,从而能够回答这样的问题:(a)在我国,新兴的高质量审计需求出现的动因来自哪里,包括哪些,大约在何时出现;(b)我国会计师事务所的审计质量差异化大约在什么时候开始显现,市场又是如何感知的。(4)本书以我国 IPO 市场为研究背景,系统考察了高质量审计的信息需求和监督需求假说。尤其是对 IPO 过程中信息需求的考察,本书的研究发现,在控制市盈率定价阶段,IPO 公司的事先风险越低,越有可能选择高质量审计师。这一研究结论在国内研究中尚属首次。(5)本书对 IPO 市场审计定价问题的考察,丰富了目前国内关于审计定价问题的研究成果。

ABSTRACT

According to the basic characters of China's transitional economies and emerging market, during the transition from planning economy to market economy, the absence of institution and hence the rapid evolution of institution are common phenomena. From this viewpoint, economy transition can be described as a process of institutional change. Since the security market's development in China rooted deeply in the gross background of economy transition and emerging market, which in its development process must be accompanied by more rapidly institutional change. Obviously, when analyzing the demand and supply issues of audit quality relating to security auditing market in China, we should take the former background as starting point.

Based on the IPO market in 1998—2004, this dissertation extends Li Shu-hua (2000)'s research. In this article, taking the marketization evolution of China's IPO pricing system as entry point, we empirically examine the issues about the auditor choice and change of audit market structure, the audit quality differentiation among audit firms, and economic consequence of audit quality. The results show that, first of all, with the improvement of marketization level of China's IPO pricing system, after year 2000, the Li(2000)'s finding of "improved auditor independence and the flight from audit quality" has come to an end and reversed, the large audit firms' (Big 10) shares in IPO market increase steadily. The main cause lies in that, during the rapid evolution of China's security market, the emerging spontaneous demand for high quality audit gradually appeared after year 2000 , and eventually promoted the market shares of large audit firms in IPO market. Second, the spontaneous market demand for high quality audit further promotes the audit firm's audit quality differentiation. The differentiation of audit quality distinguished by the size of audit firms emerged after year 2000, but still not clear. Nevertheless, the study results after year 2002 show that, the audit quality of large audit firms(Big 10) is systematically higher than that of other audit firms. Finally, this dissertation finds that, after year 2002, audit quality has distinct economic consequence, and the IPO companies which audited by high quality auditors (Big 10) have the lower underpricing level significantly. In addition, the finding about IPO audit pricing also shows that, the high quality auditor do command significant higher fees as "quality (or reputation) premium".

The main academic contributions of this dissertation are presented as follows: (1) through theoretical analysis and empirical examination, we firstly find that the Li (2000)'s finding of "improved auditor independence and the flight from audit quality" has come to an end and reversed in China's IPO market;(2) This dissertation extended Li(2000)'s research, investigates the issues relating to audit quality in China's IPO audit market in a long period (1998—2004), thereby fills the research gaps on the above issues in 1997—2000 ;(3)This dissertation firstly detailedly analyses and examines the audit quality' demand and supply issues of security market in a long period. Thus we are able to answer the following questions: (a) In China, why and when merging high audit quality demand appeared, what does it include; (b) When the audit quality differentiation among accounting firms emerged, and how does the market perceive it. (4) Based on the background about China's IPO market, this dissertation systematically investigates the information hypothesis and monitoring hypothesis of audit quality. In particular, after year 2002, we find that, the lower ex ante risk of IPO company, the higher possibility to choose high quality auditor, which support information hypothesis. This result is firstly observed in China. (5) The research on audit pricing in IPO market enriches the current domestic literatures on audit pricing issues.

目　录

第1章　导论 …… 001

1.1　研究动因 …… 003
1.2　研究思路和结构安排 …… 005
1.3　本书的主要贡献 …… 007

第2章　审计质量研究的分析框架和文献综述 …… 011

2.1　审计质量研究的分析框架 …… 013
2.2　审计质量的需求 …… 018
2.3　审计质量的供给 …… 026
2.4　审计质量组成部分之间的关系、审计质量的产品及其经济后果 …… 034

第3章　制度背景 …… 039

3.1　经济转型、新兴市场与制度变迁 …… 041
3.2　迅速演进的中国证券审计市场 …… 047
3.3　我国股票发行定价制度的演进和市场化改革 …… 061

第4章　IPO定价制度变迁、代理冲突与审计师选择 …… 067

4.1　目前国内关于审计师选择的实证研究进展 …… 069
4.2　理论分析与研究假设 …… 071
4.3　研究设计 …… 085
4.4　实证结果与分析 …… 092
4.5　研究结论 …… 104

第 5 章　IPO 定价制度变迁、盈余管理与审计质量 …………… 107

5.1　目前国内关于审计质量差异化的实证研究进展 ………… 109
5.2　理论分析与研究假设 ………………………………… 115
5.3　研究设计 ……………………………………………… 121
5.4　实证结果与分析 ……………………………………… 127
5.5　研究结论 ……………………………………………… 139

第 6 章　IPO 定价制度变迁、审计师声誉与 IPO 抑价 ………… 141

6.1　目前国内关于审计质量经济后果的实证研究进展 ……… 143
6.2　理论分析与研究假设 ………………………………… 144
6.3　研究设计 ……………………………………………… 155
6.4　实证结果与分析 ……………………………………… 159
6.5　研究结论 ……………………………………………… 168

第 7 章　结语 ………………………………………………… 171

7.1　本文的主要研究结论和启示 ………………………… 173
7.2　本研究的局限性及可能的后续研究方向 …………… 176

参考文献 ……………………………………………………… 179

后　记 ………………………………………………………… 211

导　论

第1章

1.1　研究动因

自李树华(2000)对我国首批独立审计准则实施前后证券审计市场结构的变化进行考察,并发现著名的"审计独立性的提高与审计市场的背离"现象以来,众多的理论研究者普遍接受这样的观点,即在我国证券市场发展的初期阶段,由于上市公司缺乏甚至排斥高质量审计需求,因而作为证券审计市场的供给方——我国会计师事务所提供的审计质量普遍不高(甚至低下),会计师事务所之间也不存在系统性的审计质量差异化,强制性独立审计作为保障我国证券市场有效运转的基础制度安排之一,未能取得预期的效果。这其中,以刘峰等(2002)的观点最具代表性。刘峰等(2002)认为,我国的证券市场属于初创时期,并且一开始就是由政府出面筹建,由政府进行管理,因而在很多方面都带有非常鲜明的政府痕迹。这导致公司的很多行为不是面对市场,而是面对政府和相应的管制机构。在"取悦"政府管制机构的过程中,审计不是一种自发的市场需要,而只是政府管制机构"模仿""国际惯例"的一个附带产物。审计质量不是寻求上市的公司或已上市公司成本效益函数中的一个变量。由此,他们推定:我国审计市场总体上并不需要,甚至排斥高质量的审计。

然而,将我国证券审计市场的发展置于我国从计划经济向市场经济转型的总体背景下来考虑,以上观点尽管正确,但具有阶段性,仅是对我国证券审计市场阶段性特征的描述和总结。随着我国市场经济改革的深入、经济发展市场化水平的不断提高,以上观点是否继续适用,需要研究者在对变化了的制度环境、市场环境及证券审计市场深入分析的基础上方能得出恰当的结论。我国经济转型和新兴市场的基本特征决定了在我国经济发展的市场化进程中,制度的匮乏或缺失以及由此而带来的迅速的制度变更是一种常态。从这个角度来讲,经济转型本质上可以看成是一个制度变迁的过程(林毅夫,1994)。由于我国证券审计市场的发展植根于我国经济转型的背景之下,因而其发展也必然伴随着更为迅速的制度变更。毫无疑问,这个基本特征应当是在进行关于我国证券审计市场相关问题研究时的一个基本出发点。

独立审计本质上是市场经济的产物(Watts & Zimmerman,1983),经济发展的市场化水平越高，市场经济越发达，独立审计就越重要。在李树华(2000)以及刘峰等(2002)的研究中均将我国经济转型初期，证券市场发展过程中政府对于市场的高度管制视为导致企业缺乏高质量审计需求的主要原因。然而，从根本上讲，我国的经济转型是政府主导下的强制性制度变迁过程，市场发展初期行政力量主导有其历史根源，并且在与市场发展相关的基础制度尚不完善、市场自发的资源优化配置功能部分丧失的情况下，某种程度的政府管制应当是必要的，并且也并不总是缺乏效率的(王正位等，2006)。然而在经济发展过程中，无视市场经济发展状况以及市场经济规律的过度政府管制或者政府干预(当然也包括政府失灵)，以及管制过程中造成的市场微观主体的行为异化，才是造成我国证券审计市场缺乏高质量审计需求的根本原因。不过，随着我国市场经济改革的不断深入，经济转型的基本特征决定了那些被证明缺乏效率的过渡性制度安排必然会被规范性制度安排所取代(朱先奇和董玲，2005)。当市场本身的力量日益壮大，市场自发的资源优化配置功能日益显现时，政府在经济生活中的角色和功能定位也必然会逐渐退化为单一的市场经济运行所必需的基础制度(或“基础设施”)的提供者和保障者(谢德仁和陈武朝，1999)。

如前所述，我国经济转型的总体背景决定了我国证券审计市场的发展必然伴随着更为迅速的制度变更，与此相关的审计问题包括对审计质量的需求和供给的分析应当以此为基本出发点。进入21世纪，已有部分研究者观察到，在我国证券审计市场当中，新兴的高质量审计需求开始出现(如曾颖和叶康涛，2005；王艳艳等，2006)，按规模区分的不同会计师事务所提供的审计质量亦开始产生分化(如章永奎和刘峰，2002；漆江娜等，2005；周中胜和陈俊，2006)。但是总体上看，很少有研究者系统地对我国新兴高质量审计需求出现的动因，包括哪些以及何时开始显现进行分析，也很少有研究者对我国会计师事务所的审计质量差异化究竟何时出现以及出现的原因予以回答。而对于以上问题的分析和考察正是本书的研究动因之一。

更为重要的是，李树华(2000)通过对我国首批独立审计准则实施前后证券审计市场结构变化的考察，发现了在我国IPO市场当中存在着“审计独立性的提高与审计市场的背离”这一现象，该现象的发现对此后的理论研究产生了重大影响。按照李树华(2000，p196)的解释，这一“背离”现象出现的主要原因在于当时高度行政性的新股发行定价方式。然而，在1999年7月

《证券法》颁布实施以后，我国股票发行定价制度开始向着市场化方向迅速迈进。由此所引发出来的一个重要问题是：在我国新股发行定价逐步市场化以后，“审计独立性的提高与审计市场的背离”这一现象终止了么？尽管对这一问题的回答引人注目，但是时至今日，并没有研究者对此予以作答。因此，作为最为重要的一个研究动因，本文将以我国新股发行定价制度的变迁为研究背景，通过理论分析和实证检验相结合的方法给出这一问题的答案。

1.2　研究思路和结构安排

1.2.1　研究问题和研究思路

本书旨在考察，在我国经济转型和新兴市场背景下，具备迅速制度变更特征的我国证券审计市场中与审计质量相关的若干问题，具体包括：

(1)从审计质量的需求方看，是否存在高质量审计需求？如果存在，其动因来自哪里？大约何时出现？

(2)若市场存在自发的高质量审计需求，我国证券审计市场的结构是否会随之发生变化，大会计师事务所的市场份额是增加了还是减少了？李树华(2000)所发现的“审计独立性的提高与审计市场的背离”这一现象是继续存在还是发生了逆转？

(3)从审计质量的供给方看，不同类型会计师事务所的审计质量是否存在系统性差异？如果存在，大约何时出现？

(4)在我国现阶段，审计质量是否具有明显的经济后果？

在具体研究思路上，本书延续李树华(2000)的研究，以我国 IPO 市场为研究对象，以股票发行定价制度的演进为研究切入点，对上述问题进行考察。本书发现，在李树华(2000)对我国 1993—1996 年间的 IPO 审计市场进行考察之后，绝大多数研究者在考察与审计质量有关的问题时，均以我国 2000 年以后的证券审计市场为研究对象，从而事实上形成了在李树华(2000)的研究之后，1997—2000 年期间的关于审计质量问题的理论研究真空。此外，本书还发现，绝大多数研究均集中于考察年报审计市场，对我国更具特色的 IPO 审计市场的研究却相当匮乏。然而，李树华(2000)所发现的"审计独立性的提高与审计市场的背离"现象却正是发生在我国 IPO 审计市场当中的。基于以上考虑,同时也是为了与李树华(2000)研究保持一定程度的延续性,本书选择 1998—2004 年间我国的 IPO 审计市场为研究对象,在一个相对较长的期间内对上述问题进行考察。需要说明的是,尤其是对我国高质量审计需求的出现及其变化趋势,IPO 审计市场结构的变动以及事务所审计质量差异化的变化趋势等问题的考察,只有在一个相对较长的期间内进行研究,才能给出上述问题的答案。

1.2.2 内容框架与结构安排

本研究的内容框架和结构安排如图 1-1 所示,全文共包括七个部分:

第 1 章 导论。本章主要说明论文的选题动因和研究问题,全文的总体结构安排以及本文的主要研究贡献。

第 2 章 审计质量研究的分析框架和文献综述。由于本文主要是研究我国证券审计市场中与审计质量相关的若干问题,因此在本章当中,笔者首先根据目前关于审计质量问题的研究进展,提出关于审计质量研究的一个系统性分析框架,并以此框架对相关的研究文献进行回顾和探讨,作为发展文章理论分析和研究设计的基础。需要说明的是,本章主要是总结国外已有相关文献的研究方法和结论,而对目前国内研究进展的回顾则放在后续各章中进行。

第 3 章 制度背景。本章首先探讨了我国转型经济和新兴市场的基本特征及其与制度变迁之间的内在联系。在此基础上,对我国迅速演进的证券审计市场的基本特征进行了总结;并以此为出发点,对我国证券审计市场中审计质量的需求和供给问题进行了分析。此外,作为本文的一个重要的特定研究背景,本章的最后一节介绍了我国股票发行定价制度的市场化演进过程。

第 4 章 IPO 定价制度变迁、代理冲突与审计师选择。在关于审计质量的研究中,对于审计质量需求方驱动因素的考察无疑是首要的。本章以我国 IPO 定价制度的变迁过程为研究背景,从审计质量的信息需求和监督需求的角度对我国 IPO 市场中的审计师选择问题进行了考察和实证检验。具体研究步骤为:首先,对我国目前关于审计师选择问题的研究进展进行回顾和总结。其次,以第 2 章所提供的审计质量分析框架和第 3 章中关于制度背景的分析为基础,对我国 IPO 市场中审计质量的信息需求和监督需求进行理论分析并发展研究假说。最后,以 1998—2004 年期间我国 IPO 市场为研究对象进行实证检验并得出研究结论。

第 5 章 IPO 定价制度变迁、盈余管理与审计质量。李树华(2000)认为,其研究期间高度行政性的定价方式诱发了 IPO 公司的盈余管理行为,出于盈余管理的需要,为提高发行价格,发行人倾向于聘请独立性较低、“较为配合”的会计师事务所。因此,本章首先对我国 IPO 定价制度市场化变革导致的制度诱发型盈余管理行为的变化进行考察。在此基础上,以盈余管理为审计质量的替代变量,从供给方的角度,对我国会计师事务所的审计质量差异化问题进行考察和实证检验。具体研究步骤为:首先,对我国目前关于审计质量差异化问题的研究进展情况进行回顾和总结。其次,仍以第 2 章所提供的审计质量分析框架和第 3 章中关于制度背景的分析为基础,对 IPO 定价制度变迁过程中发行人盈余管理行为的变化,以及审计师类型与盈余管理的关系进行理论分析并发展研究假说。最后以 1998—2004 年期间我国 IPO 市场为研究对象进行实证检验并得出研究结论。

第 6 章 IPO 定价制度变迁、审计师声誉与 IPO 抑价。本章从投资者感知的角度,仍以我国 IPO 定价制度变迁为研究背景,对审计质量的经济后果——高质量审计师能否有助于 IPO 抑价程度的降低进行理论分析和实证检验。具体研究步骤为:首先,对我国目前关于审计质量经济后果问题的研究进展情况进行回顾和总结。其次,仍以第 2 章所提供的审计质量分析框架和第 3 章中关于制度背景的分析为基础,对 IPO 定价制度变迁过程中审计师声誉与 IPO 抑价的关系,以及从供给方看,高质量审计师能否凭借其“声誉(或质量)”收取“声誉(或质量)溢价”进行了理论分析并发展研究假说。最后以 1998—2004 年期间我国 IPO 市场为研究对象进行实证检验并得出研究结论。

第 7 章 结语。本章着重概括了本文研究的基本结论和一些其他相关结论,说明了本文的研究局限性以及未来可能的后续研究方向。

1.3 本书的主要贡献

本书的主要研究贡献包括以下几个方面:

1.本书的研究结果首次表明,李树华(2000)发现的"审计独立性的提高与审计市场的背离"现象在我国IPO市场中已经终止并发生逆转。

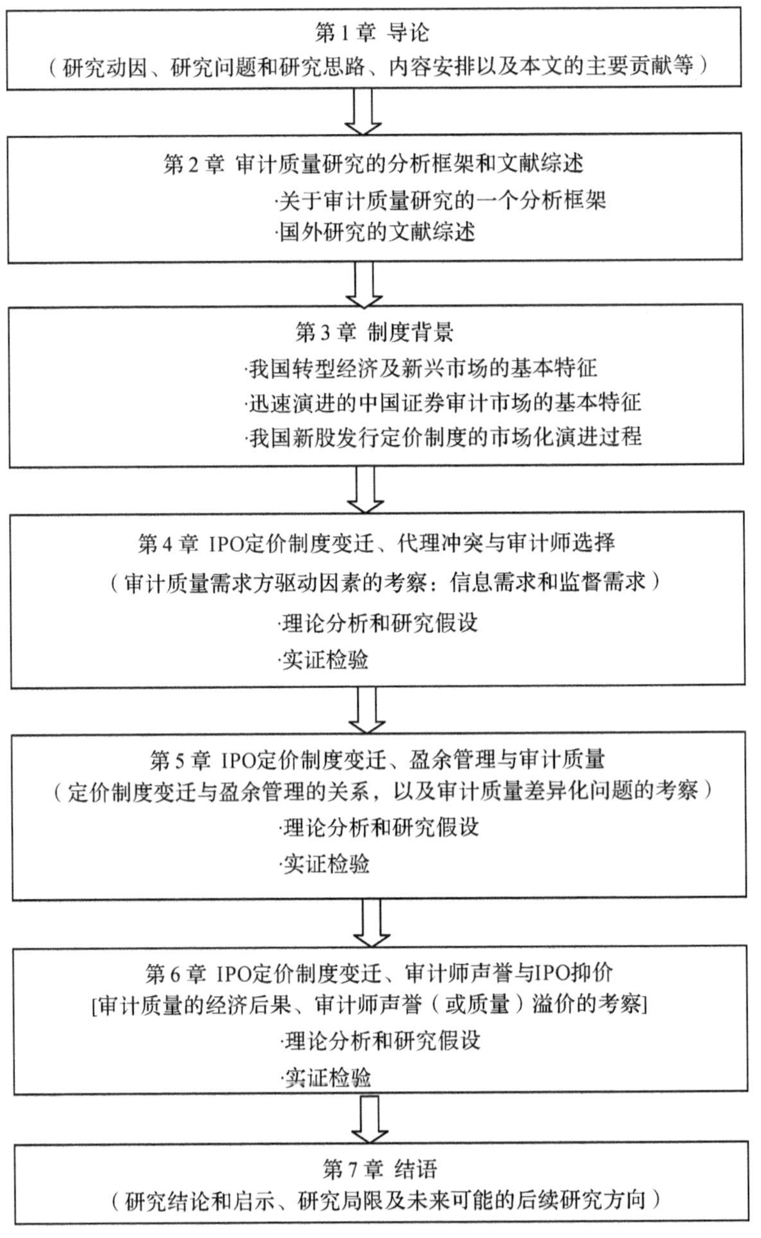

图1-1 本书的内容框架与结构安排

2.本书延续了李树华(2000)的研究,在一段较长的时期内(1998—

2004)对我国 IPO 审计市场中与审计质量相关的问题进行了考察,从而填补了 1997—2000 年期间关于上述问题的研究空白。

3. 本书在一段较长的时期内,对我国证券审计市场中审计质量的需求和供给问题进行了较为详细的分析和考察,从而能够回答这样的问题:(1)在我国,新兴的高质量审计需求究竟包括哪些,它们是何时出现的;(2)我国会计师事务所的审计质量差异化大约在什么时候开始出现,市场又是如何感知的。

4. 本书以我国 IPO 市场为研究背景,系统考察了高质量审计的信息需求和监督需求假说。尤其是对 IPO 过程中信息需求的考察,本书研究发现,在控制市盈率定价阶段,IPO 公司的事先风险越低,越有可能选择高质量审计师。这一研究结论的得出在国内研究中尚属首次。

5. 本书对于 IPO 市场审计定价问题的研究,丰富了目前国内关于审计定价问题的研究成果。

6. 在研究方法上,与国内外大多数同类研究相比,本书做了三点改进:一是,在度量 IPO 公司事先风险时,由于多数研究所使用的替代变量并不一致,在对已有度量方法进行总结的基础上,采用主成分分析缩减变量个数,并以第一主成分作为 IPO 公司事先风险的替代变量。二是,在度量盈余管理时,本书同时采用了三种方法,从而使得研究结果更为可靠。三是,本书根据 Kim et al. (2003)以及 Chaney et al. (2004)研究中所采用的两阶段方法,对研究中可能存在的自选择偏误问题进行了控制。

审计质量研究的分析框架和文献综述

第2章

作为全篇研究的理论基础和研究脉络，在本章当中，首先构建了一个关于审计质量研究的分析框架；并在此基础上对当前国外关于审计质量研究的文献进行系统梳理和回顾。至于国内部分审计质量研究的文献梳理则放在后续各章节中进行。

2.1　审计质量研究的分析框架

2.1.1　什么是审计质量

关于审计质量的定义，实务工作者与理论研究者的理解存在一定的差异。实务工作者通常认为，审计质量就是审计活动对公认审计准则或标准的遵循程度（如 Gao，2003；Krishnan & Schauer，2001；Tie，1999；McConnell & Banks，1998）。具体来讲，就是要求“审计师按照公认审计准则实施审计，以合理确信所审计财务报表和相关披露：(1)按照公认会计原则进行表述；(2)不存在由于错误或者舞弊导致的重大错报”(Gao，2003)。

但是在关于审计质量的理论研究中，大多数研究者是从审计风险的角度来定义审计质量(Carcello & Raghunandan，2005)，其中具有代表性的观点包括：(1)市场评估的，财务报表中包含重大错报或漏报，审计师能够发现并予以报告的联合概率(DeAngelo，1981b)；(2)对包含重大错报的财务报表，审计师不发表无保留审计意见的概率(Lee et al.，1999)；(3)已审财务报表信息的准确性（Titman & Trueman，1986；Beatty，1989；Davidson & Neu，1993)；(4)对审计师减少会计数据中的噪音和偏误，并使其更为完善的能力的一种度量(Wallace，1980)。

以上定义尽管在程度上有所不同，但是均涉及审计师的专业胜任能力、审计独立性以及它们是如何被市场参与者所感知的。这其中尤以DeAngelo(1981b)的定义最为全面，其他关于审计质量的定义仅仅反映了该定义的一个或几个方面，因而该定义被广泛地接受（Watkins et al.，2004)。

DeAngelo(1981b)的定义包含了理解审计影响财务报表信息质量的关键属性，即审计师专业胜任能力和审计师独立性。美国基本审计概念公告(A Statement of Basic Auditing Concepts，SAR)第 6 号指出，审计师可以通过确保遵循公认审计准则(GAAS)来对财务报表信息质量实施控制，这反映在 DeAngelo(1981b)定义中关于审计师胜任能力的表述，即“审计师有能力发现财务报表中存在的重大错报或漏报”。进一步地，报告所发现错报的可能性则依赖于审计师独立性。独立性是审计的关键属性，是审计活动的核心和灵魂，因为引发独立审计的基本驱动力就在于财务报表的使用者和提供者之间的利益冲突(陈汉文和黄宗兰，2001)。此外，DeAngelo(1981b)的定义是以“市场评估的联合概率”为基础的。原因在于审计质量事先难以观察，唯一可观察的是审计活动的产出——审计报告，但是统一的审计报告形式和审计意见表达方式使得其质量难以为使用者直接察知，并且审计师所签发的绝大多数均是无保留意见的审计报告①。从这个角度来看，审计具有“信任品”特性，审计质量建立在使用者对审计师信任程度的基础上。DeAngelo(1981b)的定义强调审计质量的市场感知，这种感知包括两个方面：市场所感知的审计师专业胜任能力和所感知的审计师独立性。从长期来看，市场所感知的审计质量就是审计师声誉(Watkins et al.，2004)。

2.1.2 审计质量研究的一个分析框架

从 DeAngelo(1981b)的定义出发，审计质量研究基本从两个维度展开，即审计师所提供的真实审计质量以及市场所感知的审计质量，对于前者 Watkins et al.(2004)将其称为“审计师监督强度(auditor monitoring

---

① 在美国，1988 年以前，审计准则要求审计师在审计报告中以附加段说明客户所面临的任何重大不确定性。此外，审计师还必须使用“subject to”以反映某一重大事项最终的解决对审计意见的影响，即出具保留意见的审计报告。美国审计准则委员会(ASB)曾于 1977 年和 1982 年先后两次尝试取消“subject to”关于不确定性的保留表述，ASB 认为如果客户已经充分披露了或有事项，审计师没有必要在报告中再以附加段予以说明。但是财务报表使用者则认为这种附加说明可以被看成是有用的“红旗(red flag)”信号，因而对 ASB 的两次尝试进行了强烈的反对。1988 年 SAS No. 58(SAS 指审计准则公告，Statement on Auditing Standards)取消了“subject to”保留意见，但是仍要求在某种状况下(如可能导致亏损)审计师要以附加段对审计报告予以修正。1995 年 ASB 发布了 SAS No. 79 正式取消了当重大损失不确定性存在时，审计师需签发保留审计意见的要求。ASB 对此的解释是，由于财务报告中已经就公司某种显著的风险和不确定性进行了详细的披露(AICPA，1994)，ASB 的主席认为要求审计师在报告中再次予以说明完全是多余的(Noonan，1996)。因此在 1995 年后，美国审计报告的类型只包括两种，即标准审计报告和 going concern(对公司持续经营不确定性予以说明)审计报告。

strength)”，后者就是审计师声誉。这种区分显然有助于研究者(包括其他审计报告的使用者)对于审计质量的全面理解，但是在以往不少研究中两者之间的界限是模糊的。理由很简单，审计过程就如同一个“黑箱”一样，除非发生审计失败①，否则真实的审计质量通常是难以观察的。

基于审计质量的两个维度，其产品同样可以区分为两个方面：信息质量和信息可信性。信息质量是指信息反映真实经济状况的程度，而信息可信性则是指信息使用者对于信息的信任程度(Memon & Williams，1991)。显然，审计师监督强度与信息质量有关。通过改善信息的准确程度、减少信息中包含的噪音和偏见，审计师监督强度的提高能够显著改善信息质量(Wallace，1980)，最小化客户所报告的经济状况与其真实的经济状况之间的差距。而审计师声誉则与信息的可信性有关，信息可信性很大程度上取决于市场对审计师胜任能力和审计师独立性的感知，因而审计师声誉反映了审计师增强财务报表可信度的能力，尽管实际上信息质量可能并无改善。在某种程度上，声誉通常被看作公司层面的特征，言下之意也就是其在所有的审计活动中均保持不变。然而审计师监督强度可能并非如此，2001 年原国际“五大”之一——安达信会计公司因安然事件轰然崩塌就是最好的例证。另外，作为审计师监督强度和审计师声誉的产品，信息质量和信息可信性具有明显的经济后果，这可以理解为，审计质量的经济后果是通过提高会计信息质量或者会计信息的可信性间接体现出来的，最终会影响契约的达成及其效率、资源的配置，以及财富如何在各利益主体之间分配等(Zeff，1978)。

如同其他产品或服务的质量由其需求和供给共同决定一样，审计质量最终也是其需求方和供给方力量共同作用的结果。在关于审计质量的理论研究中，审计质量的需求方和供给方驱动因素的考察通常占据相当大的比重，因为这直接关系到如何理解为什么在独立审计准则(或标准)既定的情况下，不同类型审计师提供的审计质量存在差异，以及审计师提高审计质

---

① Francis(2004)的研究表明，从审计师诉讼来看，在 1960－1995 年间，平均每年审计师涉诉 28 起，这意味着年审计师涉诉率为 0.28%。从 SEC 的“会计和审计执行公告(Accounting and Auditing Enforcement Releases，AAERs)”来看，在 1982－1993 年，AAERs 共发布了 165 起涉及审计活动存在缺陷的公告，年均 14 起，这意味着审计失败率为 0.14%，即使 1994 年以后 AAERs 的执行行动明显增多，年均仍不超过 1%。

量、进行差异化努力的动因何在。这其中,对于审计质量需求方驱动因素的考察无疑是首要的。由于审计质量成本的提高以及价格竞争,很难想象在市场缺乏高质量审计需求的情况下,审计师会主动进行审计质量差异化。此外,对于审计质量需求方驱动因素的考察相当大程度上是基于这样的认识,即对独立审计的需求来自经济动因而非管制因素(Jensen & Meckling,1976;Watts & Zimmerman,1983;Wallace,1987,2004)。

结合上文的分析和 Watkins et al.(2004)对于审计质量研究的总结,图 2-1 给出了审计质量研究的分析框架。在图 2-1 中,需要说明的是,现有西方关于审计质量的研究基本上是以市场较为完善的欧美等发达国家为研究背景的,因此研究中较少考虑不同国家的制度背景(包括法律环境的差异、政府对于经济活动的干预程度及社会和文化差异等)、经济和市场发展状况等对市场参与者行为的影响。本文认为,作为追求自身利益最大化的理性人和市场的微观主体,公司总是处于特定的制度环境当中,对于其所处环境的适应始终是第一位的,因而其行为也总是趋向于趋利避害,随着其所处外部环境的变化而发生改变。这就在一定程度上决定了公司的很多行为应该是内生于其所处的制度环境。不了解一国的制度环境以及制度环境的变化对于公司行为的影响,孤立地看待本研究所考察的审计质量问题是没有意义的。

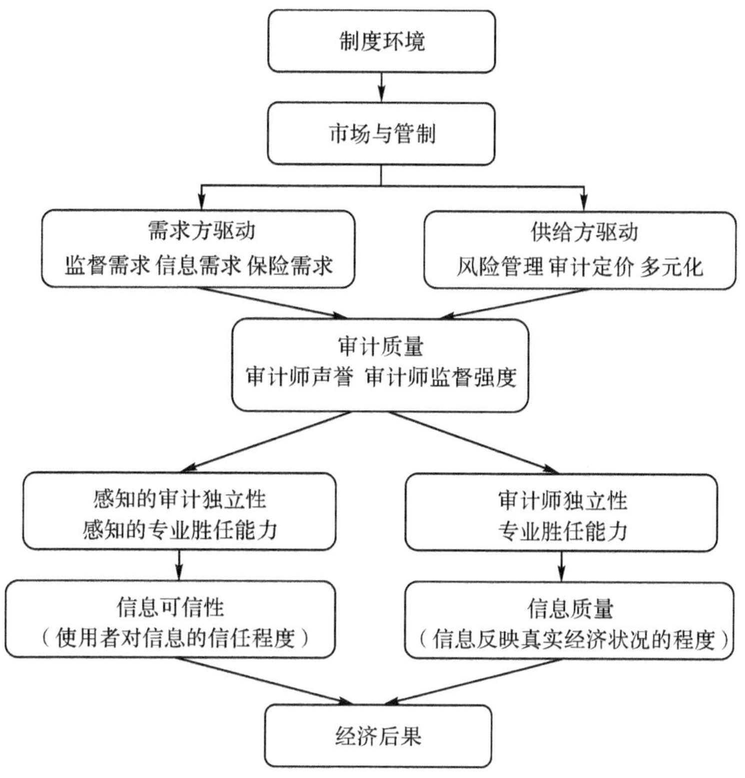

图 2-1　审计质量研究的分析框架图

制度背景的不同，一定程度上决定了市场结构以及市场发展状况、政府对于市场的干预程度等的差异，而作为审计质量需求方的公司以及审计质量供给方的会计师事务所，其行为也必然因此而受到影响。对于转型经济和新兴市场国家来说，更是如此。经济转型和新兴市场的基本特征在于制度的匮乏以及由此而带来的迅速的制度演变是一种常态（在本文第 3 章中会详细讨论），这导致审计质量供需双方的行为及利益取向同样处于变化之中，审计质量因此可能表现出阶段性特征。考虑到上文的分析，本文认为将制度背景以及由此而来的市场及管制特征的考察作为审计质量研究分析框架的起点是合适的，也是必要的，对于处于经济转型和新兴市场国家有关独立审计和审计质量问题的研究（如本文的研究）更需如此。

2.2 审计质量的需求

如前文所述，对于审计质量需求驱动因素的研究基于这样的认识，即对独立审计的需求早于管制之前就已经存在，这表明是独立审计的经济角色而非管制因素创造了审计需求（Jensen & Meckling，1976；Watts & Zimmerman，1983；Wallace ，1987，2004）。据此，在现代管制条件下，对于差异化审计质量需求驱动因素的研究同样涉及三个主要方面：监督需求、信息需求和保险需求。作为审计质量需求研究的基础，下文分析中，本文首先讨论非管制条件下独立审计的经济角色。

2.2.1 从自愿审计到管制

在现代证券市场当中，独立审计通常是一种强制性的制度安排，管制性的法定要求在一定程度上模糊了人们对于独立审计所产生的经济动因的认识。但是在理论研究者看来，与多数市场所共有的特征一样，对独立审计的需求并非出于法律上的强制性要求。

Jensen & Meckling(1976)在其公司理论的研究中强调了监督的重要性，并分析了不同类型公司中的激励问题。在Jensen & Meckling(1976)看来，公司是一系列生产要素所构成的契约集，不同的契约安排（如不同的产权结构）会诱发利益各方不同的机会主义行为。这种机会主义行为会降低公司的总产出以及公司的价值。但是，在一个具有理性预期的市场当中，机会主义行为的成本实际上由行为者（代理人）承担，这使得行为者愿意在签订契约时以限制性条款来限制自己的机会主义行为；而契约的执行情况如何则要求有人对此进行监督。这一角色，Jensen & Meckling(1976)认为可以由独立审计师来承担。理论上讲，只要审计师能够报告违背契约的情况，即具有非零的独立性水平，审计就能够成功改变预期并因此而减少代理人多承担的机会主义行为的成本（代理成本）。Scott(1984)进一步对此进行了分析，他认为由于反映代理人努力程度的信息并不是完全可以观测到的，对于所有利益各方而言，审计活动可以使他们更好地了解自身的得益状况并更好地判断代理人的努力程度。而当代理人自感收益较低时，他们对独立审计的自发需求就会越强烈。

Watts & Zimmerman(1983)为 Jensen & Meckling(1976)的理论分析提供了历史证据,他们通过考察英国和美国商业公司发展的历史,得出结论认为对于利益各方行为的监督,即使不是最为关键的,对于公司的形成来说也是重要的。独立审计广泛存在于早期的商业公司活动当中,是公司组织活动有效的组成部分。Benston(1969)对 1933 年和 1934 年《证券法》及《证券交易法》实施以前的美国证券市场进行了考察,研究发现纽约证券交易所约 82%的上市公司已经自愿接受了独立审计。Wallace(1986)提供了来自市政机构非管制性审计需求的经验证据。当采用监督、信息、保险、节约运行成本等的需求模拟初次审计的时机选择时,1956 年以前预测的正确率超过 70%。Abdel-Khalik(1993)考察了不需接受强制审计完全由管理者拥有的私人美国公司样本,研究发现 77%的公司接受了财务报表审计。不过,Gaver & O'Keefe(1993)的研究发现,那些雇员少于 100 人的美国小型制造业公司中仅有 10%购买了审计服务。

除了考察审计活动是否发生的研究外,Chow(1982)以 1926 年的美国公众上市公司为样本考察了独立审计需求问题,研究发现约有 75%的公司自愿接受了独立审计,并且自愿接受独立审计的公司有更多数量的债务契约。O'Keefe & Westort(1985)则考察了市政机构审计报告的质量,研究发现随着客户会计系统的改善、客户所在区域内会计公司数目的增加以及业务合伙人注册会计师考试成绩的提高,审计质量也显著更高。Abdel-Khalik(1986)在美国国家会计师协会(NAA)和美国会计准则委员会(FASB)的研究支持下,考察了美国私人公司的独立审计需求,研究发现客户内部层级复杂性和客户财富规模是聘请外部审计师与否的主要决定因素。从控制组织成本或损失的角度出发,作者认为,当组织内部层级链(即执行链)变得更长时,组织内成员的行为将难以观察和评价,聘请外部独立审计师是所有者与管理者为了解决雇员之间代理问题,或者评价组织内部绩效的信息问题。研究的结果表明,随着与控制损失风险相联系的经济资源规模增加,对外部审计的需求也会增加,并且组织内部层级越多,对外部审计的需求同样会增加。此外,研究中作者还考察了私人企业对内部补充控制系统和外部审计两者之间的选择,结论认为外部审计摆脱了客户组织设计的固有限制,独立提供专家检查服务的能力使其成为一种可靠的补充控制系统。综合上述研究的结论,可以看出,非管制条件下审计活动的发生及其质量高低一定程度上取决于客户、审计师的基本特征以及市场的基本属性。

那么为什么自愿的独立审计需求最终走向了管制呢？在1929年的股市崩溃后，美国1933年的《证券法》从法律上规定了上市公司需接受强制性审计的要求。不少研究者认为，与自由市场环境相比，政府对于独立审计的强制性要求可以认为是对更高水平审计服务的追求。Ng(1978)从公共物品的角度对此进行了解释，他认为审计服务具有准公共物品的特性。如果没有政府的干预，财务报表的使用者可能会在谁应该承担审计服务的成本问题上无法达成一致，从而导致审计服务的有效生产不足。而审计成本由公司承担，可以看成公司为公共物品的提供所缴纳的税赋。不过Falk(1989)的研究认为，1934年《证券法》对于强制性审计的要求可能是会计职业团体广泛游说的结果。

从历史上看，1844年《英国联合证券公司法》(*The English Joint Stock Companies Act*)可能是最早的一部强制性要求独立审计法案。尽管后来1862年修订的法案没有明文要求独立审计，但是当时很多公司在其文告中都已经声称聘请了独立审计师。由于少数银行在1862—1879年间中断了审计活动，1879年银行业再次被要求需接受强制性审计(Falk,1989)。1900年该法案被再次修改，要求所有的有限责任公司都接受独立审计。1967年，修正后的法案废除了对私人公司豁免审计的条款(Murphy,1979)。

加拿大亦于1917年从法律上确立了强制性审计的要求，但私人公司豁免于外。此后的加拿大《公司法》则对大型私有公司取消了该豁免条款。1975年，加拿大《商业公司法》取代了《公司法》，新法案对公众公司和大型私有公司都做出了强制性审计的要求，其中大型私有公司是指总收入超过1000万元或资产超过500万元的私有公司。不过，1994年6月14日修订后的《商业公司法》取消了对大型私有公司强制性审计的要求。

作为一个非常有意义的调查研究，Rennie et al. (2003)对1994年加拿大取消对大型私有公司的强制性审计要求后，大型私有公司是否继续自愿接受独立审计的情况进行了调查。结果表明，仍有约73%的公司选择了继续接受独立审计。有趣的是，加拿大工业部长在法规变更时声称，市场将会要求那些大型私有公司提供经过审计的财务会计报告，而调查的结果在某种程度上支持了这种看法。

表 2-1　加拿大大型私有公司继续接受审计的理由

继续接受审计理由	家数	占比
债权人要求	53	35.6%
母公司要求	40	26.8%
所有者要求	5	3.4%
向使用者提供可信的财务报表	25	16.8%
有助于融资	4	2.7%
所有者/管理者的分开	2	1.3%
加强内部控制	2	1.3%
获得非审计服务	0	0.0%
其他	10	6.7%
未给出理由	8	5.4%
总计	149	100%

资料来源：Rennie, M., Senkow, D., Rennie, R., & Wong, J. (2003), *Deregulation of the private corporation audit in Canada: Justification, lobbying, and outcome. Research in Accounting Regulation*, 16: 227-241.

表 2-1 给出了大型私有公司继续接受审计的理由及所占比例。其中最为普遍的理由是债权人、母公司和所有者要求以及希望向使用者提供可信的财务报表，这表明股东和债权人的需求对是否购买审计服务产生重大影响。不过，Rennie et al.(2003)认为调查的结果亦反映出公司其他利益相关者，如雇员、工会以及其他社会公众很少能够影响到购买独立审计的决策，而取消强制性审计使得这些利益相关者无法再获得已审财务报表信息。这一结果在一定程度上对公众上市公司需接受强制性审计予以了支持。

2.2.2　监督需求

基于代理理论(Jensen & Meckling, 1976)，理论研究者普遍接受这样的观点，即管理者与股东(或其他利益相关者)之间的代理冲突越严重，代理成本就越高；出于减轻代理成本的需要，代理人有更大的动机聘请高质量审计师(Palmrose, 1984; Francis & Wilson, 1988; DeFond, 1992; Craswell et al., 1995)。

DeAngelo(1981b)认为审计师提供的审计质量是特定的，因而客户希望改变审计质量就必须变更审计师。基于理论上的分析(DeAngelo,1981b;Dopuch & Simunic,1982;Titman & Trueman,1986),绝大多数关于监督需求的审计质量研究都假定大规模(或高声誉)审计师提供了更高的监督强度,因而信息质量更高也更为可信。从已有的研究来看,该领域的考察基本针对代理成本的替代变量与审计师声誉(或规模大小)之间的关系来进行。

Eichenseher & Shields(1985)的研究结果表明,资产负债率越高的公司越有可能聘请"八大"审计师,从而在一定程度上说明代理理论可以用来解释审计师选择的问题。不过作者认为在研究中隔离可能对独立审计产生替代作用的其他监督机制的影响,并对公司微观层面进行详细考察将有助于加深理解,如进一步关注契约的详细内容、奖金计划以及董事会成员的组成等。Francis & Wilson(1988)以管理层持股比例、基于会计数据的分红计划、股权集中度、财务杠杆以及后续融资作为代理成本变量,考察代理成本的大小、变动程度是否与审计师变更有关。研究发现代理成本的变动程度与高质量审计师选择正相关,不过研究结果对于审计质量的替代变量选择较为敏感。DeFond(1992)则以审计师规模、审计师声誉、行业专家以及客户依赖性(独立性)作为审计质量的替代变量,研究发现部分审计质量替代变量与管理层持股比例、财务杠杆的变化呈正相关,但与公司的成长性和后续融资变化无关。Fan & Wong(2005)的研究则从制度背景分析入手,与美国证券市场高度分散的所有权结构迥异,东亚国家和地区的所有权结构高度集中,因此在研究中作者以现金流量权和控制权背离程度作为控股股东和中小股东代理冲突的替代变量,考察了审计质量的监督需求问题,研究结果发现代理冲突越大的公司越倾向于聘请高质量审计师。

尽管大多数理论研究者笃信监督需求假设对于审计师选择(审计质量选择)问题具有相当大的解释力,但是以上研究所获得的证据并不充分,并且研究的结果对于代理成本以及审计质量替代变量的选择亦较为敏感。

2.2.3 信息需求

从信息对于决策的重要性角度出发,Wallace(1987)认为,独立审计潜在地可以通过提高信息质量来有效降低风险、提高决策的效率,从而最终带来利润的增加。由此出发的研究进展主要来自实验研究,即主要是通过在实验室中模拟现实市场的特征并追踪实验对象之间的交易行为，来推断不同审计质量所导致的差异化信息的影响。DeJong et al.（1986）就是利用实验研究方法考察了其他控制审计质量的方式以及共谋行为、定价以及产品质量之间的关系。研究表明，共谋导致了价格固定和更高的利润，但提高了产品的质量。价格披露则减少了利润，降低了产品质量。而市场的效率并非来自共谋或价格披露，而是来自质量的维度。研究结果支持职业组织对审计过程进行某种程度控制的观点。

更多的研究者则是从减轻信息不对称情况下可能引起的逆向选择问题的角度对审计质量的信息需求进行了考察。从资本提供者的角度看，信息需求假说主张良好的审计师声誉可以作为一种信号显示机制，有助于缓解资本提供者面临的信息不对称问题，而确实拥有有利私人信息的资本需求者则能够获得融资便利或者降低资本成本（Wallace，2004）。从长期来看，无疑通过不同声誉审计师的选择来获得分离均衡仍要求声誉与质量保持一致。

对于审计质量信息需求的理论分析和实证检验更多地来自 IPO 市场，原因在于与已上市公司相比，IPO 市场被认为存在着更为严重和广泛的信息不对称。不过，与传统关于信号显示的理论预期不同，由于发达证券市场的 IPO 过程中可能存在着多种替代的信号显示机制，依赖于不同声誉审计师的选择以获得简单分离均衡的观点（Titman & Trueman，1986）可能并不成立。Dater et al.（1991）对此进行了分析，他们认为基于公司特定风险的差异，公司的特定风险越高，规避风险的企业家的保留所有权比例就会越低，因此其保留的所有权比例同样具有信号价值；而高质量审计活动可以提升投资者评估企业价值的能力，从而可以减少企业家所保留的所有权比例。在假定边际审计成本不变的情况下，已审会计报表的价值会随公司特定风险的增加而增加，而对风险规避的企业家来说，保留所有权的边际成本则会更高。研究的结论认为，公司特定风险越高则企业家越会选择高质量审计师。虽然 Dater et al.（1991）的研究结论与传统观点大相径庭，并且早期 Simunic & Stein（1987）、Beatty（1989）及 Michaely & Shaw（1995）等人的研究所获的证据一定程度上支持传统观点（即公司特定风险越低越会选择高质量审计师），但是多数研究者认为 Dater et al.（1991）的理论分析更为贴合实际情况[①],也更为严谨。

然而,直接采用美国数据对 Dater et al.(1991) 的理论预期进行检验通常难以获得较强的支持性证据(Feltham et al., 1991;Clarkson & Simunic, 1994),Feltham et al.(1991)将原因归结为供给方影响,即美国严格的法律环境导致当公司特定风险增加时,高质量审计师收取的审计费用中风险构成部分将会急剧增加,成本和收益的权衡可能会让企业家放弃选择高质量审计师。此后的研究视角转向美国以外,Clarkson & Simunic(1994)、Firth & Liau-Tan(1998)以及 Lee et al.(2003)分别使用了诉讼风险较低的加拿大、新加坡和澳大利亚数据。令人意外的是,以上研究也仅获得部分支持性证据。研究者认为,Dater et al.(1991) 的理论分析可能依然没有充分考虑到其他可能影响审计师选择的因素,如融资规模、承销商声誉以及自愿性会计披露的程度等。Copley & Douthett(2002)则利用美国数据构建联立方程模型进行多因素分析,尽管研究获得了支持性证据,但研究结果也表明审计师选择、自愿盈余披露及公司特定风险共同决定了企业家保留所有权比例,企业家的信号选择服从总成本最小化策略。

综合以上关于 IPO 市场审计师选择的理论分析结论以及实证证据,在一定程度上表明,是公司发行人对待风险的态度以及公司的特定风险决定了发行人对包括审计师选择在内的一系列信号显示机制进行最优化安排,并服从于总成本最小化策略。从这个角度来看,Watkins et al.(2004)不将 IPO 市场中的审计师选择简单归属为信号显示需求,而是称为"客户的风险管理策略"。

2.2.4 保险需求

传统关于独立审计需求的保险假说,强调独立审计所可能具有的风险转移功能,研究者又将其形象地称为"深口袋假说"(Dye, 1993)。Berton(1985a)报告了世界范围内针对审计师的诉讼金额高达 20 亿元,几乎相当于涉诉会计师事务所总资产的 4 倍。Wallace(1987)认为独立审计可能具有的风险转移价值至少对两类相关者有吸引力:其一是委托人、投资者以及

---

① Leland & Pyle(1977)首次从理论上分析了保留所有权的信号传递作用。随后 Downes & Heinkel(1982)以及 Simunic & Stein(1987)的研究为此提供了经验证据。

债权人，他们既希望能够通过借助独立审计活动对代理人进行监督，又希望能够借此避免可能发生的损失。其二，在政治领域，对于独立审计的保险需求可能与“避免谴责的保证”相联系，对于各类管治者而言，他们希望借助审计活动的介入以使自身避免来自公众或其他团体的批评。Baber(1983)的研究表明，当政治竞争激烈时，市政机构的官员会要求对其管辖或负责的公共资源进行审计。

Kellogg(1984)等研究者认为，独立审计是否具有保险价值需要满足两个前提条件，首先是一国的法律应当保证信息使用者具有向审计师提起诉讼的权利，其次是审计师应当具有相应的赔偿能力。从这个观点出发，对于独立审计保险需求的研究则主要集中于法律诉讼风险较高的美国。但是至少到目前为止，并没有令人信服的证据表明客户是出于保险价值需求而聘请了高声誉的审计师。Willenborg(1999)以可能对审计师保险价值有更高需求的 IPO 市场为背景进行了考察。研究结果表明，无论是对于初创型公司还是非初创型公司[①]，IPO 的发行规模对于解释 IPO 抑价和审计师薪酬的变化都具有重要意义，研究结果在一定程度上支持了保险需求假设，但是作者承认仍然难以在信息需求和保险需求之间进行严格区分。

也有部分研究者认为是代理人的保管责任（监督需求）和大会计公司的“深口袋”优势共同创造了对国际“八大（或者五大）”审计师的需求（Lennox，1999；Melumad & Thoman，1990）。不过实证研究所得的证据同样对此难以区分。Baber et al.(1995)对 1990 年 11 月 21 日美国 Laventhol & Horwath 会计公司（时为美国第七大会计公司）宣告破产时，其所审计客户的股票价格的市场反应进行了考察。研究结果表明，在检验期间那些陷入财务困境客户的异常报酬率显著为负，但是该研究结果并不能区分是由于审计师破产导致其保险价值丧失还是事后表明其审计质量较低所致。同样，Chaney & Philipich(2002)考察了安达信事件的市场反应；研究结果表明在安达信承认销毁审计档案的三天内，安达信的其他客户经历了显著负向市场反应，而对安达信休斯敦分所的单独考察则表明，该分所审计的客户在事件日则有更为严重的负向市场反应。作者认为，研究结果表明，在事件日，投资者明

---

① 在研究设计中，Willenborg(1999)认为，对于初创型公司由于没有收入或营业历史很短等，审计质量并不重要，而生存性风险则决定了其对高声誉审计师的保险需求。

显降低了对安达信审计质量的评价。这事实上是从监督需求的角度对审计师选择进行了解释。此外,本文认为,由于休斯敦分所经历了更为严重的负向市场反应,从一定程度上恰好说明保险需求的解释力有限,因为安达信崩溃所导致的保险价值下降对其所有客户来说都是相同的。

此外,有研究者并不赞同"深口袋"理论的解释,Callaghan et al.(1985)认为审计师作为保险人与其监督角色是相冲突的。DeJong & Smith(1984)运用代理理论的研究,结果表明"审计师所面临的固有风险是投资者所面临信息风险的函数"。而法庭则是部分地通过审计师责任转嫁了减少信息风险的成本。该研究的主要意义在于,对于审计师而言,即使现有的标准并不要求某种披露,并且披露可能违反公司的保密要求,该种披露行为也可能会发生。St. Pierre & Anderson(1984)分析了审计师所面临的诉讼环境,研究结果发现,不利的财务状况、新客户等更易使审计师卷入诉讼。而在其考察的 129 个案例中,没有一例涉及资产低估、收入少计和费用多计。作者认为这表明对审计师而言,保守主义原则应该被严格遵循。

尽管传统保险需求的理论解释似乎与审计质量无关,但是本文认为,在高诉讼风险环境下,对于审计师保险价值的需求事实上可能演变为对于高质量审计的需求,这不仅仅是因为现实情况下只有高声誉审计师(如国际"四大")或者大型会计公司具备相应的偿还能力,更多的是因为审计师并不会甘于作为被动保险人的角色,这也是 Callaghan et al.(1985)认为审计师作为保险人与其监督角色相冲突的原因。此外,对于独立审计的保险需求,政治领域的动力显然更多地来自高质量的审计活动。

2.3 审计质量的供给

完整地理解审计质量研究,同样需要考虑审计师的审计质量供给过程和影响因素。一般地,关于审计质量供给的研究包括三个方面:首先,直观来看,审计师在应对高风险客户时,可能会面临更高的诉讼风险和声誉损失。对审计师而言,除了在业务活动中更为谨慎以及更多的审计投入外,通过对客户组合的构成进行管理以应对风险可能带来的损失,可能也是一种有效的方法。这使得研究者从审计师风险管理的角度来对审计质量的供给进行考察。其次,基于竞争性审计市场假定,审计质量差异化应当与审计费用差异化相联系。因此不少研究从审计定价的角度来考察其对审计质量供给的影响。最后，会计师事务所的业务多元化战略会影响到审计质量的供给吗？这个问题在安然事件发生后尤为令人关注，SOX（萨班斯-奥克斯利法案，下同）法案似乎给出了问题的答案（陈汉文等，2005），但是理论研究所获得的经验证据却并不一致。

2.3.1　审计师风险管理策略

1. 对客户风险的考虑

如上文在讨论审计质量的信息需求问题时所述，Feltham et al.（1991）指出 Dater et al.（1991）关于 IPO 市场中审计师选择的需求方预测难以获得较强的证据支持，原因之一是忽略了公司特定风险增加对供给方的影响。Simunic & Stein（1996）进一步推论认为，由于客户风险增加，审计师将面临更高的诉讼风险，因此审计质量的供给可能确实下降了。分析的结果表明，诉讼风险可能负相关于审计质量供给、而正相关于审计师努力程度和审计费用。Pratt & Stice（1994）、O'Keefe et al.（1994）及 Bell et al.（2001）等人的研究为此提供了经验证据。以上研究均使用了调查数据，结果表明客户风险状况决定了审计师对诉讼风险的评估，进而影响到审计师努力程度（审计投入时间、审计证据数量等）和审计费用中的风险构成。

此外，研究者认为，审计师可以通过对客户组合风险进行管理以达到同样的效果。考虑到高声誉审计师通常对某一特定客户的经济依赖程度较小，并且有更多的声誉资本和财富，更易成为诉讼的对象（DeAngelo，1981b；Palmose，1988），他们在接受高风险客户时可能更为慎重。Bockus & Gigler（1998）所构建的审计师辞聘模型表明，诉讼风险的增加会导致更多的审计师辞聘。由于高质量审计师的退出，被辞聘客户将会对低质量审计师有更多的需求，从而减少了审计质量的供给。以下研究为此提供了经验证据。

Krishnan & Krishnan（1997）的研究发现，审计师辞聘的概率与诉讼发生的可能性正相关，表明审计师通过辞聘决策降低了其客户组合风险。Raghunandan & Rama（1999）则发现，高声誉审计师很少会接受被前任审计师辞聘的客户。Shu（2000）的研究结果表明，辞聘的发生更可能为审计师客户风险管理所驱动并与诉讼风险正相关，被辞聘客户更可能转而雇用低质量审计师。Johnstone & Bedard(2003)的研究发现,高声誉审计师一般很少接受高风险客户,但特定的风险管理策略增加了接受该类客户的可能性。

2. 法律环境

法律环境的变化会影响审计师所承担责任的大小,进而可能对审计质量产生影响。在美国1995年私人证券诉讼改革法案(PSLRA)生效前,审计师在证券诉讼中将承担连带责任,因此即使在证券诉讼赔偿中审计师责任不大,也可能由于客户已破产而被迫承担全部赔偿责任。PSLRA建立了证券诉讼赔偿的比例责任分摊规则,即被告承担的赔偿责任仅限于其应承担的份额。由于比例责任分摊规则减轻了审计师的赔偿责任,可能会降低审计师提供高质量审计的动机,从而导致审计质量下降。

尽管分析性研究认为这种担心并无根据(Narayanan,1994;Schwartz,1997; Hillegeist,1999)。但Lee & Mande(2003)的研究发现,高声誉审计师提供的审计质量确实下降了。他们对PSLRA生效前后2600家公司收益增加操控性应计数的变化进行考察,研究发现尽管低声誉审计师客户的操控性应计数没有变化,但高声誉审计师客户的操控性应计数的确增加了。

此外,Francis & Wong(2004)考察了不同国家法律环境差异对于审计师行为的影响。研究结果表明,不同的法律环境系统性地影响到了审计师保持审计质量的动机,他们发现在法律环境较为严格的国家,国际"四大"审计师在执业过程中更为保守,其在该国所审客户的总应计和操控性应计数都显著更低。

3. 事务所组织结构

Cushing & Loebbecke(1986)考察了美国12家最大的会计师事务所关于审计程序的结构安排。研究尽管没有直接涉及审计质量,但发现不同事务所在审计程序的结构安排上存在差异,他们认为如果审计程序结构化安排能够控制审计风险,那么高度结构化的事务所应当有更低的诉讼发生率。不过此后的经验研究没有提供支持性证据(Icerman & Hillison, 1991; Tuntiwongpiboon & Dugan,1994)。Tuntiwongpiboon & Dugan(1994)认为并没有证据表明高度结构化的事务所在控制审计风险上更为有效。因此结构化安排不可能和审计质量相关。Watkins et al.(2004)认为,由于事务所间购并的频繁发生,结构化安排应当不可能导致审计质量差异。

2.3.2　审计定价

基于竞争性审计市场研究模型(Simunic,1980),一般地,研究者认为,大规模事务所收取更高的审计费用是因为其提供了更高的审计质量,审计质量和审计费用之间被假定存在正相关关系。但是,考虑到大多数发达国家证券审计市场是高度集中的,因此并不能排除大规模事务所是因为其市场势力而收取了更高的审计费用的可能。Simunic(1980)认为,在寡占型审计市场中,垄断将会减少所需求的外部审计数量并导致低质量、高成本的财务报告系统。

由于审计市场集中现象普遍存在,经验研究在考察事务所规模与审计费用关系时,通常按规模将客户市场进行分割。理由是,在大客户市场中,大规模事务所高度集中可能导致垄断定价,因此竞争性定价可能只存在于小客户市场,而比较研究的结果则有助于理解审计质量差异、竞争性定价行为和市场势力及规模经济等对审计定价的影响(Simunic,1980)。

然而,经验研究所提供的证据是混合的。Simunic(1980)的研究发现,在两个客户市场中,大、小规模事务所的审计定价没有显著差异。Francis(1984)的研究发现,无论在大、小客户市场,大规模事务所的审计收费均高于小规模事务所,作者将其解释为竞争性定价和审计质量差异化的普遍存在。Palmrose(1986)、Francis & Stokes(1986)的研究均发现,仅在小客户市场中大规模事务所存在审计费用溢价,在大客户市场中两者定价无显著差异。作者认为,小客户市场中审计定价的差别源于大规模事务所在竞争性市场中提供了更高的审计质量,而在大客户市场中审计定价无显著差异,是因为小规模事务所对大客户审计时存在规模不经济。Gul(1999)则认为,假定审计质量差异化存在,那么依据市场效率和长期均衡理论,小规模事务所收取高价将最终被逐出市场。因此无论在大、小客户市场,大规模事务所的审计定价均应当高于小规模事务所。该书的经验结果支持了这一推论。以上相互冲突的研究结论和经验证据表明,如果审计费用溢价确实存在,究竟应归因于审计质量差异化还是诸如市场势力等尚无定论。

1. 低价揽客(Lowballing)

低价揽客是指首次审计业务中收费明显低于成本的行为。对该行为的研究有助于深入考察审计质量供给和审计定价之间的关系。低价揽客一方面可能使事务所面临时间和预算的约束，另一方面由于客户终止业务的威胁，可能使事务所妥协于客户压力。这些都可能会伤害到审计师独立性，并导致更低的审计质量（DeAngelo，1981a；Kanodia & Mukherji，1994；Lee & Gu，1998）。

不过，关于低价揽客的理论分析存在不同的观点。DeAngelo（1981a）认为是交易成本和未来准租金（quasi-rents）的存在导致了首次审计中的费用削减行为，但由于首次收费折价是沉没成本，所以并不一定会对审计独立性产生影响。Dye（1991）认为，首次审计折价源于准租金的不可观察性而非交易成本，在审计费用公开披露的市场中，首次审计折价不会发生。他认为对未来期间的审计定价，审计师并不拥有完全的议价能力，客户的议价能力会导致未来准租金和首次收费折价消失。但是在审计费用不公开披露的情况下，客户有动机通过支付准租金影响审计意见的出具，从而导致低价揽客行为并伤害到审计独立性。

关于低价揽客的经验研究结果也不一致。Simunic（1980）、Francis（1984）和 Palmrose（1986）的研究没有发现低价揽客存在的经验证据。不过，Francis & Simon（1987）、Simon & Francis（1988）以及 Ettredge & Greenberg（1990）等人的研究则提供了支持性证据。Craswell & Francis（1999）的研究尽管提供了证据，但仅体现在从低声誉审计师变更为高声誉审计师的情况。由于无论是理论分析还是经验证据均无法统一，所以准确的评价低价揽客对审计质量的影响是困难的。

2. 行业专门化（Industry Specialization）

随着独立审计行业的日益成熟，事务所开始采取新的途径差异化自身，其中之一就是行业专门化。早在 20 世纪 90 年代早期，高声誉会计师事务所就已经开始根据行业类别重构其业务活动，并围绕着行业专门化开展业务营销以获得持续的竞争优势（Pubic Accounting Report，1993，1995）。Hogan & Jeter（1999）的研究发现在管制行业、低诉讼风险行业、高成长性行业以及客户规模较大的行业，审计市场集中度最高。

行业专门化要求事务所进行专业化投资，以提高行业内的专业化服务水平。因此行业专门化可能与更高的审计费用相联系，这也为审计费用溢价问题的研究提供了另一种解释。不过关于专门化溢价研究的经验证据并不完全一致。Craswell et al.（1995）、DeFond et al.（2000）分别利用澳大利亚和中国香港数据的研究提供了行业专门化溢价存在的证据。但 Palmrose (1986)、Pearson & Trompeter(1994)以及 Cullinan(1998)分别对公用事业、保险业和雇员福利计划等管制行业样本的研究却没能发现支持性证据。Ferguson & Stokes(2002)的研究也没有发现支持性证据，他们认为审计师同时提供审计和非审计服务可能会形成规模经济，这可能导致审计收费下降，而非审计服务收费可用来弥补专门化成本。不过，采用同样的数据，当 Ferguson et al.(2003)从事务所城市分所(city-level)的角度来测算专门化水平时，他们获得了行业专门化溢价存在的证据。Casterella et al.(2004)的研究则发现专门化溢价水平受客户议价能力的影响，小客户的议价能力较弱，因而不得不为行业专门化支付更高的费用，而大客户因为有较强的议价能力则不会为专门化支付溢价。

另外，Hogan & Jeter(1999)从审计行业领导者和市场份额增加的角度对行业专门化进行解释。他们认为，专家审计师对行业内经济行为和业务活动有更深的了解，因此行业专门化能够提高审计质量。这一观点得到了经验证据的支持。Krishnan(2003b)、Balsam et al.(2003)的研究均发现行业专家审计师客户的操控性应计数显著低于非专家审计师客户。Balsam et al.(2003)的研究还发现，行业专家客户的盈余反应系数显著高于非专家审计师客户。

2.3.3　业务多元化

业务多元化指的是审计师利用其专业特长从事审计活动以外的其他类型的业务活动，通常这些业务又被称为非审计服务(NAS)，具体来讲包括代理记账、资产评估、精算服务、税务咨询和代理、内部审计以及财务信息系统的设计与执行等。长期以来，管制者、理论研究者以及实务界人士所共同关注的一个问题是：非审计服务的提供会伤害审计师独立性并进而有损审计质量吗？

早在 1978 年，SEC(美国证券监督管理委员会，下同)发布的第 250 号会计系列公告(ASR，Accounting Series Releases)，明确表达了管制者对非审计服务的提供可能潜在地伤害到审计师独立性的担忧。该公告要求上市公司在年度报告中应当披露：(1)非审计服务占审计费用的比重；(2)特定非审计服务的性质；(3)超过审计费用 3%的非审计服务的详细构成。尽管

1982年SEC以投资者并不关注费用披露为由废除了第250号公告，但是已发布的公告显示，非审计服务的中值达到了审计费用的14%(Hackenbrack,2004)。在2000年，SEC禁止了会计公司同时从事审计和某些非审计服务，并再一次强制性要求费用披露，此后的费用披露显示非审计服务的中值几乎已经达到了审计费用的100%(Frankel et al.,2002)。安然事件爆发后，非审计服务对于审计师独立性的影响成为社会舆论和管制者关注的焦点[①]，2002年通过的SOX法案对审计师提供非审计服务进行了更为严格的限制，被禁止的非审计服务包括内部审计外包以及财务信息系统的设计与执行等。2003年SEC对与审计相关的费用披露要求再次进行了修正，修正后的披露范围包括审计服务、审计相关的费用、税务服务、所有其他非审计服务。

尽管管制者及其所采取的管制行为似乎给出了问题的答案，但是理论研究者的观点却存有分歧，并且研究所获得的经验证据也不一致。Simunic(1984)和Beck et al.(1988)等人认为，由于"知识溢出"[②]，非审计服务可以加强审计师对客户的了解，从而提高审计的效率，而限制非审计服务则阻止了审计师获得与审计相关的特定知识，因此不利于审计师专业胜任能力的提高。Albrecht & Sack(2000)则声称：限制非审计服务的提供不利于会计公司聘请和保留高素质专门人才。DeFond et al.(2002)、DeFond & Francis(2005)认为，管制者对于非审计服务的担心无非来自两个方面：其一是财务依赖性问题，即出于客户的可能流失，审计师可能由于非审计服务的存在而无法承受管理层的压力；其二是不少非审计服务的咨询本质可能使得审计师承担了管理角色，从而潜在地威胁到审计时的客观性立场(SEC,2000)。DeFond et al.(2002)进一步强调管制者的担心是基于直觉上的成本和收益的权衡，但却忽视了审计师妥协其独立性的期望成本，声誉损失和诉讼成本的存在很可能使得审计师有强烈的动机维持其独立性。由于难以直接量化上述成本和收益，因此审计师是否会妥协其独立性以保留非审计服务客户最终是一个经验问题。Schneider et al.(2006)则认为，某种程度

---

① 2001年安然公司支付给安达信的非审计服务费用高达2700万美元，而其所支付的审计费用为2500万美元(林启元,2002)。

② Simunic(1984)认为，所谓"知识溢出"是指审计师能够利用管理咨询等非审计服务所提供的信息来减少审计成本，并由此而获得经济租。

上管制者的管制行为(如 SOX 法案)可能是政治私利需求的结果[①]。

Simunic(1984)提供的经验证据表明,非审计服务的存在与审计费用呈正相关关系。Whisenant et al.(2003)则采用联立方程模型考察了审计和非审计费用的联合决定问题,研究结果证实了"知识溢出"效应的存在。DeFond et al.(2002)的研究则发现,非审计费用与持续经营不确定性(going concern)审计意见的出具并不存在负相关关系,作者认为这与市场的制度性动机是一致的,即诉讼成本和声誉损失超过了审计师抛弃其独立性的期望收益。Raghunandan et al.(2003)和 Agrawal & Chadha(2005)从财务报表重述的角度考察了非审计服务的影响,研究均没有获得两者之间存在关系的证据。

更多的研究直接考察了非审计服务与盈余管理之间的关系。Frankel et al.(2002)的研究发现购买非审计服务的公司盈余管理程度更高,尽管研究结果不支持盈余增长和非审计服务费用之间的联系,但是操控性应计的程度以及微小的正向盈余诧异(earnings surprise)与非审计服务费用正相关。但是 Reynolds et al.(2004)、Larcker & Richardson(2004)以及 Farag(2006)等人随后的研究结果表明,上述正相关关系只存在于一小部分样本中(如小规模高成长性公司、特定行业等)。Ashbaugh et al.(2003)则对业绩调整后的操控性流动性应计进行考察,研究结果表明非审计服务与盈余管理之间没有联系。Chung & Kallapur(2003)控制行业影响后重复了Frankel et al.(2002)的研究,结果仍表明两者之间没有关联。此外,研究还发现客户重要性与操控性应计之间同样没有联系。不过,Ferguson et al.(2004)以英国公司为样本的研究发现,三种度量非审计服务影响的变量都与操控性应计呈正相关,这一结果表明非审计服务确实影响了审计质量,但是作者认为其结果应归因于,相对于美国来说,英国的法律诉讼风险更低。

进入 21 世纪以来,关于非审计服务是否影响了审计质量的研究日益增多,这在 SOX 法案颁布后表现得尤为明显。但是理论研究所获得证据总体上并不支持管制者的行为,大量研究的结论表明:在美国高诉讼风险的环境

---

① Asare et al.(2005)对管制的三种观点进行了讨论。公共利益观追求经济运行的改善,公共管理观则关注最优管制工具的选择,而公共选择观则将管制者看作追求自身利益最大化的理性人,管制活动是其对游说活动做出的理性反应。Schneider et al.(2006)认为他们的观点就属于最后一种。

下，期望的诉讼成本和声誉损失确实超过审计师让渡其独立性的期望收益，这使得审计质量事实上并没有受到非审计服务的影响。此外，需要说明的一点是，DeFond & Francis(2005)以及 Schneider et al.(2006)均指出，非审计服务的提供对于审计质量的影响可能会由于非审计服务的规模和类型不同而表现出一定的差异性。尽管已有研究者对该问题进行了初步考察(Krawczyck，2003；Kinney et al.，2004)，但是这方面的系统性研究仍然极少，需要进一步深入研究。

综上所述，从审计质量供给的研究来看，以及审计师风险管理策略研究的结果表明，对于高风险客户，审计师倾向于不接受该客户或者辞聘，从而减少审计质量供给。如果接受了该客户，为保证审计质量，审计师会增加审计努力程度并要求更高的风险溢价作为补偿。法律环境的变化和事务所组织结构是否会对审计质量产生影响，理论分析和经验证据并不统一，且相关的经验证据较为缺乏。大规模审计师是否获得了审计费用溢价的证据是混合的，即使确实获得了审计费用溢价，究竟应归因于更高的审计质量还是市场势力等也无定论。低价揽客行为是否会伤害审计独立性，理论上有不同的观点。关于低价揽客是否存在的经验证据也不一致，而且目前并不存在低价揽客是否影响审计质量的经验证据。行业专门化的实施有助于提高审计质量，并且也可能为审计费用溢价的研究提供另一种解释。从业务多元化的角度看，理论研究所获得的证据总体上表明非审计服务事实上并没有伤害审计师独立性，但是管制行为已经对审计师非审计服务的提供进行了更为严格的限制。

2.4 审计质量组成部分之间的关系、审计质量的产品及其经济后果

2.4.1 审计师声誉与审计师监督强度之间的关系

如前所述，审计质量由两部分构成：审计师监督强度和审计师声誉。前者与审计师提高信息质量的能力有关，通常情况下难以直接观察。审计师声誉则是基于市场参与者对审计师专业胜任能力和独立性的感知。理论研究者对两者之间是否具备期望的正相关关系进行了探讨。

DeAngelo(1981b)认为在位审计师能够赚取特定客户准租，一旦事后客户发现其提供了更低质量的服务，该准租将会由于客户业务的终止而消失，这间接阻止了审计师降低服务质量的机会主义行为。而对于规模更大的审计师来说，由于其拥有的客户更多，降低服务质量将会导致更大的损失。此外，质量评估成本的存在会使审计师在不同业务间能够保持统一审计质量水准。大型事务所的发展正是审计师对于质量评估成本和降低审计独立性成本的一种预期反应。Palmrose(1988)以及 Klein & Leffler(1981)等人认为，审计师进行声誉资本投资是需要成本的，与小型事务所相比，声誉更高或者规模更大的审计师有更多的声誉资本处于风险之中，预期的诉讼成本和声誉损失使得高声誉审计师很少可能忽视任何重大错报或漏报情况的发生。DoPuch & Simunic(1982)从资源的可获得性方面进行了解释，他们认为审计质量是审计师所实施程序的数量多少以及效率的函数。显而易见，规模更大的审计师有更多的资源用于执行上述程序。

不少研究对两者之间的关系进行了实证考察，研究中用来反映审计师监督强度的变量通常包括盈余预测误差、审计报告类型以及盈余管理程度等。Davidson & Neu(1993)以加拿大市场为背景考察了盈余预测误差与审计师声誉之间的关系。研究发现，聘请了高声誉审计师的客户有更高的管理层盈余预测误差，这表明高声誉审计师提供了更高的监督强度，限制了管理层机会主义的通过操控盈余达到盈余预测的企图。Francis & Krishan(1999)的研究结果表明，高声誉审计师(国际“四大”)在签发非标准审计报告时的门槛更低，在客户特征不变的情况下，高声誉审计师表现出更高的报告保守主义倾向。Becker et al. (1998)的研究发现，国际“六大”审计师的操控性应计数显著低于其他类型的审计师。Francis et al. (1999)则考察了可信应计报告中高声誉审计师的角色。研究发现，内源性应计更大的公司更为倾向于聘请国际“六大”审计师，高声誉审计师所审客户尽管有更高的总应计，但是其操控性应计数却显著更低。Nelson et al. (2002)则报告了调查结果，表明高声誉审计师更为注重识别盈余管理(尤其是收益增加的倾向)，并相应地要求客户进行调整。

尽管以上研究采用了一定程度上能够反映审计师监督强度的替代变量，研究结果也总体上支持审计师监督强度与审计师声誉确如理论预期那样保持正相关关系。但是 DeFond & Francis(2005)及 Watkins et al.

(2004) 均指出在解释以上结果时需要小心，一个替代的解释是，可能“好”的公司更可能选择高声誉审计师，更少地进行盈余管理，并且总体上更可能具有更高的盈余质量。换句话说，已观察到的结果可能并非来自高声誉审计师的努力，而是内生性审计师选择所导致的盈余质量高的好公司聘请了更高声誉的审计师。这可能也是当前和未来考察审计师监督强度和审计师声誉关系时需要解决的问题。

2.4.2 信息可信性、信息质量与经济后果

如上文图 2-1 所示，审计质量的不同维度决定了其对财务会计信息的影响包括两个组成部分——信息可信性和信息质量。信息可信性和信息质量的变化，则进一步决定了审计质量在经济活动中的角色以及审计质量的经济后果。

1. 信息可信性与经济后果

正如美国 SAR 第 6 号所述，如果信息使用者不能感知到信息值得相信，那么信息将很少是有价值的。从这个角度来看，审计师影响信息使用者对财务会计信息信任程度的能力显然与信息可信性直接相关。如前所述，DeAngelo(1981b)的审计质量定义就是以市场对于审计师可信性的评估为基础，而市场参与者则可能将审计师规模看成审计质量的替代变量。她认为对于某一审计师而言，若其所有客户的特定准租是相同的，那么拥有众多客户的大型事务所很少可能因为保留某一客户而放弃报告已发现的重大错报和漏报。Dopuch & Simunic(1982)认为，由于高声誉审计师有更多能够观察到的特征与审计质量相联系，如严格的训练、丰富的经验等。因此市场参与者可能认为其所审财务会计信息是更为可信的。Sammons(1984)关于投资银行和承销商看待审计师声誉的研究结果同样支持这样的认识。

已有众多关于审计质量的研究结果表明，高声誉审计师提供了更高的信息可信性，并导致了显著的经济后果。在以 IPO 为背景的研究中，信息可信性通常涉及不同声誉审计师影响投资者对于 IPO 公司价值事先不确定性(ex ante uncertainty)进行评估的能力(Titman & Trueman, 1986; Dater et al., 1991)。从获得的经验证据看，大量的研究结果表明，在 IPO 市场当中，高声誉审计师提供了更高程度的信息可信性。Balvers et al. (1988) 和 Beatty(1989)的研究发现高声誉审计师有助于新股发行价格的提高和 IPO

抑价程度的降低。Menon & Willams(1991)的研究结果表明，公司在 IPO 时更可能变更为声誉更高的审计师，承销商亦更为偏好高声誉审计师，如果公司选择国际“八大”，承销商将因此收取更低的承销费用。Jang & Lin (1993)发现 IPO 交易首日，高声誉审计师所审 IPO 公司具有显著更大的首日交易量，此后交易日的交易量却变得更小。Michaely & Shaw(1995)则发现，国际“八大”审计的 IPO 公司抑价程度更低且长期业绩表现更好。Weber & Willenborg(2003)发现，相对于小规模审计师，大型国家审计师和国际“四大”所提供的 IPO 前审计报告对将来的股票市场回报和可能发生的退市有更高的预测准确性。Albring & Elder(2004)则考察了非“五大”会计师事务所的审计质量差异化与 IPO 抑价之间的关系。研究结果表明，审计质量仍然是影响 IPO 公司选择非“五大”事务所的重要因素，审计质量越高 IPO 抑价越低并且审计费用越高。

Teoh & Wong(1993)利用盈余反应系数(ERC)检验了审计师声誉、信息可信性与投资者反应之间的关系。研究结果表明，高声誉审计师具有显著更高的盈余反应系数。Krishnan(2003b)则进行了更为有力的检验，将盈余区分为经营活动现金流量、非操控性应计和操控性应计三个组成部分。研究发现，与低声誉审计师相比，高声誉审计师报告的操控性应计与市场回报更为显著相关，从而表明高声誉审计师显著提高了报告应计的可信性。

Pittman & Fortin(2004)则从债务资本成本的角度进行了考察。研究表明，高声誉审计师能够提高会计信息可信性，从而降低了债务监督成本并能够使得企业以较低的融资成本获得借款。Wallace(2002)的研究结果表明，在意大利、西班牙、澳大利亚、德国、法国以及英国，那些选择了“五大”审计师的公司的利息成本更低。Simunic et al. (2007)关于韩国私有企业的研究表明，自愿接受外部审计的公司借款利率显著低于未接受外部审计的公司，并且国际“四大”审计的公司借款利率更低。

2. 信息质量与经济后果

信息质量与财务报表信息多大程度上反映了公司真实的经济状况相联系。前述不少理论研究在探讨审计师声誉与审计师监督强度关系时也指出了信息质量的重要意义(如 Dopuch & Simunic，1982)。Beatty(1989)认为，通常情况下，经过那些在声誉资本上进行了更多投资的审计师审计的会计信息将更为准确。而前文关于审计师声誉与审计师监督强度关系研究所获得的经验证据大体上也支持了上述论断(如 Francis et al.,1999;Becker et al.,1998 等)。

Krishnan(2003b)则直接对信息质量进行了考察,他将信息质量定义为信息预测未来获利状况的能力。研究结果表明,与低声誉审计师相比,高声誉审计师所审客户的操控性应计能够更好地预测未来的盈余以及未来的现金流量。Krishnan(2003b)的研究联合检验了审计质量的两个维度以及其各自的产品——信息可信性和信息质量,是审计质量研究中为数极少的对审计质量及其产品包括审计质量的经济后果进行全面考察的一篇重要文献。研究结果支持了已有的理论推断,即与其他类型的审计师相比,无论从审计师监督强度还是审计师声誉来看,高声誉审计师都确实提供了更高质量的审计服务,其所提供的信息更为可信并且能够更好地反映公司真实的经济状况。

总的来说,大量的研究结果表明,高声誉的审计师确实显著提高了会计信息的可信性并带来了明显的经济后果。而关于审计师监督强度、信息质量及其经济后果的研究则较少,原因在于审计师监督强度和信息质量通常是难以直接观察的。需要特别指出的是,Watkins et al.(2004)认为信息质量研究的一个最为重要的含义与盈余管理有关。原因在于,目前来看,在一定程度上盈余管理的研究提供了关于信息质量的一个最为直接的检验。信息可信性的研究结果表明,审计师声誉显著影响了投资者对于报告盈余有用性的评估,因而对于那些试图通过盈余管理影响外部投资者判断的管理层来说,聘请实际上提供了低审计监督强度的高声誉审计师可能获益最大。不过,至少现有的研究结果表明,尽管聘请了高声誉审计师的客户有更高的动机从事盈余管理,但是高声誉审计师看上去确实抑制了客户的盈余管理行为(Krishnan,2003b;Francis et al.,1999;Becker et al.,1998)。

制度背景

第3章

根据第 2 章中图 2-1 所示审计质量研究的分析框架，本章首先对我国转型经济和新兴市场的基本特征进行分析。其次，在此基础上对我国证券审计市场的基本特征以及审计质量需求和供给的变化进行探讨。最后对本文研究的一个重要的特定研究背景——我国股票发行定价制度的市场化演进过程予以介绍。

3.1 经济转型、新兴市场与制度变迁

3.1.1 我国转型经济的基本特征

“经济转型”或者“经济转轨”一词在国际上已流行了几十年，由于各国经济转型的具体目标和路径选择不尽相同，所遇到的问题既有共同的，也有特殊的，因而关于经济转型的理解也不尽相同。一般而言，经济转型是指“20 世纪末期人类社会中一次由计划经济向市场经济过渡的改革运动。这样的经济转轨是由一系列政策措施推动的、有目的、受控制的经济及其制度的变迁过程（冯舜华等，2001）”。其主要内容包括以下四个方面：

（1）经济体制转型，指的是由计划经济体制向市场经济体制的转型，建立起通过市场调节社会经济活动、配置社会资源的经济组织形式。

（2）发展战略转型，指的是由单纯性的量化发展向整体性的现代化发展战略转型。

（3）经济增长方式转型，指的是由粗放型增长方式向集约型增长方式的转型。长期以来，社会主义经济体在推动经济发展上，主要依赖于投入的增加，走的是粗放型经济增长的路子，其特征主要是重速度轻效益，重数量轻质量，重外延扩张轻内涵发展，给国民经济带来很多消极的影响。集约型增长方式主要依靠生产要素质量和使用效率及生产技术的提高来实现经济增长。

（4）经济结构转型，指的是对国民经济重大比例关系进行战略性调整，使之协调和优化。

我国的经济转型实际上从 20 世纪 80 年代初就已经开始，到 1992 年邓小平同志“南方讲话”，我国的经济发展开始明确地确立由计划经济向市场

经济转型。与苏联及东欧社会主义国家所采取的激进的“休克疗法”[①]不同，我国的经济转型是在坚持社会主义制度的前提下进行建立市场经济体制的改革，经济建设与经济转轨是改革的核心，通过价格逐步放开、国有企业逐步转换经营机制来形成市场的主体与客体，所以又被称为渐进的或双轨的方式(吕炜，2004)。这种谨慎的、渐进的改革办法，实际上是一种“微观先行”[②]的发展战略(林毅夫，2007)，经济转型的过程未涉及大规模的私有化，国有企业在工业部门仍占据着主导地位，在保证较高的经济增长和价格稳定的同时，传统的计划经济体制逐渐为市场体系所取代。

那么，我国转型经济具有哪些基本特征呢？杨万铭和李海明(2004)认为，我国的经济转型实际上是双重转型：一是经济体制转型，即通常所说的市场化，由计划体制转向市场体制。其起点是以原来的行政命令方式作为经济资源配置主要手段的计划经济体制，然后通过体制创新逐步过渡到市场经济体制，意在最终建立完善的以市场机制和价格供求关系来配置经济资源的市场经济体制。二是社会转型，指的是从传统型社会向现代型社会的过渡，即社会中的传统因素与现代因素此消彼长的进化过程，尤其是特指当代中国从传统社会向现代社会、从农业社会向工业社会、从封闭性社会向开放性社会的社会变迁和发展的演变过程。概括来讲，我国的经济转型是在保持社会整体基本稳定的前提下实施的渐进式改革。

1. 经济改革的宏观环境：社会整体基本稳定

经济转型会引起与原先社会结构相配套的规则和程序不同程度的失效，从而产生较为显著的社会分化现象，而社会分化会在深层次上表现为利益分化，不可避免地会导致一定的社会冲突。美国政治学家亨廷顿认为，传统性社会和现代性社会实际上都是相对稳定型的社会，而传统向现代转型

---

① 休克疗法：将经济转轨与政治体制的变革联系起来，并认为转轨的核心是宪政规则的大规模改变(Sachs and Pistor，1997)，经济转轨只是其中的一部分。在改革的实施上讲求价格贸易自由化、宏观稳定化、产权私有化三位一体的同时推进策略。这种策略被称为激进的或休克的方式。

② 西方主流经济学家所倡导的“休克疗法”是一种宏观先行的战略，如果像俄罗斯一样在国有企业重组之前进行私有化，国家为了避免企业倒闭以及由此而带来的大量失业，不得不继续给予企业各种明的或暗的补贴。一方面，私有化并不能像人们所期望的硬化预算约束；另一方面，新出现的私有企业会向国家所求各种租。稳定化政策不能很快生效，由此可能产生政治的不稳定(林毅夫，2007)。

的现代化却潜藏着滋生动乱的契机。无论是国际还是国内的经验都表明，社会稳定是经济保持稳定快速增长和改革顺利推进的基本保证。迄今为止，处于经济转型时期的中国保证了一个稳定的经济发展环境，在“稳定压倒一切”的共识下，经济转型也在顺利地进行。

2.经济改革总体特征:渐进性改革

人们把渐进性改革形象地比喻为“摸着石头过河”，它是一种演进式分步走的制度变迁方式，采取先易后难、先表后里的改革路径，在旧有制度的框架内审慎地、逐步地对旧体制进行制度创新，因而具有在时间、速度和次序选择上的渐进特征。在保持传统体制运转的条件下，逐步引入市场经济机制，市场经济机制和计划经济体制在较长的一段时间内处于一种并存及此消彼长的状态，直至最终建立起符合市场化要求的新制度框架。我国的这种渐进式改革具有如下特点：

(1)双轨过渡。基本的指导思想为:在旧体制“存量”暂时不变的情况下，在增量部分首先实行新体制，然后随着新体制部分在总量中所占比重的不断加大，逐步改革旧体制部分，最终完成向新体制的全面过渡(樊纲，1996)。这一基本指导思想也包括两种思想:体制外生长和增量改革。所谓“体制外生长”，是指在计划经济体制之外，发展新的市场主导部门，使其成为推动市场化改革的基本动力之一。在我国市场化改革过程中，这种体制外生长主要表现为:产权制度的体制外改革，即允许在国有经济之外发展非国有经济;定价制度的体制外改革，即允许计划分配体制之外发展出自由市场;收益分配的体制外改革，即按劳分配之外承认按要素分配的合理性;等等。增量改革不从资产存量的再分配上入手，而是着眼于让市场机制在资产配置上发挥作用，这样就会使增量部分不断扩大，计划经济的存量比重相对地逐步缩小。具体做法是，允许国有企业或农民对完成政府承担的义务后的增量部分，自主决定价格、销售方式和收益分配;国有企业的工人，可以采用“老人老办法，新人新办法”，即用计划经济中的企业与工人隐含的“合约条件”对待老工人，而用自由缔约的方式来聘用新工人，等等。

(2)实验推广，即将市场化改革限定在一定的范围(如地区、产业甚至是企业)之内，取得经验后才在更大范围乃至全国加以推广。中国的经济改革大多数都不是在全国范围内同时展开的，每项改革措施都是从较小范围内的实验开始，在改革试点取得一定成果并积累有关经验，群众心里有了准备以后，才加以推广，如家庭联产承包责任制的推行过程、企业承包制的试行、经济特区的创建、股份制试点等。渐进性改革以开天窗式的局部试验开始，利用关键性改革带动多项改革，创造制度变迁的“多米诺骨牌效应”，使改革先易后难，从点到面，由浅入深。

3.1.2 新兴市场的基本特征

新兴市场是由一些重要的发展中国家(地区)、部分转轨经济国家和个别发达国家(地区)所组成。其一般特点是：市场经济体制将逐步走向完善，经济发展速度较快，市场发展潜力大，是世界经济的主要增长点(童继生和李元旭，2001)。

“新兴市场”一词最早由美国商务部提出，1994 年美国商务部在研究美国出口促进策略时认为：一个新世界正在崛起，未来美国将与这一类新的国家进行竞争，这类国家的核心成员有十个[①]，我们称之为“新兴市场”。Khanna & Palepu(1997)认为，评判一个国家是否属于新兴市场的一个最为重要的标准是：一国经济能否有效地帮助供销商和客户进入市场参与商业活动。为了保证市场功能的发挥，每一经济类型的国家都应该制定出相应的制度以促使市场能够有效地运转。但是发展中国家的市场存在某些方面的缺陷，没有使得市场功能得到充分发挥，加上宏观调控不足，最终会导致市场失灵。

Khanna & Palepu(1997)进一步分析认为，导致市场失灵有三方面的原因：信息问题、误导性的管制及不完善的法律系统。首先是信息问题。市场上的买方(既包括产品市场上的消费者，也包括劳动力市场的雇佣者和金融市场的投资者)在购买产品或进行投资决策时，需要与评价其产品和服务有关的充分信息，没有这种信息，交易通常很难达成。其次是误导性的管制(misguided regulation)。当管制者将其政治目标置于经济效率之上时，将会导致市场运作的失效。例如，许多新兴市场中企业解雇员工的权力受到了监管者的限制，尽管这有助于社会稳定，但使得企业失去了与发达市场企业一样获取竞争优势的机会。最后是不完善的法律系统。如果没有措施保

---

① 这十大新兴市场为中国、印度、东盟、韩国、墨西哥、巴西、阿根廷、南非、波兰和土耳其。

证企业在市场中发挥讨价还价的能力，企业就不愿进入市场从事商业活动。这时候，需要通过契约的方式把交易各方的利益联合在一起以便交易顺利进行。因此，市场的正常运作在很大程度上需要有效的法律系统，以确保契约在一个可靠并且可预见的方式下执行。

与发达市场经济中企业的经营活动依赖于一整套较为完整的外部制度，从而可以尽量减少上述三方面问题所导致的市场失灵不同，在新兴市场经济当中，尽管一定程度上存在一些必要的制度鼓励市场交易的进行，但是其他相应的制度缺乏仍然是较为普遍的现象，这使得企业不得不相应地承担一些外部制度的功能。Khanna & Palepu(1997)认为，这就是在新兴市场经济和发达市场经济从事经济活动的关键差别之所在。

3.1.3　经济转型：一个制度变迁的过程

在多数研究者看来(如林毅夫，1994；杨万铭，李海明，2004)，解释中国改革路径最重要的因素是制度，对经济增长和发展起决定性作用的也是制度性因素而非其他，制度可以通过重新界定和保护产权，降低风险与不确定性从而降低交易成本，通过产生私人激励来推动经济增长和促进经济发展。

诺斯认为，所谓"制度"就是社会博弈(或游戏)的规则，是人们创造的，用以限制人们相互交流行为的某种框架。林毅夫(1994)认为，从最一般意义上讲，制度可以被理解为社会中个人所遵循的一套行为规则。依托于人能力的有限性和人生活环境的特征，制度具有不可或缺性。不过，制度毕竟是一个很宽泛的概念，为此有必要区分"制度环境"与"制度安排"两个从属概念。其中：制度安排是指一系列"规制经济和政治活动的基本的政治、社会和法律根本规则(规制选举、产权和契约权利和规则就是这些根本规则的若干例子)"，制度安排可以是正式的，也可以是非正式的。制度环境则是指一种"规制经济单位之间合作与竞争方式的安排"(Davis & North，1970)。

制度变迁则是指制度的替代、转换与交易过程，具体的类型则包括两种：诱致性制度变迁和强制性制度变迁(林毅夫，1994)。前者是指现行制度安排的变更或替代，或者是新制度安排的创造，它由一个人或者一群人，在响应获利机会时自发倡导、组织和实行；后者则是由政府命令和法律的引入和实行。诱致性制度变迁必须由某种在原有制度安排下无法得到的获利机会引起，而强制性制度变迁可以纯粹因在不同选民集团之间对现有收入进行再分配而发生。制度变迁是由于制度不均衡引起的,包括四个方面:制度选择集合的改变、技术改变、制度服务的需求改变以及其他制度安排的改变。在经济增长时会出现制度不均衡,这种不均衡一定程度上可以由诱致性创新来消除,也可以由统治者强制推行制度变迁来消除。但无论属于哪种类型,制度变迁都是一个从制度均衡到制度非均衡再到制度均衡的反复过程。

我国的经济转型无疑可以理解为一个制度变迁的过程。杨万铭和李海明(2004)认为,经济转型可以被看作是一种更为有效的制度(即所谓"目标模式")对另一种制度(即所谓"起点模式")的替代过程,而制度变迁是一种更有效益的制度的产生过程,意味着产权的重新调整和经济利益的重新分配。林毅夫(1999)在分析"李约瑟之谜"时,强调了制度因素的重要作用。他认为中国在14世纪就已经取得了巨大的技术和经济进步,具备了爆发全国性的科学革命和工业革命的条件,但是工业革命最终却爆发于18世纪末的英国,究其原因就是当时中国没有建立起一整套有效的保护创新、调动人民积极性的产权制度。而中国改革开放后所取得的巨大经济成就,则无疑得益于经济体制改革,得益于体制改革后所建立的具有激励效应的新制度绩效的充分释放。朱先奇和董玲(2005)则对我国转型时期的制度变迁特征进行了总结,他们认为这些特征包括:(1)中国的经济转型(或改革)和制度变迁总体上是政府推动模式(强制性制度变迁),采取了过渡性制度安排逐步向规范性制度安排演变的渐进方式,是政府与社会对市场经济规律认知不断提升的学习过程;(2)中国的经济改革是一个"错误尝试—纠错"的探索过程,其制度变迁遵循一条迂回的、渐进的、始终指向目标的运行轨迹,即由制度边际调整开始,逐步由量变向质变过渡;(3)中国的经济转型是制度变迁与文化演进相适应的协调发展过程;(4)中国的经济转型是阶段性目标不断调整并逐步趋向总目标的一个渐进迂回的过程。

本文认为,从我国的经济改革和转型实践来看,将制度分为制度环境和制度安排两个方面,那么由计划经济向市场经济的转型无疑可以看成是制度环境的改变,而这一根本规则的转变和形成是一个逐步演进的过程,显然是不可能一蹴而就的。在制度环境的转变过程中,为了保证改革的稳定和效率,需要采取相应的具体制度安排,如家庭联产承包责任制、乡镇企业、现代企业制度和分税制等。从特定时期或阶段来看,这些制度安排可能都是有效率的。但是随着制度环境的改变，这些制度安排可能会逐渐丧失效率，适应变化了的制度环境，新的制度安排会不断涌现。这其中，有些制度安排援引自西方发达市场经济国家（如证券市场的独立审计制度安排），但是由于制度环境不同，所产生的绩效也不同于西方国家，也可能与预期的效果存在相当大的差距。不过，也有很多曾经存在的和依然存在的制度安排，在一个双轨制的制度环境下，充分利用了各种生产要素的发展潜力，包括丰富廉价的劳动力、超高储蓄率提供的资本积累等，此外还导致了要素从低效率生产部门向高效率生产部门的重新配置。改革以来经济增长的绝大部分原因，可以用这些制度安排下诱致的效率提高来解释。

总的来说，我国从计划经济向市场经济转型的过程决定了新的制度环境的生成在逐步进行，这也包括了人们的相应观念及行为规则，也意味着随着时间的推移、改革的深入，曾经有效率的制度安排可能变得没有效率，这时候为了适应制度环境的演进和变化，对已有的缺乏效率的制度安排进行修正或者寻找新的有效的制度安排是必须的。

3.2　迅速演进的中国证券审计市场

3.2.1　我国证券审计市场的基本特征：迅速的制度变更与竞争性市场结构

1. 迅速的制度变更

要把握我国证券审计市场的基本特征，就必须对我国经济发展的宏观制度背景有一个深入的了解。任何抛开我国特殊制度背景及其现状对我国证券审计市场特征的认识都只具有阶段性，随着时间的推移和经济的发展必将丧失其适用性和原有意义。如前所述，由于我国证券审计市场的形成和发展植根于我国经济转型和新兴市场的总体背景之下，毫无疑问，理解我国证券审计市场的基本特征必须由此入手。将经济转型理解为一个制度变更的过程，新兴市场的基本特征又决定了制度的匮乏是一种普遍现象。因此，本书认为，我国证券审计市场最为显著的基本特征在于其发展必然伴随着更为迅速的制度变更，这也是理解我国证券审计市场审计质量需求和供给问题的出发点。

尽管我国注册会计师制度恢复于20世纪80年代初期，但是早期注册会计师的业务主要以三资企业为主，业务范围涉及验资、查账、所得税申报以及外汇收支报告等（杨时展，1995）。直到1990年和1991年上海和深圳证券交易所相继成立，在创造了公众投资者对于上市公司会计信息需求的同时，我国证券审计市场才开始形成。显然，这与西方发达国家证券审计市场近百年的发展历史无法相提并论。与我国大多数行业的市场化发展轨迹类似，政府主导型的经济改革过程决定了我国证券审计市场在发展初期其主导力量也必然来自政府的行政力量（谢德仁和陈武朝，1999；易琮，2002；韩洪灵，2006）。

谢德仁和陈武朝（1999）较早对我国注册会计师制度恢复以来至20世纪90年代中期注册会计师职业服务市场状况进行了考察。他们认为，我国审计市场发展的早期所面临的最大挑战之一就是审计市场的非市场自然细分（行政细分）所导致的无序化问题。这种无序化的行政细分则来自经济体制和意识形态的惯性使然，中央政府、地方政府及其有关职能部门在注册会计师服务市场的行政细分中都扮演了一定的角色，由于职业服务需求本身就是由政府创造出来的，所以政府也就是最重要的需求者。尽管他们观察到市场的自然细分一定程度上在当时我国注册会计师职业服务市场是存在的，一些具有较好的自我约束机制的会计师事务所建立起了自己的职业声誉并占有较高的市场占有率，但是无疑市场的行政细分抑制了竞争并造成了审计市场的无序化发展。在该研究的基础上，陈武朝和郑军（2001）认为，在我国审计市场中，政府部门是审计市场的最大需求者，但这种非市场化的需求和行政细分的结果决定了其不存在对高质量审计的需求。而多数会计报表使用者尚未真正关心审计质量，因而亦不存在高质量审计需求。由此而来的消极影响是，会计师事务所较少或基本不靠质量而是靠其他手段去争取客户，同时亦助长了地方保护和行业垄断。以上研究结果对关于我国审计市场问题的后续研究产生了较大的影响（如蒋尧明和罗新华，2003）。

但是，本书认为，以上研究结论显然不能应用于当前与审计市场有关问题的分析，尽管路径依赖决定了上述影响在一定程度上、一定范围内还继续存在。考虑到我国转型经济的基本特征，无疑我国审计市场的行政性细分是市场化发展初期过渡性制度安排的结果，而实践证明这种制度安排显然是缺乏效率的。1995年6月中国注册会计师协会和中国注册审计师协会实现联合。1997 年 8 月全行业开展了大规模的清理整顿工作，到 1999 年底，共依法撤销事务所 638 家，撤销滥设的分支机构 1474 家。1998 年启动的脱钩改制工作则使会计师事务所成为真正独立的公司法人，从体制上保证注册会计师职业的独立性，1998 年底首批具有证券执业资格的 103 家会计师事务所完成了脱钩工作。2000 年，中国资产评估协会、中国税务代理管理中心和中国注册会计师协会合并，最终由中国注册会计师协会统一管理。从制度变迁的角度来看，注册会计师行业的发展过程，可以理解为市场化发展初期制度的匮乏以及在市场发展过程中过渡性制度安排向规范的制度安排迅速演进的过程，也正是谢德仁和陈武朝(1999)研究中所谓的“基础设施”从缺乏或者不完善到逐步完善的过程。

如前所述，我国的经济转型主要是政府主导的强制性制度变迁过程。在这一过程中，行政力量主导应当指的是政府，是规则或者制度的制定者，它既非“运动员”亦非“裁判员”，而是基础设施的提供者。从这一层意义上讲，在我国经济转型背景下证券审计市场发展的初期，行政力量主导并没有问题。由此，本文并不赞同刘峰和林斌(2000)认为的如果存在大量、有效的市场需求，我国注册会计师制度的发展将会自动选择独立化、职业化的发展道路，并将事务所脱钩改制理解为政府无奈选择结果的观点。基本理由在于，我国从计划经济体制向市场经济体制转型的事实就已经决定了，在我国经济转型的初期，在相关市场还没有形成或者有效运转的情况下，不可能存在大量、有效的对独立审计的市场需求，因为从本质上讲独立审计是市场经济的产物(Watts & Zimmerman，1986)。脱钩改制不是政府的无奈选择，而是其培育市场微观主体，创造公平市场环境的必然之举。这一观点同样决定了下文关于竞争性市场的分析。

2. 竞争性市场结构

与发达国家成熟证券审计市场所普遍具有的寡占特征不同(Bandyopadhyay & Kao，2001)，我国证券审计市场具有较高的竞争性程度，这可以视作我国证券审计市场的又一基本特征。李树华(2000)较早对此进行了考察，他认为我国证券市场的集中度与国际趋势存在着巨大反差，在 1993 年至 1996 年按客户家数计算“十大”的市场份额分别为 51%、48%、44%和 35%，市场集中度较低并呈现出显著的逐年下降趋势；此外我国证券审计市场“十大”会计师事务所在各年间的排名很不稳定，研究结论认为我国证券审计市场仍然是一个过渡竞争和不稳定的市场。紧接着李树华(2000)的研究，吴溪(2001)对我国1997—1999年间的证券审计市场进行了考察，3年间按照股本总额计算的"十大"市场份额分别为44.41%、38.75%和34.93%，仍然呈现出逐年下降的趋势。不过研究对于审计意见的考察结果表明，在这3年间注册会计师的独立性在总体上是逐年提高的，并且规模越大的事务所独立性越强。研究结论认为，2000年我国证券审计市场发生的政府诱致性合并重组有利于我国审计市场的良性发展。有趣的是，易琮(2002)直接使用业务收入数据对1998—2000年间具有证券从业资格的事务所的市场集中度进行了考察，研究发现全行业前"八大"事务所的各年市场份额分别为42.35%、48.07%和53.47%，表现出逐年上升的趋势。研究结论认为，行业集中度的提高正说明行业制度变革(脱钩改制和全行业规模化)对市场结构的变化发挥了作用。余玉苗(2001)、夏冬林和林震昃(2003)则同时对我国证券审计市场2000年的市场集中情况进行了考察，前者按照客户家数计算的"十大"市场份额为31%，后者按照事务所业务收入计算的"十大"市场份额则达到了49.46%，差异来自比较基准的不同。

表3-1 中国审计市场(A股上市公司)的竞争程度

Panel A，发达国家(或地区)审计市场集中度

国家(或地区)	年度	计算基础	集中度
美国[a]	2003	"四大"客户销售总额	99%
英国[a]	2002	"四大"客户家数	100%
日本[a]	2002	"四大"客户家数	≥80%
荷兰[a]	2002	"四大"客户家数	≥90%
意大利[b]	2001	"五大"客户家数	≥80%
加拿大[b]	1994	"八大"客户销售总额	98.75%
中国香港[b]	1994	"八大"客户销售总额	97.34%
新加坡[b]	1994	"八大"客户销售总额	99.29%

续　表

Panel B,中国审计市场集中度(A 股上市公司)									
	CR4			CR10			1/Herfindahl		
年度	客户家数	客户资产总额	客户销售总额	客户家数	客户资产总额	客户销售总额	客户家数	客户资产总额	客户销售总额
2002	11.51%	33.89%	36.29%	25.25%	48.67%	50.04%	51.28	21.08	15.80
2003	11.68%	31.97%	36.31%	23.12%	47.05%	51.75%	49.87	22.81	15.04
2004	10.65%	33.52%	39.37%	23.57%	48.40%	53.49%	47.30	21.74	13.84

Panel C，国际“四大”中国所市场份额(A 股上市公司)

年度	事务所总数	上市公司总家数	客户家数	客户资产总额	客户销售总额
2002	71	1208	8.77%	34.96%	37.13%
2003	72	1250	8.24%	33.36%	37.85%
2004	72	1315	7.00%	33.60%	38.63%

注：Panel A 中，a 表示数据来源于 GAO 03-864(美国审计总署)，b 表示数据来源于 Narasimhan & Chung(1998)。Panel B 和 Panel C 计算所需要的原始数据来源于 CSMAR 证券研究数据库。Panel C 中，关于安永会计师事务所的市场份额，我们以安永大华和安永华明合并计算求得。

本书则对我国证券审计市场 2002—2004 年的市场集中情况进行了统计，如表 3-1 Panel A 所示，美国、英国等发达国家证券审计市场几乎全部为“八大(或五大、四大)”会计师事务所垄断，英国的审计市场集中度最高，达到了 100%；日本为最低，也达到了 80%以上。与此相反，如 Panel B 所示，在 2002—2004 年期间我国审计市场中前“十大”(前“四大”)会计师事务所的市场集中度，按客户家数计算仅为 25%(11%)，按照客户资产总额计算则为 48%(33%)，按照客户销售收入总额计算则为 53%(39%)。Herfindahl 指数也显示我国证券审计市场具有较强的竞争性，根据客户家数计算，我国证券审计市场约有 50 家同等规模的会计师事务所，而按照客户资产总额、销售收入总额计算，则分别为 22 家和 15 家。Panel C 反映了国际“四大”中国所的市场份额情况。在 2002—2004 年期间国际“四大”所审计的 A 股上市公司仍不足 10%并有下降的趋势。不过按照客户资产总额、客户销售收入总额计算，国际“四大”的市场份额有较大程度的提高，分别达到 34%和 38%，表明国际“四大”在大客户市场具有竞争优势。

表 3-1 的统计结果表明，与发达国家(或地区)成熟审计市场相比，在

2002—2004 年，我国证券审计市场仍然表现出较强的竞争性。不过，与上文所提到的相关研究结果比较，这三年间的市场集中度在一定程度上有所提高，并且时间序列上相对平稳并未出现显著下降的趋势。本文认为，尽管竞争程度仍然较高，但是以上结果在某种程度上可以说明，我国证券审计市场的发展开始步入相对稳定阶段，与李树华(2000)的研究期间相比，市场竞争开始向着较为有序的方向发展。

对照发达证券审计市场寡占型的市场结构，国内部分研究者将市场集中度的高低与审计质量相联系(如余玉苗，2001；夏冬林和林震昃，2003；刘明辉等，2003)，认为我国事务所审计质量不高的原因在于市场较高的竞争程度。但是，本书认为，以上研究者忽略了一个基本事实：即使是发达市场国家如美国，寡占型的审计市场结构的形成亦经历了一个较为漫长的过程，总的来说是市场竞争和选择的结果。而我国目前的审计市场结构的形成有其历史原因，从 1997 年深圳的会计师事务所脱钩改制试点算起，到 1999 年底全行业完成改制，审计市场才真正走出了行政垄断，开始逐步转向市场化的自由竞争阶段，市场集中度不高是历史导致的现状，也是情理之中的事情(易琮，2002)，并非市场自然演变的结果。此外，从理论上来看，通常来说，国外研究者对于市场集中现象做出了两种解释。其一，Dopuch & Simunic (1980)和 DeAngelo(1981b)认为，大规模事务所的审计质量差异化以及产品高质量的声誉能够解释普遍存在的市场集中现象，而我国部分研究者的观点正是基于此。其二，Dopuch & Simunic (1980) 以及 Danos & Eichenseher(1986)认为，是由于审计服务生产的规模经济使得大型会计公司在市场中获得优势地位，从而导致了市场集中现象。但是，Doogar & Easley(1998)通过构建了一个无差异化、纯价格竞争的理论模型考察了市场集中问题。研究结果表明，既不是审计质量差异化也不是规模经济，而是订约活动(Contracting practices)、客户规模分布(client size distributions)及事务所生产效率的差异(differences in auditor productivity)联合决定了会计师事务所的市场份额。综合上述分析结果，本书认为，若将审计质量高低与当前的竞争性市场结构相联系恐难有说服力；同样，若将审计质量差异化与此相联系一样难以得出正确结论。

那么竞争性的审计市场结构对审计质量研究来说究竟意味着什么呢？在西方研究者看来(Krishnan & Schauer，2000；Niemi，2004)，由于绝大多数关于审计质量的研究均聚焦于寡占型审计市场，在竞争性市场中是否存在审计质量差异化，审计质量差异化沿着何种维度分割，事务所规模是否如寡占型市场一样与审计质量保持正相关的关系，等等。这些都是未有定论的研究课题。此外，Simunic(1980)以及 Gist & Michaels(1995)均认为在寡占型市场中，大型事务所收取更高的审计费用可能并不与提供了更高的审计质量相联系，原因在于费用溢价亦可能代表了大型事务所依靠市场势力所获取的经济租。这使得从供给方考察审计质量陷入尴尬境地，而在一个竞争性的市场结构中则能够较好地避免该问题。

3.2.2　审计质量的需求和供给分析

1. 审计质量的需求分析

李树华(2000)和 DeFond et al. (2000)在对我国 1993—1996 年期间证券审计市场结构进行深入分析的基础上，认为缺乏真正有效的独立审计需求与供给，尤其是缺乏自发的高质量审计需求才是造成我国会计师事务所审计质量不高的根本原因。刘峰等(2002)更是将独立审计视为政府管制机构"模仿""国际惯例"的附带产物，是公司"取悦"政府管制机构的工具，而不是一种自发的市场需要。以上研究结论对此后的研究产生了很大影响，大多数研究者均认为在我国上市公司是缺乏甚至排斥高质量审计需求的，会计师事务所之间也不存在系统性的审计质量差异化(如朱红军等，2004；夏立军和杨海斌，2002；王跃堂和陈世敏，2001)。

但是，2007 年中国注册会计师协会公开的题为《同流合污还是中流砥柱——对中国注册会计师上市公司审计效果的深度分析》的行业发展研究资料(No. 2007-3)，则显示了我国注册会计师事实上在 2001－2005 年间至少整体上保持了较高的审计质量。中国注册会计师协会于 2001 年起实行了所有从事上市公司审计的会计师事务所业务报备制度，该研究就是利用中注协获得的报备资料中的审计调整数据，从抑制利润操纵、挤压股市泡沫、保障再融资制度、维系退市制度及减少税收损失等方面对我国注册会计师上市公司的审计效果进行了考察，从而揭示了注册会计师在中国证券市场中"鲜为人知"的作用和贡献。研究者以下面的表达方式对 2001 年以来我国注册会计师的审计质量进行了描述：

- 注册会计师每收 1 元审计费用带来约 470 元的纠错成效；

● 遏制企业转微亏为微利的企图，微利企业减少 64 家，降幅达 40%；

● 挤压利润水分方面，避免了约 5500 亿元的股市泡沫；

● 挡住了至少 313 家公司的配股企图，减少股市“圈钱”约 1300 亿元；

● 制止至少 182 家公司虚增利润，甩掉 ST、PT 帽子的企图；

● 为国家追调应收税金高达 180 多亿元；

● 将 700 多家客户的违规行为以非标准审计意见的方式公之于众。

仅调整的会计利润总额一项即达 2500 多亿元。这意味着：

● 可让“神六”上天至少 11 次；

● 是同期股市全部再融资额的 1.5 倍。

仅调整的资产总额一项即达 10200 亿元。这意味着：

● 相当于宝钢股份、华能国际、四川长虹和南方航空的资产总额的 5 倍；

● 等于 17 个三峡电站的投资。

如果上述行业发展资料真实，表明在 2001 年后我国注册会计师保持了较高审计质量的话，那么从理论上看，在我国注册会计师保持相对较高审计质量的动机在哪里呢？仍然基于前文的分析，从需求角度看，本书认为，我国转型经济的背景决定了我国证券审计市场的发展具备迅速演进的基本特征，制度变迁、相关市场的发展以及市场化水平的提高一定程度上改变了我国证券市场发展初期上市公司排斥高质量审计的状况，市场需求的改变促使会计师事务所，尤其是大型事务所可能会更多地从事质量维度的竞争。具体来讲，影响自发高质量审计需求的市场因素可能包括以下方面：

(1)新股发行定价制度市场化。

在李树华(2000)以及刘峰等(2002)的分析中，均将研究期间我国证券市场股票发行定价制度视为抑制 IPO 公司自发独立审计需求的首要原因。李树华(2000)认为，其研究期间“这种行政控制的‘额度管理’及新股定价发行定价方式……事实上造成了市场对高质量审计服务需求的淡漠，与西方发达市场经济下的情况刚刚相反，市场事实上‘需要’独立性低，‘较为配合’的审计服务”。他将主要原因归结为：①审批制下上市公司的选择权事实上掌握在地方政府和行业主管部门手中，几乎不是市场选择的结果，聘请高质量会计师事务所传递公司投资价值的“信号”作用遭到了很大的削弱；②新股发行市场供不应求的状况以及“低风险、高收益”的特征，导致社会公众股股东无暇关注上市公司的财务信息质量，其对高质量审计服务的需求进一步被削弱[①]；③由于监管部门规定的新股发行市盈率相对固定，发行人提高发行价格唯一可控的指标是“每股税后收益”，盈余管理的需要使得发行人也倾向于聘请“较为配合”的会计师事务所。

然而，纵观我国股票发行定价制度的演变历程（作为本书的一个重要研究背景，详见本章 3.3 节），尤其是在《证券法》颁布实施以后，无论是监管层还是其他市场参与者均为我国股票发行定价制度的市场化做出了巨大努力，股票发行审核制度和定价方式均向着市场化方向迅速迈进。股票发行核准制的实施，改变了审批制下事实上由地方政府和行业主管部门选择上市企业的现象，明确了公开发行股票公司的候选标准，以及中国证券监督委员会作为唯一核准人的法律地位和责任。股票定价方式的市场化改革在一定程度上赋予了发行人和承销商协商定价的自主权，累计竞标定价方式包括其后的询价制则更多地考虑了市场的需求因素。新股发行后跌破发行价的现象开始出现并逐渐增多，一级市场的风险开始显现，尽管“低风险、高收益”的现象仍然存在，但是程度已大为降低。表 3-2 反映了我国 1993—2004 年 A 股 IPO 抑价的变动情况。此外，由于新股发行定价的逐步市场化赋予了发行人更多的定价自主权，从而可能在较大程度上削弱了发行人上市前政策诱致型的盈余管理动机。总的来说，本书认为，新股发行定价制度的市场化变革为 IPO 公司选择高质量会计师事务所作为信号显示机制，以传递公司投资价值、吸引外部投资者从而提高发行价格、最大化发行收益创造了潜在的机会。

表 3-2　A 股 IPO 首日回报率

年度	IPO 家数	首日回报均值
1993—2001	949	269%
2002	70	131%
2003	66	72%
2004	98	69%

① 即便如此，DeFond et al.(2000)仍描述了一种例外情况：“截至 1996 年末，13%的中国上市公司被允许向境外投资者发行股票。针对境外投资者的 IPO，尽管中国的管制者并不要求，但承销商一般会要求这些 IPO 公司聘请国际会计师事务所。”

(2)国有股权比重的不断降低。

李树华(2000),DeFond et al.(2000),Sun & Tong(2003),Chang & Wong(2004)等认为,导致20世纪90年代中国上市公司缺乏高质量审计需求的一个重要原因在于过高的国有股权比重。这些国有股权大多以不流通的国家股和国有法人股形式存在。李树华(2000)认为,处于垄断地位的国有股及法人股由于存在持股主体缺位产生的代理问题,致使国有股股权对公司管理层的控制处于"失效"状态。政府对企业的控制一方面表现为行政上的"超强控制",另一方面表现为产权上的"超弱控制"。产权上的"超弱控制"则事实上导致上市公司经理层的"内部人控制"。此外,占控股地位的大股东缺乏相应的退出机制,几乎感受不到收购的压力。凡此种种导致了国有控股股东及其管理层并不关心公司的市场价值,漠视中小股东的利益诉求。

不过,这种情况在20世纪90年代末得到了一定程度的缓解。从1997年开始,非流通国有股权场外交易得到迅速发展,截至2002年底,有200—250家的国有控股上市公司变更为非国有性质上市公司(Green,2004)。此外,在IPO市场当中,进入21世纪以来,越来越多的非国有企业被允许上市,本书对此进行了统计。结果显示,在2001年以前国有性质的IPO公司占到了IPO总体的85%以上,但在2001年以后这一比例大幅下降到50%左右。尽管"一股独大"、股权分割等问题的影响仍然存在,但是上市公司国有股权比重的不断下降在一定程度上减轻了上市公司缺乏高质量审计需求的状况。此外,2007年底股权分置改革的顺利完成进一步降低了国有股比重(对价支付的方式),而原有非流通股东和流通股东利益基础的统一,将使得大股东或者内部人更为重视中小股东的利益需求,这些都将进一步激发上市公司对于高质量审计的需求。

(3)公司治理的改善。

与大股东或内部人不同,外部投资者可能更多地依赖公开披露的财务会计信息进行投资决策,因而对审计质量有更高的要求。但是在20世纪90年代中后期,我国上市公司缺乏必要的公司治理机制,如独立董事和审计委员会机制,以保护中小投资者的利益,再加上股权分置问题的影响,其结果是控股股东和管理层可以忽视中小投资者对于高质量审计的需求。

不过这一状况在2001年以后得到了较大程度的改善。由于证券市场上财务丑闻(如红光实业、银广厦等)频发,证监会于 2001 年 8 月和 2002 年 1 月先后出台了《关于在上市公司建立独立董事制度的指导意见》和《上市公司治理准则》等一系列规章制度。其重点在于引进独立董事制度,完善董事会功能,提高上市公司治理水平。这一系列措施的实施显著改变了上市公司的董事会结构,截至 2003 年底,上市公司独立董事比例平均为 32.4%,约 34%的上市公司设立了审计委员会。① 2004 年 12 月 7 日,中国证监会发布的《关于加强社会公众股股东合法权益保护的若干规定》进一步明确了独立董事的职能、权利、义务以及保护其发表独立意见的若干措施。其中提到法律制度必须赋予独立董事更多权利,以使其更充分地接触公司内部信息,更自主地聘任中介专业结构,更自由地发表专业意见。有研究者(如陈俊和陈汉文,2007)对以上规章制度出台后,我国上市公司的总体治理水平进行了考察。研究结果表明,尽管总体治理水平仍然较低,但是从 2001 年以后,我国上市公司治理质量呈现出不断上升的趋势。

(4)相关市场的发展和完善。

在制度变迁的过程中,如实地评价某一种制度安排的效率是极其复杂的。因为制度安排都是"内嵌"于制度结构中,所以其效率还取决于其他制度安排实现它们功能的完善程度(林毅夫,1994)。在我国,独立审计作为保障证券市场有效运转的一种制度安排,其效率的提高很大程度上取决于其他相关市场(如经理人市场、借贷市场等)的发展与完善程度。

随着我国经济发展市场化程度的不断提高,与证券市场相关的其他市场在一定程度上都得到了较为迅速的发展和完善。其中职业经理人市场的发展受到了广泛关注(郎咸平,2004),尽管目前我国职业经理人市场的发展水平还不高,但是在上市公司当中已经涌现出越来越多的职业经理人,职业经理人对于我国经济的发展发挥着愈来愈重要的作用。与此同时,关于经理人薪酬体系和激励机制的设计也在向着市场化方向迅速迈进。借贷市场方面,国有四大商业银行以及其他金融机构的市场化改革步伐明显加快,其中国有四大商业银行中有三家(中国农业银行除外)的股份制改造均已完成并成功上市,而此前更有多家商业银行和金融机构成功地进行了市场化改

① 资料来源:上海证券交易所研究中心,《中国公司治理报告(2004):董事会独立性与有效性》,复旦大学出版社 2005 年版。

造。市场化水平提高后的金融机构,其业绩评价也更多地以市场为标准,在贷款方面也更为注重贷款安全性,更为注重客户的基本素质和财务状况的审查等多个方面。此外,其他相关市场如控制权接管市场等也都得到了一定程度的发展。

总的来说,进入21世纪以来,随着我国经济发展市场化水平的提高,新股发行定价制度的市场化趋势、国有股权比重的不断降低、公司治理状况的不断改善及与证券市场相关的其他市场的发展和完善,此外还包括以基金为首的机构投资者力量的不断壮大,投资者投资理念的日趋成熟,合格境外机构投资者(QFII)的引入等潜在地为高质量审计需求的出现奠定了基础。

2.审计质量的供给

李树华(2000)对我国注册会计师行业"脱钩改制"以前促使事务所保持独立性的因素进行了详细分析。他认为我国证券审计行业的"许可证管理制度"、独立审计准则的颁布以及政府行政推动和监管对于促进我国会计师事务所保持独立性、提高审计质量起着极其重要的作用。而在本书研究期间,除以上因素的影响依然存在并进一步增强外,"脱钩改制"的顺利完成以及诉讼风险的提高等都在较大程度上促使会计师事务所保持了较高的独立性。

(1)许可证管理。

2000年6月10日,财政部和证监会发布了《注册会计师执行证券、期货相关业务许可证管理规定》。其中第五条和第六条分别对注册会计师和会计师事务所申请证券许可证的资格条件进行了修订,并且与以前相比申请条件有较大的提高。该规定的出台事实上推动了我国会计师事务所之间的合并重组和规模化进程。截至2000年底,原106家有证券资格的事务所经合并减少为78家,行业内部初步形成了一批较具规模的事务所。2003年7月30日,财政部和证监会发布《注册会计师执行证券、期货相关业务许可证管理规定》的补充规定,对许可证管理制度进行了进一步规范。

(2)独立审计准则的颁布和行业监管。

从1995年至2004年,中国注册会计师协会先后拟定发布了7批独立审计准则,初步建立了体现中国市场环境要求、与国际惯例相衔接的独立审计准则框架体系,包括独立审计基本准则、独立审计具体准则、独立审计实务公告及执业规范指南等。2006年2月15日,为适应国际会计准则和审计准则趋同的需要，财政部发布了新的 39 项企业会计准则和 48 项注册会计师审计准则，并于 2007 年 1 月 1 日起正式实施，标志着适应中国市场经济发展要求、与国际惯例趋同的企业会计准则体系和注册会计师审计准则体系正式建立。

自 2001 年前后我国证券市场发生了若干起重大财务欺诈案件后，监管部门加强了针对上市公司和会计师事务所的监管和检查（李爽和吴溪，2005）。在此期间，中国注册会计师协会先后建立了包括诚信档案制度、谈话提醒制度、业务报备制度、自律惩戒制度及执业质量检查制度在内的行业监管体系。此外，财政部与证监会于 2003 年 10 月 8 日联合发布了《关于证券期货业务签字注册会计师定期轮换的规定》，该规定将注册会计师的定期轮换确立为强制性制度，其中规定了在一般情况下，签字注册会计师连续为某一相关机构提供审计服务不得超过 5 年，同时还规定了强制轮换后的冷冻期年限（在轮换后 2 年内不得再向同一机构提供审计服务）。

(3)会计师事务所“脱钩改制”的完成。

1997 年以前，我国绝大多数会计师事务所均“挂靠”于政府部门、社会团体等法人单位。这种挂靠体制严重干扰了注册会计师的独立执业，抑制了高质量审计服务的供给以及事务所规模的扩大。为了改变这种局面，我国自 1998 年开始，进行了旨在切断事务所与“挂靠单位”之间人员、财务、业务等方面联系的制度改革，即“脱钩改制”。至 2000 年末，我国基本完成了会计师事务所“脱钩改制”工作，事务所审计质量供给的选择空间得以拓展。

图 3-1 描绘了 1992－2004 年间非标准审计意见出具比例的变化趋势。从图中可以看出，1998 年非标准审计意见的出具比例与“脱钩改制”前年份相比显著上升，并在 1999 年达到顶峰，约 1/5 的上市公司被出具了非标准审计意见，表明“脱钩改制”基本达到了预期效果，审计质量得到了一定程度的提高（王跃堂和陈世敏，2001）。2000 年以后，由于《企业会计制度》的施行和一系列监管措施的出台，使得上市公司规范运作的程度大大提高，非标意见比例开始下降（证监会首席会计师办公室，2005），基本维持在 10％—15％这一较为正常的区间范围内。

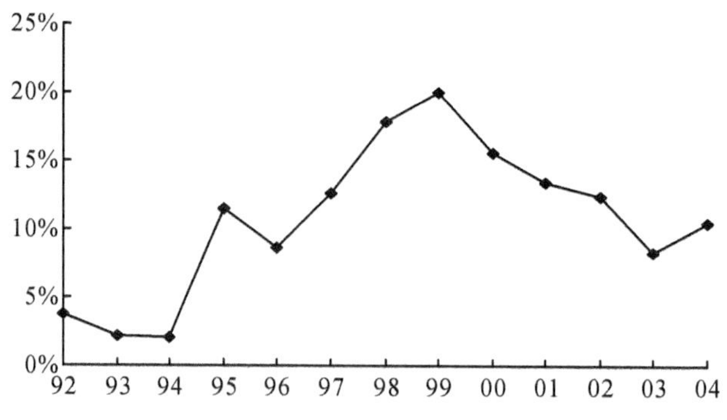

图 3-1　1992—2004 年非标准审计意见整体分布情况

(4)不断增加的诉讼风险。

1996 年最高人民法院关于注册会计师出具虚假验资报告而应承担民事责任出台了第一个专门的司法解释(最高人民法院法函〔1996〕56 号),在此之前会计师事务所面临的诉讼风险几乎为零。1999 年 12 月,“红光实业”由于其上市公告书存在重大虚假陈述而成为首例上市公司涉诉案件,从而结束了上市公司因为虚假陈述所承担的责任仅限于证监会的罚款和其他行政处罚的历史。

最为重要的进展来自 2002 年 1 月最高人民法院发布的《关于受理证券市场因虚假陈述引发的民事侵权案件有关问题的通知》(即通常所说的《1·15 通知》),根据该《1·15 通知》的内容和精神,同年 12 月最高人民法院通过了《关于审理证券市场因虚假陈述引发的民事赔偿案件的若干规定》(以下简称《若干规定》)。该《若干规定》对证券市场虚假陈述导致的民事赔偿案件的认定、受理范围、诉讼程序、归责原则和举证责任、损失认定等都做了较为明确的规定,从而成为目前我国关于注册会计师在证券市场上民事责任最全面的规范(刘俊海,2005)。2002 年各地法院受理了约 900 起涉及 9 家上市公司及其相关中介机构(如承销商、会计师事务所等)民事诉讼赔偿案件①。尽管已结案的诉讼案较少且赔偿金额有限,但是《若干规定》的出台已实质上使得上市公司及会计师事务所的财富和声誉处于风险之中。另外,一旦上市公司因为虚假陈述遭起诉,会计师事务所和注册会计师将不可避免地面临证监会的严格审查和行政处罚。

---

① 资料来源于《国际金融报》2002 年 12 月 25 日。

3.3　我国股票发行定价制度的演进和市场化改革

我国股票一级市场的发端可以追溯至 20 世纪 80 年代，1980 年 1 月 1 日抚顺红砖一厂正式发行股票 280 万股，200 多家企业参与了认购[①]。自此，全国各地逐渐出现了募股集资活动，1980 年 4 月成都工展（后改为蜀都股票上市）、1983 年 7 月深圳宝安、1984 年 7 月北京天桥、1984 年 11 月上海飞乐等股票先后发行。1986 年，一些国有企业开始进行股份制改革试点，公开发行股票，股票的一级市场开始形成。当时还没有专门的证券公司，参与股票发行的中介机构是一些信托投资公司，它们的主要职责也只限于代收认购款，股票的发行定价一般也是以面值或面值附近价格为主，定价没有制度可循。随着经济体制改革的深化，越来越多的国有企业进行了股份制改造并向社会公开发行股票，也有一批新的股份公司及合资企业在条件具备后公开发行了股票。1990 年 12 月和 1991 年 7 月，上海和深圳两个交易所先后成立并正式营业。自此，股票市场开始迅速成长，规模不断扩大。一般地，在我国证券市场设立以后，根据股票发行审核制度和定价方式的不同，我国股票发行定价制度的演变基本可以划分为五个阶段，总体上来说是一个向着市场化定价方向不断调整和迈进的过程。1999 年颁布实施的《证券法》则是一个最为重要的转折点。

3.3.1　固定价格阶段

在上海和深圳两个交易所相继成立以后近 3 年的时间里，股票发行与上市尚未实行全国性的统一管理。当时，在这两个交易所上市的基本都是当地的股份公司，上市公司的选择权也由当地政府及其主管部门行使。两地也都各自制订了上市公司的选择标准。拟上市公司在股票发行的数量、发行价格以及市盈率确定方面完全没有决定权，基本上都是由各地的监管部门或证监会确定。

1993 年以后，我国股票公开发行采取了"计划管理、额度控制"的办法，股票发行的额度由国务院证券委和国家计委共同确定。每年下达的发行额

---

① 但后来出于种种原因，红砖股票没有上市。

度，先是采取向各部委、省、市分配上市家数，再由中国证监会分配额度的办法，后又改为切块下达，由各地区确定上市家数的办法。因此，在这一期间，股份公司公开发行股票和上市的选择权，实际上掌握在地方政府和行业主管部门手中，最后程序上的审批权则由 1992 年底成立的中国证监会行使。

在股票发行定价方式上，这一期间，大部分股票发行定价均采用了固定价格方式定价。不过，在 1994－1995 年间，我国进行了股票发行定价机制改革，曾在一段时间内对琼金盘、哈岁宝、厦门厦华以及青海三普 4 家公司试点实行竞价发行。这种竞价定价方式实质上就是统一拍卖定价方式，但是由于当时股票市场规模太小，股票供给和需求极不平衡，竞争抬价现象严重，并引起了认购严重不足以及上市后股价大幅下跌的不良后果。因此在这 4 家公司试点后，该种定价方式没有再被采用。

3.3.2 相对固定市盈率定价阶段

1996 年以后至我国《证券法》颁布实施前，股票发行定价基本上采取的是严格的限制市盈率的行政定价方法，新股发行价格的确定一般根据企业每股税后利润乘以一个相对固定的市盈率水平来确定，发行市盈率则固定在 12—15 倍之间，一般以 15 倍市盈率为上限。在此期间，由于股票发行方式和发行价格均带有强烈的行政色彩，监管机构事实上仍是股票发行价格确定的主导力量。

在发行审核制度上，与固定价格发行阶段相同，这一阶段我国股票发行审核仍然采用的是审批制方法。发行额度和上市企业标准的选择则依据 1996 年 12 月 26 日发布的《关于股票发行工作若干规定的通知》规定执行，即新股发行采取“总量控制、集中掌握、限报家数”的管理办法。各地、各部门上市企业的选择标准要优先考虑国家确定的 1000 家，特别是其中的 300 家重点企业及 100 家全国现代企业制度试点企业和 56 家试点企业集团。行业方面则要重点支持农业、能源、交通、通讯、重要原材料等基础产业和高新技术产业，从严控制一般加工工业及商业流通性企业，金融、房地产等行业暂不考虑。

3.3.3 市场化定价起步阶段

1997 年 7 月 2 日，经国务院批准，上海证券交易所和深证证券交易所划归中国证监会统一管理。1998 年 12 月 29 日，酝酿了 6 年之久的《证券法》在全国人大第六次会议上获得通过，并于 1999 年 7 月 1 日开始正式施行。《证券法》的出台对我国股票发行审核制度和定价方式的市场化转变产生了极其重要的影响。

《证券法》第十一条规定："公司公开发行股票，必须依照《公司法》规定的条件[①]，报国务院证券监督管理机构核准。"这一规定确定了公开发行股票公司一般性的选择标准，并且标志着我国股票发行审核制度由过去计划行政色彩浓重的审批制转变为与市场经济更为契合的核准制[②]。此外，该规定确立了中国证监会作为公开发行股票公司资格审查的唯一法定核准人地位，从而解决了以往地方政府、行业主管部门拥有上市企业选择的实际决定权，证监会仅拥有程序上的最后审批权的问题，明晰了证监会在股票发行审核过程中的责任。在股票发行定价方面，《证券法》第二十八条规定："股票发行采取溢价发行的，其发行价格由发行人与承销的证券公司协商确定，报国务院证券机构核准。"这一规定从法律上摒弃了以往高度行政性的新股发行定价办法，在一定程度上赋予了发行人及其承销商自主定价的权利，标志着我国新股发行定价方式向市场化方向迈进了一大步。

根据《证券法》的要求，证监会成立了股票发行审核委员会，委员会成员由证监会专门人员和聘请的有关专家组成，采用投票表决的方式对公司的发行申请提出审核意见。2000 年 3 月 16 日，证监会发布了《中国证监会股票发行审核程序》，进一步规范了新股发行的审核工作流程，提高了股票发行核准工作的透明度。2001 年 3 月 17 日，股票发行核准制正式启动，行政色彩浓厚的审批制最终退出了历史舞台。

在股票发行定价方面，1999 年 2 月 22 日，证监会出台了《股票发行定价

---

① 1999 年 12 月 25 日修订后的《公司法》第一百三十七条规定："公司发行新股，必须具备下列条件：（一）前一次发行的股份已募足，并间隔一年以上；（二）公司在最近 3 年内连续盈利，并可向股东支付股利；（三）公司在最近 3 年内财务会计文件无虚假记载；（四）公司预期利润率可达到同期银行存款利率。"

② 欧美国家所普遍采用的股票发行核准制，是在准则立法主义思想指导下建立的证券发行审核制度，其优势在于其并未摒弃公开主义的思想，而是吸收了公开主义的精髓，并结合严格的实质审查，使得不良证券在最大程度上被排除在证券市场的大门之外，使得投资者利益得到充分保障，正义得到伸张，秩序得以维护。核准制的不足则在于一定程度上与效率原则相悖（李树华，2000）。

分析报告指引(试行)》,要求公开发行股票的公司提供定价分析报告[①],作为证监会依法核准发行价格的重要依据之一。该指引的颁布提高了发行价格确定的市场化程度。1999年7月28日,中国证监会颁布了《关于进一步完善股票发行方式的通知》。该通知第六条规定:"股票发行价格可采取以下方法确定:(1)发行公司和主承销商可制定一个发行价格区间,报证监会核准;(2)通过召开配售对象问答会等推介方式,了解配售对象的认购意愿,确定最终发行价格;(3)最终发行价格须确定在经证监会核准的价格区间内(含区间最低价格和最高价格)。最终发行价格确定在价格区间之外的,须报证监会重新核准。"该规定对新股发行定价的市场化做了进一步明确规定,要求发行人和承销商在协商定价时,机构投资者也要参与定价。此后在市场运行实践中,则创新出了累计投标等新股发行定价方式[②]。

在股票发行定价向着市场化迈进的过程中,自2000年开始,新股发行市盈率开始全面放开,新股发行定价开始突破传统的市盈率限制,采取路演和向机构投资者询价的发行方式,具体采用"总额一定,不确定发行量,价格只设底价,不设上限"的做法。市场运行的结果使得新股发行市盈率大幅提高。2000年和2001年平均新股发行市盈率分别达到了33.95倍和31.88倍,其中2000年首发新股闽东电力的发行市盈率更是创出历史新高,达到88.69倍。

尽管《证券法》的出台,使得我国股票发行定价制度向着市场化方向迈出了一大步,但是该阶段新股发行定价的市场化努力并没有取得预期的效果。2001年下半年国有股减持受挫,此前几乎所有市场化发行的新股都跌破了上市首日收盘价,不少新股甚至跌破发行价,投资者为此承担了高价发行的巨大风险。有研究者(黄玲和吴立范,2004)认为,一级市场价值决定功能扭曲、IPO定价偏高、缺乏有效的价格发现机制是股票发行定价的市场化改革偏离其预期轨道的首要原因。也有研究者从供给的角度进行了解释,认为我国的股票发行长期以来采取的是"供应量限制",即新股发行的规模

---

① 根据《股票发行定价分析报告指引(试行)》,发行人报送的定价分析报告至少应当包括以下基本内容:(1)行业分析;(2)公司现状与发展前景分析;(3)二级市场分析;(4)发行价格的确定方法和结果。

② 累计投标定价方式在美国证券市场被广泛采用,其定价过程包括三个阶段:承销商与发行人确定新股询价范围→路演询价→确定最后的发行价和分配股票。

受到了监管部门的管制，在原审批制下采用的是额度管理的办法，在核准制实施后则是采用了对券商所拥有的通道数量加以限制的措施，《证券法》实施后的市场化定价仅仅考虑了需求因素，因此是一种“单边市场化定价”方式。在股票供给受到监管部门控制的市场条件下，强行推行市场化定价很可能会导致“垄断定价”。此外，还有少数研究者认为，监管部门推行市场化定价在一定程度上是以新股高抑价发行为依据的，但是新股发行价格是否确实过低还缺乏足够的理论依据。

3.3.4　控制市盈率定价阶段

由于此前施行市场化定价过程中出现的一些问题，以及“国有股减持”问题对市场造成的巨大影响，2001 年下半年我国股市步入了长达 5 年之久的漫漫熊途。与此同时，监管部门对新股发行定价重新采用了控制市盈率的办法，但是与原来的市盈率定价方式相比，新方法在两个方面进行了调整：一是新股发行价格区间的上下幅度约为 10%；二是发行市盈率不超过 20 倍。发行人和承销商在规定的市盈率区间内，通过累计投标方式询价，决定股票的发行价格。这种定价方法事实上意味着在监管部门控制市盈率限额以下，新股发行定价由发行人和承销商协商确定，因此也被称为“半市场化”定价方式。在此期间（2001 年 7 月—2004 年 9 月），新股发行平均市盈率降至 18 倍左右。

3.3.5　询价制阶段

2004 年股票市场在经历了长期下跌后，整体股价水平已大幅下降，尽管监管层对新股发行市盈率上限进行了限制，但是市场对 20 倍的发行市盈率仍然难以接受，很多新股发行上市后便跌破了发行价。在 2004 年 98 只首发新股中，有 4 只上市首日收盘价低于发行价，此后股价跌破发行价的共有 44 只。这导致新股发行难以为继，市场面临融资能力丧失的危机。2004 年 8 月 25 日，双鹭药业（002038）首次公开发行，其后新股发行短时间内暂时停止。

为了进一步完善股票发行价格形成机制，加强市场约束，2004 年 12 月 7 日，中国证监会发布《关于首次公开发行股票试行询价制度若干问题的通知》，正式推出了首次公开发行股票询价制度，并于 2005 年 1 月 1 日起开始施行。通知规定，首次公开发行股票的公司及其保荐机构应通过向询价对象询价的方式确定股票发行价格。询价对象则是指符合中国证监会规定条件的证券投资基金管理公司、证券公司、信托投资公司、财务公司、保险机构投资者和合格境外机构投资者（QFII），以及其他经中国证监会认可的机构投资者。2005 年 1 月 17 日，华电国际成为采用累计投标询价发行第一股，询价所确定的发行价格区间为 2.3—2.52 元。

2005 年 4 月 29 日中国证监会发布了《关于上市公司股权分置改革试点有关问题的通知》，股权分置改革正式启动。为了配合股权分置改革的需要，2005 年 6 月新股发行开始了为期一年的全面暂停。同年 10 月，人大常委会第十八次会议通过了修订后的《证券法》，其中涉及股票发行定价方面的一个重要变化是，新《证券法》第三十三条规定："股票发行采取溢价发行的，其发行价格由发行人与承销的证券公司协商确定。"与未修订前《证券法》第二十八条相比，新的规定取消了发行人与承销商协商确定的发行价格需要报国务院证券机构核准的要求。此后，2006 年 5 月 17 日，中国证监会发布了新的《首次公开发行股票并上市管理办法》，同年 6 月 IPO 市场重新启动，新股发行恢复。

IPO 定价制度变迁、代理冲突与审计师选择

第 4 章

根据本书第 2 章中的分析框架，从理论上讲，自发的独立审计需求的经济动因主要来自三个方面：缓解代理冲突的需要、信息需求及保险需求。其中对于保险需求的研究主要集中于诉讼风险较高、法律环境较为严格的国家（如美国）。因此，总的来看，国内外研究者对于审计师选择的研究主要考察了监督需求和信息需求。

截至目前，国内关于自发独立审计需求的研究主要集中于考察代理成本假说在我国的适用性，而考察独立审计的信息需求，尤其以 IPO 为研究背景来考察信息需求的研究几乎没有。因此在本章当中，以我国 IPO 定价制度的变迁为研究背景，从信息需求和监督需求的双重角度来实证考察在我国是否存在自发的高质量审计需求。

4.1　目前国内关于审计师选择的实证研究进展

李树华（2000）最早以 1993—1996 年间我国 IPO 公司为样本，考察了 IPO 公司特征与是否选聘“十大”事务所之间的关系。研究发现，在首批独立审计准则实施以后，IPO 公司明显更少地聘请“十大”事务所，表明首批独立审计准则的实施在提高审计独立性的同时，却导致大型会计师事务所的市场份额明显下降，研究首次从实证的角度为我国缺乏高质量审计需求提供了经验证据。李树华（2000）的研究，尽管没有专门考察 IPO 市场当中是否存在信息需求和监督需求，但是作者在研究中发现，财务相对更健康（流动比率更高）的 IPO 公司在 1994 年以后会倾向于聘请“十大”。作者认为“或许这意味着，在独立准则实施后，‘十大’更具有独立性，因而那些财务更健康的 IPO 公司愿意聘请‘十大’，以此来向投资者‘传递’自己质量更高，因而更值得投资的信号。因此，也许存在着对审计独立性的自愿性的需求”。

朱红军等（2004）以我国 2001 年和 2002 年的 IPO 审计市场为研究对象，通过检验事务所特征与其 IPO 审计市场份额之间的关系，对我国 IPO 审计市场的需求特征进行了实证考察。研究发现，在样本期间的 IPO 审计市场上，存在着对管制便利、事务所规模和事务所地缘关系的需求，但依然缺乏对高质量审计的需求。研究结果表明，在我国转型经济中，政府管制对 IPO 公司选择事务所仍具有重要影响，而市场功能相对缺失。

孙铮和曹宇(2004)以我国2001年上市公司为样本，考察了股权结构与审计师选择之间的关系。研究结果表明，国有股、法人股和境内个人股股东的持股比例与高质量审计师的选择负相关，而境外法人股及境外个人股东的持股比例与高质量审计师的选择正相关。

曾颖和叶康涛(2005)以我国A股上市公司2001年和2002年的数据，检验了独立审计的监督需求。研究结果表明，代理成本较高的上市公司更可能聘请高质量审计师，第一大股东的持股比例与企业价值成“U”形曲线关系，而与外部审计需求成倒“U”形曲线关系。此外，研究还发现债务融资与外部审计在降低代理成本方面具有相互替代性。

王艳艳等(2006)则选择我国2001—2003年间上市公司为研究对象，直接考察了代理冲突与高质量审计需求之间的关系。研究发现，管理费用率和股权集中度与国际“四大”的选择正相关①，表明代理冲突严重的公司更倾向于选择高质量审计师。

李明辉(2006)以2002年7月1日—2004年6月30日沪深两市179家IPO公司为研究对象，直接考察了代理成本与审计师选择之间的关系。研究结果发现，在公司规模、财务杠杆、管理层持股比例及第一大股东持股比例这4个反映公司代理冲突的变量中，公司规模与大事务所的选择显著正相关，管理层持股比例与大事务所的选择呈倒“U”形关系，没有发现财务杠杆及第一大股东持股比例与审计师选择存在显著相关关系的证据。作者认为建立在英美条件下的代理理论对我国审计师选择行为的解释力并不充分。

张奇峰等(2007)同样以我国2001—2003年间上市公司数据为研究样本，考察了公司控制权安排与审计师选择之间的关系。研究发现，股权集中度(第一大股东的持股比例)与公司聘任“八大”决策的关系具有区间效应。具体说来，在股权高度集中与股权比较分散的公司中，激励效应居于主导地位，此时公司选择“八大”与股权集中度显著正相关；而当第一大股东持股居中时，壕沟效应居于主导地位，此时公司选择“八大”所与股权集中度之间表现为轻微负相关。

---

① 从该文所报告的研究结果看，严格地来讲，股权集中度与“四大”的选择呈现出正“U”形关系，而非单调的正相关关系。

总的来说，目前国内已有研究绝大多数以年报市场为研究对象，并且研究期间几乎均集中于 2001 年至 2003 年，而对此前年份的研究几乎没有。也就是说，自李树华(2000)对 1993－1996 年我国证券市场独立审计需求问题进行考察后，事实上形成了一段期间(1997—2000)的研究真空。其中较多的研究者从股权结构的角度考察了股权结构特征对于审计师选择的影响，研究缺乏一致性的结论。而对于 IPO 市场审计师选择信息需求假说的考察几乎没有。李明辉(2006)的研究以 IPO 市场为背景，但仅仅考察了监督需求与审计师选择的关系。在本书中，笔者以 IPO 市场为研究背景，并试图在一个较长的研究期间(1998—2004)内考察信息需求、监督需求对审计师选择的影响。正如朱红军等(2004)所言，考察审计市场的需求特征，最佳的研究背景包括两个方面：一是考察 IPO 公司对事务所的选择；二是考察事务所变更时上市公司如何选择后任事务所。其中以前者最好，理由是事务所变更会给上市公司带来与新任事务所的熟悉和沟通成本，同时也会增加监管部门的关注，因此上市公司一旦选择事务所，则较少发生变更。而 IPO 公司对于事务所的选择通常代表着其对事务所的初次选择，因此体现了一般情况下公司对审计产品的需求，而事务所变更则反映了特定上市公司对审计产品需求的变化。

4.2　理论分析与研究假设

4.2.1　IPO 公司事先(ex ante)风险与审计师选择

通常来讲，由于非上市公司面临的信息披露要求极为有限，IPO 市场被认为存在更为严重的信息不对称。发行人与投资者之间信息不对称的存在则会导致经典的“柠檬”问题(Akerlof，1970)。考虑到信息不对称所导致的逆向选择，理性的投资者会预测到，在一个“柠檬”市场当中只有低于平均质量的发行人才愿意以平均价格出售自己的股份(Ritter & Welch，2002)，因而在无法获得有用的信息用于估值，以及在不同股票之间进行区分的情况下，理论上讲理性的投资者会选择退出这个市场。为了保证 IPO 活动的正常及有效进行，强制性的信息披露包括强制性独立审计会成为基本的制度安排。

即便如此，信息不对称依然存在，并且会导致新股抑价发行，抑价的程度则与发行公司事先不确定性风险存在正相关关系（Rock，1986；Beatty & Ritter，1986）。抑价的存在导致财富从在位所有者向新的投资者转移，因此他们有强烈的动机降低抑价程度以最大化发行收入。然而在 IPO 过程当中，为最大化发行收入，几乎所有发行人都有动机披露“低”的事先不确定性风险。Spence（1974）认为，市场中具有信息优势的个体为避免与逆向选择相关的一些问题发生，有效的方法之一就是通过“信号传递”来显示自身的信息，实现有效率的市场均衡。因此，对于拥有有利私人信息、风险更低的发行人来说，差异化自身的途径之一就是向市场传递信号，其中审计师（审计质量）就是可选择的信号之一。

已有关于 IPO 市场中审计师选择、信息质量与新股发行定价的研究有两个基本理论分析模型，即 Titman & Trueman（1986）模型（以下简称 TT 模型）和 Dater，Feltham & Hughes（1991）模型（以下简称 DFH 模型）。而其他相关经验研究基本都是围绕这两个模型展开。

TT 模型假定企业家（发行人）保留所有权比例是外生的，IPO 公司会计报表的准确性则依赖于审计质量的高低，审计质量为外生决定且为企业家和其他投资者所共知。此外，模型还假定审计活动能够提供一些包括企业家都无法准确掌握的信息。模型一般均衡分析表明，如果企业家的最优审计质量选择是其关于公司价值私人信息的严格增函数，那么投资者就可以通过观察审计质量对企业家的私人信息做出正确的判断；而审计质量则会从正负两个方面影响企业家的期望效用。从正面效应来看，审计质量的提高使得投资者能够更为准确地判断企业家的私人信息，从而提高企业家出售股份的价格。从负面效应来看，给定企业家关于公司价值先验不确定性的认识，审计质量的提高将增大企业家从出售股份中获利的风险，从而对企业家产生不利影响，同时更高的审计质量意味着更高的审计服务成本。进一步的分析认为存在这样的分离均衡，即拥有有利私人信息的企业家会选择高质量的审计师，而拥有不利私人信息的企业家则不会这么做。其原因不在于边际成本不同，而是边际收益上的差异阻止了后者的模仿行为。最终如果投资者亦认识到这一点，则均衡的公司价值就是审计质量的增函数。

DFH 模型假定企业家为避免股票价格被低估，可选择用于传递其私人信息的信号包括两种:保留所有权比例①与审计质量。规避风险的企业家更偏好于将风险转移给分散的投资者,而不是保留更高的所有权比例,因而保留所有权比例传递了这样一种信号,即企业家拥有的私人信息更为有利则保留的所有权比例就会更高。该模型分析认为,高质量的审计活动能够改善投资者评估企业价值的能力,从而可以减少企业家保留的所有权比例。因此,企业家必须在选择高质量审计师所增加的成本和由于公司特定风险增长而增加的保留所有权成本之间进行权衡。模型的比较静态分析进一步认为,假定边际审计成本不变,已审财务报表的价值会随着公司特定风险的增高而增加,而对于规避风险的企业家来说,保留所有权的边际成本则会更高。该模型的结论得出了与 TT 模型完全相反的预测,即公司特定风险越高,则企业家越会选择更高质量的审计师。

以上两个模型的主要区别在于:其一,TT 模型假定保留所有权比例为外生决定,审计质量的选择是企业家同投资者交流私人信息的唯一途径;而 DFH 模型则认为审计质量仅仅向投资者传递了企业家的部分私人信息,企业家保留的所有权比例同样具有信号价值。其二,TT 模型假定审计活动向企业家和投资者都提供了新的增量信息,而 DFH 模型则认为审计师仅就财务报表提供独立鉴证,而非信息生产。尽管以上主要区别导致两个模型对选择高质量审计师的 IPO 公司类型做出了相反的预测,但两个模型的分析都表明,差异化审计质量具有信号价值,高质量审计活动能够减少市场参与者之间的信息不对称,进而有利于提高新股发行价格。

尽管早期针对美国 IPO 市场的研究似乎获得了支持 TT 模型的经验证据(Simunic & Stein,1987;Balvers et al.,1988;Beatty,1989;Michaely & Shaw,1995),但是从理论分析来看,多数研究者更认同 DFH 模型的逻辑推断。然而利用美国 IPO 市场数据难以获得支持 DFH 模型的经验证据,原因可能在于公司特定风险度量的困难以及风险增高对于供给方(审计费用的风险构成)的影响(Feltham et al.,1991)。此后研究者将视角转向了美国以外的国家和地区,Clarkson & Simunic(1994)、Firth & Liau-Tan(1998)及 Lee et al.(2003)分别利用诉讼风险较低的加拿大、新加坡和澳大利亚

① Leland & Pyle(1977)首次从理论上分析了保留所有权的信号传递作用。随后 Downes & Heinkel(1982)及 Simunic & Stein(1987)的研究为此提供了经验证据。

IPO 数据对 DFH 模型进行检验，研究均获得了部分证据支持该预测。但是研究者认为，即使是 DFH 模型可能仍然没有充分考虑到其他可能影响审计师选择的因素，如 IPO 规模、承销商声誉及自愿性会计披露的程度等。

4.2.2 我国股票发行定价制度变迁对审计师选择的影响

如第 3 章所述，我国证券市场的发展处于我国经济转型的背景之下，与发达成熟证券市场新股发行的市场化模式存在较大不同，我国证券市场的新股发行更多地受到行政力量的影响，因而在考虑 TT 模型与 DFH 模型的假设条件及研究推论时，需要结合我国 IPO 市场特有的研究背景进行分析。

首先，从自主决定发行规模的角度来看，在我国，股票公开发行长期采取“计划管理、额度控制”的办法，发行额度由国务院证券委和国家计委共同确定。2001 年 3 月 17 日，证监会废除了额度条件下的审批制，执行股票发行核准制。与核准制下由券商推荐公开发行股票公司的办法相配套，证券监管部门又确定各家综合类券商所拥有的发股通道数量，券商按照发行一家再上报一家的程序来推荐发股公司，简称“通道制”。无论是审批制下的额度管理还是核准制下的通道管理，何时发行以及发行多少股票都不是企业可以自主决定的。由于在我国发行规模为外生决定，发行人既不可能通过保留所有权比例来传递其所拥有的私人信息，也不可能以此来调整自身的投资组合分散风险。考虑到保留所有权比例在我国不可能成为发行人的信号传递机制，因而 DFH 模型的理论预测并不适用于我国的实际情况。相反，如果保留所有权比例为外生决定，DFH 模型的推导结果将与 TT 模型并无实质性差异，即 IPO 公司的特定风险越低，越有可能选择高质量审计师。

其次，在 2006 年以前，我国 IPO 发行定价制度总的来说仍属于行政性管制定价，管制的主要手段是控制发行市盈率，在市场发展的不同阶段，管制机构根据政府政策和市场行情确定相应的核定市盈率上限。具体来说，在《证券法》实施以前(1996—1999)，新股发行定价采用相对固定市盈率的定价方法，发行市盈率一般不超过 15 倍。尽管从 1999 年 7 月 1 日《证券法》正式施行到 2001 年 7 月，根据《证券法》的要求，证券监管机构曾尝试放弃行政性定价管制，实行新股发行定价市场化。然而在政府管制机构仍然采用行政手段严格控制股票供给数量和时间的情况下，这种“单边市场化定价模式"最终没有获得预期的效果。2001年7月以后,新股发行恢复了核定新股发行市盈率的办法,以发行前一年的每股收益为依据,市盈率不超过20倍。

从管制经济学的角度来看,对股票发行实行价格管制必然会对市场参与者的行为产生影响,并且参与者的行为也必将随着管制程度的改变而发生变化。在IPO市场中,若价格管制表现为管制机构控制新股发行市盈率倍数上限,则该上限的高低就反映了管制程度的高低。管制程度越高,发行人及其承销商自主定价的空间就越小,无论质量高低(由于壳资源价值和后续发行的存在,优质公司同样会接受价格管制(施锡铨和周侃,2000;杨丹,2004)),绝大多数IPO公司均会以市盈率管制上限定价发行。由于此时管制定价几乎替代了发行人和承销商定价,尽管发行人与投资者之间信息不对称问题依然存在,但出于简单的成本效益原则的考虑,发行人几乎没有通过审计师选择来向投资者传递关于公司价值私人信息的动力。而对于投资者而言,由于几乎所有公司的定价均低于其心理预期,此时公司间风险的差别并不重要,重要的是如何购买到新股。而当管制程度较低(或者说市场化程度较高)时,发行人自主定价的空间就会越大,因而可能有较强的动机向监管者和投资者传递私人信息以最大化发行收入。此时并不是所有的公司都可以以市盈率管制上限定价发行,公司本身的风险、成长性包括二级市场的总体状况可能是重要的影响因素。而在缺乏其他替代信号显示机制(如保留所有权比例)的情况下,为尽可能避免价值低估所带来的损失,拥有有利私人信息、风险越低的发行人越有可能选择高质量审计师以传递关于公司价值的信息。

最后,从IPO公司的选择来看,一开始我国证券市场设立的初衷是为国有企业改制和脱困服务。在《证券法》实施以前,在我国的公司上市管理体制中,地方政府和行业主管部门掌握着选择企业的实际决定权,并且明显地向国有企业倾斜,证券监管部门则主要负责上市额度的核准和对申报材料的审查(李树华,2000)。由于在已获股票发行额度的情况下,企业能否上市直接涉及各部门、各地区的经济利益,再加上责任归属不明确,证券监管部门并不十分关注拟上市公司所选择的审计师类型[①]。这种状况在《证券法》实施以后发生了转变。按照《证券法》，国务院证券监督管理机构依照法定条件和程序对发行人的申请文件进行审查，对符合信息公开要求和法定条件的予以核准。由于《证券法》从法律上明确了证券监管部门的核准责任，并且根据《证券法》第二十八条规定，这种核准责任甚至包括对发行价格的最后核准。毫无疑问，在核准制下证券监管部门会更为关注发行人按照相关法规和标准向投资者提供的信息是否真实、准确、充分和完整。但是作为IPO市场参与者，与投资者一样，监管部门与发行人之间同样存在着信息不对称，同样会面临逆向选择的问题，而已审财务会计信息又是构成备选公司发行申请文件的重要组成部分，这就在某种程度上决定了证券监管部门会十分关注审计质量，关注备选发行公司所聘请的审计师类型。

证券监管部门在IPO过程中对于独立审计力量的倚重，可以从以下事件中得窥一斑。2003年2月28日，中国证监会发行监管部门在《股票发行审核标准备忘录第16号——首次公开发行股票的公司专项复核的审核要求》(简称《16号文》)中规定，发行监管部门在审核发行申请文件时，如发现其申请财务会计资料存在重大疑问，可要求发行人另行委托一家具备证券执业资格、信誉良好的会计师事务所对申报财务会计资料的特定项目进行专项复核，并同时公布了具备执行首次发行证券过程中的专项复核业务资格的15家会计师事务所名单[②]。这里姑且不论《16号文》所确定的15家"信誉良好"的事务所确实代表了高审计质量抑或是寻租的结果，但是该文的出台清楚地表达了监管部门在IPO过程中对于高质量审计的迫切需求，也一定程度上表明那些选择了高质量审计师的发行人，其发行申请包括最后确定的发行价格更容易获得监管部门通过。从成本和收益权衡的角度来考虑，结合前文的分析，无疑拟上市公司的风险越低，则更可能选择高质量审计师。

综合以上分析，在我国IPO市场当中，当定价管制程度较低时，公司特定风险更低的发行人会通过审计师选择来传递其关于公司价值的有利的私

---

① 出于地区经济发展及当地财政、税收、就业方面的考虑，当地政府也倾向于要求拟上市公司选择本地的证券承销商、会计师事务所等中介机构。

② 由于其他事务所的反对，该名单后被废止。

人信息，以避免其股票价值被低估，并在现有条件下最大化发行收入。借此提出 H_1：

H_1：在其他条件一定的情况下，当定价管制程度较低时，IPO 公司特定风险与高质量审计师的选择负相关。

在我国股票发行定价制度的演变过程中，从管制经济学的角度来看，定价管制程度的高低必然会对市场参与者的行为产生影响。对于发行人及其承销商而言，定价管制程度的放松意味着可以获得更多的定价自主权，意味着需要更多地从市场角度来考虑其定价行为。随着定价管制程度的放松，为了最大化发行收入，发行人有更强的经济诱因采用可获得的各种信号显示机制以避免股票价值被市场低估。就审计师的选择来看，在其他条件一定的情况下，IPO 市场中一个可观察到的现象就是，与定价管制程度较高的阶段相比，在定价管制程度较低时高质量审计师的市场份额会有所上升。借此提出 H_2：

H_2：在其他条件一定的情况下，较之于定价管制程度较高的阶段，在定价管制程度较低的阶段选择高质量审计师的比例显著更高。

4.2.3　代理冲突与审计师选择

Jensen & Meckling(1976)将外部独立审计视为降低所有者与经理人之间代理成本的监督与控制机制之一。至此关于代理冲突与审计师选择关系的研究就成为独立审计需求研究的一个基本命题。研究者普遍接受这样的观点，即在一个完善的市场环境当中，委托人与代理人之间的代理冲突越严重，对独立审计的需求就越高(Chow，1982；Watts & Zimmerman，1983；Wallace，1987，2004)；而在强制性审计的管制环境下则演变为对高质量审计的需求(DeFond，1992)。在某种程度上，以发达市场经济国家为背景进行的研究所获得的经验证据基本支持这样的观点(Chow，1982；Palmrose，1984；Francis & Wilson，1988；DeFond，1992；Crawell et al.，1995；Lennox，2003)。然而将该理论应用于我国经济转型与新兴市场的背景下，情况可能会有明显的不同，以下进行详细的分析。

1. 股权结构与审计师选择

从契约观的角度来看，在现代企业中通常存在着两类最为主要的代理问题：一是股东与经理层之间的代理冲突(Berle & Means，1932)；二是大股东与中小股东之间的代理冲突(Shleifer & Vishny,1997;La Porta et al.,1999)。其中第一类代理问题主要表现在股权高度分散的企业当中,而第二类代理问题在股权集中度较高的企业当中则更为重要(Shelifer & Vishny,1997)。在我国经济的市场化转型过程中,上市公司多由原国有企业股份制改制而来,而其余民营性质的企业也多具有东亚地区股权较为集中的基本特征,这使得我国上市公司的代理问题主要表现为第二类代理问题。

大股东与中小股东利益冲突的原因在于大股东因掌握控股权而对公司具有控制权,大股东在谋求自身利益最大化的过程中具有掠夺中小股东的"天性"(李增泉等,2005)。由于经济人的本性必然驱使大股东谋求自身收益的最大化,控制权的拥有使得大股东并不仅仅满足获得"共享收益"(剩余收益和资本利得),他们会通过多种方式对公司进行"掏空"(Johnson et al.,2000a,2000b)以谋取额外收益(如关联交易、资金占用、为旗下公司提供担保等)。Grossman & Hart(1988)将控制性股东利用控制权而获取的收益称为"控制权私人收益(private benefits of control)"。通常意义上看,控制权私人收益本质上是大股东对中小股东利益的直接掠夺,是大股东以牺牲中小股东利益为前提的自利行为,是"以有效和无效的方式从他人那里重新分配财富"(Shleifer & Vishny,1997)。控制权私人收益主要受控制权(control rights)和现金流量权(cash flow rights)两个因素的影响。其中控制权是指对企业的重要事项和主要活动的决策权(刘少波,2007),通常控制权是以控股权为前提的,控股权是指股东达到控股程度时的持股比例,但是控股权总是小于控制权。因为理论上讲,单个股东只要拥有超过 50%的控股权就可以获得 100%的控制权。现金流量权则是指按照同股同利的原则,股东能从公司剩余收益中获得的份额。由此可以推知,控股股东的控制权与其现金流量权的分离是必然的,现金流量权总是小于控制权是一种常态。La Porta et al.(1999)、Claessens et al.(2002)的研究表明,在控股股东的控制权与现金流量权发生分离且分离程度越高时,大股东掠夺中小股东利益的欲望就越强,掠夺的程度也更加严重。

然而,与控制权收益相对应,大股东为获得该收益是需要付出成本的。控制权收益的成本可能包括:法律诉讼风险和声誉损失(Dyck & Zingales,2004);中小股东"用脚投票"导致公司股票价格的降低(Fan & Wong,2002);公司绩效的下降使得大股东的现金流量权收益减少(Bae et al.,

2002)；等等。具体而言，从世界范围内看，大股东的利益掠夺行为会受到来自法律环境的制约，La Porta et al.(1997，1998，1999，2000a，2000b，2002)一系列研究表明，与法律保护相对完备的国家(如英美法系国家)相比，在法律保护缺失或较弱的国家(如大陆法系国家及其他国家)大股东对中小股东的掠夺更为严重，原因在于法律制度可以约束大股东的掠夺行为并给外部投资者提供保护。同时大股东的掠夺行为还会受到来自市场本身的约束，如来自产品市场的竞争可能会导致其所控制的公司由于绩效下降而最终被市场所淘汰，以及在资本市场中融资的困难、更高的资本成本等，而且绩效的降低和股票价格的下跌最终也减少了大股东的“共享收益”。因此，大股东对中小股东的掠夺程度，实际上取决于控制权的边际收益与其掠夺行为的边际成本之间的权衡。

给定法律保护程度一定的情况下，来自市场本身的约束构成了大股东控制权收益成本的决定因素。经典代理理论的分析表明，在较为完善的市场环境中，理性的委托人在一定程度上可以预测代理人的机会主义行为，并在事前通过契约的设计或事后对代理人予以惩罚来保护自身，因而代理成本主要由代理人承担(Jensen & Meckling，1976)。在股权结构所导致的代理冲突中，中小股东会预期控制性股东的机会主义倾向并对自身予以价格保护(Claessens et al.，2002；La Porta et al.，2002)，这也进而提高了公司后续融资的成本，造成了后续融资的困难。因而控股股东有动机引入监督或担保机制限制自身的行为以减轻代理冲突(Jensen & Meckling，1976)。由于大股东拥有控制权使得传统的董事会、外部接管等公司治理机制难以有效地减轻大股东与中小股东之间的代理冲突。Fan & Wong(2005)认为，高质量的信息中介如外部独立审计可以充当一种有效的公司治理机制。外部审计师对公司的财务会计信息提供独立鉴证，高质量的审计活动则能够进一步限制控制性股东通过操控财务会计信息(如盈余管理、复杂的关联方交易等)，进而谋求控制权收益的能力。此外，财务会计信息由于反映了公司的财务状况和经营成果，也被广泛用于其他公司治理机制或契约(如管理层薪酬计划、债务契约等)的设计当中(Bushman & Smith，2001)。

与管理层持股比例对公司价值、代理成本及审计师选择影响的分析相一致(Morck et al.，1988；Lennox，2003)，大股东持股比例的变化对代理成本及审计师选择的影响也存在两方面的效应，即“壕沟效应(entrenchment effect)”和“利益一致效应(alignment effect)”。一方面，随着持股比例的增加，大股东能够更为有效地对公司实施控制，其掠夺和侵占中小股东的机会和能力也随之增加，这就是所谓的“壕沟效应”；另一方面，随着持股比例的增加，其财富或利益目标更多地与公司价值相联系，因而有更大的激励去监督管理层行为，并且随着持股比例的增加，其谋取控制权收益的成本无疑也在增加。这就是所谓的“利益一致效应”。考虑大股东持股比例变化所导致的两种效应，由此引致的基于代理成本的审计师选择也就是两种效应共同作用的结果。

具体来看，在“利益一致效应”下，代理成本总是随着持股比例的增加而单调递减。而在“壕沟效应”下，在不同的持股区间，代理成本随持股比例变化呈现出不同的变化趋势。当大股东持股比例较低时，持股比例的增加会加强其对公司的控制能力，此时控制权收益(即代理成本)是边际递增的，两种效应共同作用的结果是在这一持股区间，总的代理成本随着持股比例的增加而增加，即更多地体现了“壕沟效应”。而当大股东的持股比例足以保证其获得绝对控制权，此时持股比例的继续增加对控制权收益的变化没有影响，即边际控制权收益为零，此时“利益一致效应”使得总的代理成本随着持股比例的增加而降低，即在该持股区间更多地体现了“利益一致效应”。根据以上分析，在经典代理理论假设下，大股东持股比例的变化与审计师选择的关系应如图 4-1 左图所示，即在大股东持股比例达到 C 点(获得绝对控制权的持股比例)以前，随着持股比例的提高，大股东与中小股东的代理冲突更为严重，在市场机制或其他机制的约束下，大股东为减轻代理成本有更大的动机聘请高质量审计师。当大股东的持股比例超过了 C 点，随着持股比例的提高，两者之间的代理冲突在“利益一致效应”的作用下趋于缓和，此时大股东聘请高质量审计师的动机随着持股比例的提高而逐渐降低。

但是，如前所述，图 4-1 左图所描绘的大股东持股比例与审计师选择之间关系的成立依赖于一个重要的前提条件，即市场约束机制或其他机制是有效的，中小股东运用价格机制或其他机制对大股东掠夺行为进行的惩罚足以改变大股东对于成本收益的预期。但是考虑到我国证券市场的实际情况，这一重要的前提条件恰恰难以成立。

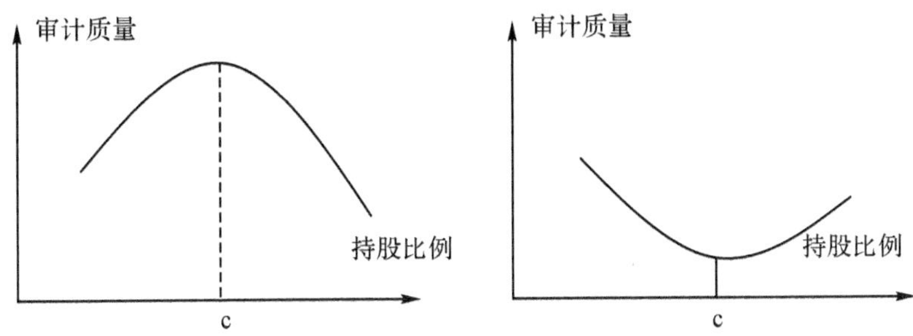

图 4-1　大股东持股比例对审计师选择的影响

我国证券市场的发展处于我国经济转型和新兴市场的背景下，在向市场经济转型的过程中政府的力量仍然居于主导地位，相应的制度安排（包括制度缺失）制约甚至扭曲了市场自发的资源配置功能。从大股东持股比例对审计师选择影响的角度来考虑，首先，由于历史原因所导致的股权分置问题使得大股东与中小股东缺乏一致的利益基础。由于大股东所拥有的股份通常没有流通权，所以大股东不能享有公司业绩提高在二级市场中所实现的资本利得，其也不能通过在二级市场中减持股份来分散其投资组合的风险，这使得在大股东的利益目标函数中，通过控制权获取控制权私人收益显得更为重要。股权分置导致大股东并不关心二级市场的股票价格，中小股东运用市场价格约束机制对大股东而言并不具有现实意义。其次，从后续融资来看，Fan & Wong(2005)认为公司频繁的后续融资行为更需要获得来自市场的认同，因而大股东有更大的动机聘请高质量审计师以减少其与中小股东之间的代理冲突，研究所获得的证据亦表明后续融资更为频繁的公司审计师选择与代理成本显著正相关，但是在后续融资较少的公司中两者没有显著相关关系。然而在我国，上市公司能否获得后续融资的资格，主要不是由市场而是由监管部门决定，由于公司后续融资行为较少并且很大程度上不需要获得市场的认同，所以市场对于后续融资的约束可能对大股东而言同样不具有足够的现实意义。最后，从对中小投资者的法律保护层面来看，Francis et al. (2002)考察了国家层面法律环境对审计师选择的影响。研究表明，法律对中小投资者的保护程度越弱，公司越倾向于选择低质量审计师。

结合前文关于法律环境对大股东掠夺行为影响的讨论，给定我国较弱的投资者法律保护程度和市场约束机制的缺失，本书认为，图 4-1 左图所反映了的大股东持股比例高低与审计师选择之间的关系并不适用我国的实际情况。正好相反，在我国大股东与中小股东之间的代理冲突越严重，其越不会聘请高质量审计师，因为高质量审计师只会更为制约其掠夺行为，而且审计成本更高。实际上两者之间的关系应当如图 4-1 右图所示，即在大股东持股比例达到 C 点（获得绝对控制权的持股比例）以前，随着持股比例的提高，大股东与中小股东的代理冲突越严重，在缺乏有效市场机制的约束下，大股东越没有动力聘请高质量审计师。当大股东的持股比例超过了 C 点，随着持股比例的提高，两者之间的代理冲突在“利益一致效应”的作用下趋于缓和，此时大股东聘请低质量审计师的动机随着持股比例的提高而逐渐降低。总体上看，在我国大股东与中小股东的代理冲突难以引发高质量审计需求。借此提出 H_3：

H_3：在其他条件一定的情况下，大股东持股比例与高质量审计师的选择表现出先下降后上升的趋势，呈现出正“U”形关系。

2. 控股股东的性质与审计师选择

按照控股股东身份或性质，目前我国上市公司可以分为国有控股公司和非国有控股公司两类。与非国有性质的控股股东相比，国有控股股东的利益目标和行为方式有其特殊性。国家所有权是法律和习惯上的用语，其与产权内涵相关的决策和执行通过政府进行，实际上是政府所有权。控股股东的政府所有权性质，可能会从如下几方面对其外部审计师选择偏好产生影响：

（1）与私人所有者追求经济收益最大化的目标相比，政府的效用目标函数是多元的。笼统地讲，政府的效用目标函数应是追求社会利益的最大化，既包括经济诉求，也包括政治诉求（如社会稳定、充分就业及社会责任等）。政府所追求的效用目标及其行为偏好最终会对其所控制的企业行为产生某种程度的影响，使其最终偏离了利润最大化的轨道（Vickers & Yarrow，1988）。由于经济利益方面的追求并非政府所有权的主要目标，所以在对独立审计需求的激励方面不及私人所有者。事实上，政府对其所拥有和控制的企业包括其授权代理人的考核标准是多重的，并不仅仅是企业业绩方面；而且通常行使该监督职能的是国家审计机关，这进一步削弱了其对独立审计的需求。

（2）与产权私人所有情况下委托代理关系相对简单相比，政府所有权在行使的过程中面临更为复杂的委托代理关系（张维迎，1995；杨瑞龙，1997；

周其仁,2000)。由于政府作为委托人具有非人格化的特征,所以在上市公司中行使其控股股东权利的实际上是经其授权的代理人。由于该代理人并不拥有企业的剩余索取权,所以缺乏足够的激励像产权私有的控股股东那样对经理人员进行有效的选择、评判、约束和监督。此外,拥有"廉价投票权"(Harris & Raviv,1989;张维迎,1997)的监督者也是追求自身利益最大化的"经济人",监督者机会主义行为的存在不仅会诱发经理人的寻租活动,而且也可能主动进行"政治创租"和"抽租"(杨瑞龙,1997)。政府所有权代理人激励不足与机会主义行为的存在同样导致了对独立审计的需求不足。

(3)国有控股公司内部存在严重的"内部人控制"问题。青木昌彦(1994)认为,转型经济中的内部人控制是指从前的国有企业的经理或工人,在企业公司化过程中获得相当大一部分控制权的现象。在我国国有企业的公司制改制过程中,国有企业的内部人获得相当大的控制权,但是问题在于内部人不拥有或很少拥有合法的剩余索取权,显性激励的严重不足使得内部人更趋于追求隐性私有化收益(张维迎,1999),而隐性私有化收益(如隐瞒和转移利润、侵吞资产以及在职消费等)通常是通过借助会计操纵来实现的。

另外需要注意的一点是,尽管我国国有企业的经理人员能够在资产使用方面获得相当大的控制权,但是有关企业控制权的另一个重要方面——高层经理人员的任免权,却牢牢控制在各级政府及其代理人手中(刘小玄,2001)。经理人的非市场化选择进一步导致了"外部人控制"问题(禹来,2002)。外部人控制的核心是政府及政府官员利用直接或间接的权力影响企业领导人做出不一定符合经营原则的决策,是权力寻租的结果。禹来(2002)认为,转轨过程中国有企业的内部人控制问题发生与外部人控制问题紧密相关,即内部人通过向外部有控制权者寻租取得内部个人控制权,而外部有控制权者以放弃制度控制权换取非制度控制权的方式寻租。"内部人控制"和"外部人控制"问题的存在,使得无论是国有控股公司的内部人还是代表国家行使管理者职能和股东职能的政府官员都缺乏对高质量独立审计的需求。

综合以上分析,与非国有控股公司相比,产权特征以及委托代理关系的特殊性使得国有控股公司更不愿意聘请高质量审计师。借此提出 H_4:

H_4:IPO 公司第一大股东为国有性质时,越不可能选择高质量审计师。

3.股东与经理层之间的代理冲突与审计师选择

尽管我国上市公司高度集中的股权结构决定了第二类代理问题最为普遍也最为重要，但是并不能替代对于第一类代理问题的分析。给定我国上市公司特殊的产权安排，尽管大股东的存在能够对管理层进行较为有效的监督和施加较大的影响，但这一类代理问题依然存在。

在 Jensen & Meckling(1976)关于代理问题的分析当中，公司是生产要素提供者的一组契约集合，理性的契约各方在签订契约时能够预期到代理人的机会主义行为，从而代理成本最终由代理人承担，而独立审计则是作为代理人的一种担保或自我绑定机制而存在。因此，在分析股东与经理人之间的代理问题时，首先需要考虑两者之间所签订的契约是否能够体现激励相容原则，即薪酬契约的设计至少应当能够保证经理人获得其保留效用并与其努力程度挂钩。在薪酬契约能够保证经理人实现其人力资本价值的情况下，经理人才有动力接受或聘请外部独立审计作为一种绑定机制并保证契约的有效执行。在一个较为完善的市场当中，很难想象经理人在所获得的报酬与其努力程度无关甚至低于其保留效用时，会主动选择聘请独立审计师等绑定机制进行自我约束。

在我国，较早的研究，如魏刚(2000)、李增泉(2000)发现高管人员的年薪与公司绩效并不存在显著的正相关关系。但是近期的研究，除谌新民和刘善敏(2003)发现高管人员年薪与公司绩效的正相关关系比较弱且不稳定外，张俊瑞等(2003)、宋德舜(2004)、肖继辉和彭文平(2004)、李亚静等(2005)均发现高管的报酬与公司绩效存在显著的正相关关系。在关于高管报酬与股东财富之间是否存在相关关系的研究中，除肖继辉和彭文平(2004)发现中国上市公司总经理报酬与股票回报存在负的敏感性外，Kato & Long(2005)、周嘉南和黄登仕(2006)都发现中国上市公司的高管报酬与股票收益率存在显著的正相关关系。从上述研究的结果中基本可以得到这样一个结论，即中国上市公司在设计高管薪酬时已经开始将报酬作为激励经理做出符合股东利益的手段之一。

在有效激励存在的情况下，由于在股东看来，经理人总是有较强的动机为满足自身的利益追求而从事非企业价值最大化的活动。所以，为减轻自身的代理成本，与股东之间代理冲突越高的经理人越有动机选择审计师，在强制性审计的情况下，则是选择高质量审计师以缓和自身与股东之间的代理冲突。借此提出 H_5：

H_5：IPO公司股东与管理层之间的代理冲突与高质量审计师的选择正相关。

4.债务契约和企业内部多重代理关系与审计师选择

除以上讨论的两类主要的代理问题外，在现代企业当中还有两类代理问题较为重要。其一是企业内部多重代理关系所形成的代理冲突（Abdel-Khalik，1986）；其二是债务契约引发的代理冲突。直观上来看，企业内部的多重代理关系越复杂，则管理当局越有可能选择高质量审计师。Simunic & Stein（1987）认为，对审计产品属性①的需求包括三种类型，其中之一就是控制，即出于降低内部代理成本目的的控制。但是在经验分析中，对企业内部多重代理关系的度量是困难的。也有研究者使用规模作为其替代变量，但是由于在审计师选择问题的研究中，规模变量通常都显著地影响了审计师选择，而研究者对规模影响的解释却并不统一。所以在本文当中，笔者将企业规模变量作为控制变量使用，而不单独对企业内部多重代理关系对审计师选择的影响提出研究假设。

债务契约所引起的代理成本通常与债务水平以及债务契约的数量有关，债务契约中的许多限制性条款通常是以会计信息为基础的，这些条款被用来防止股东或经理通过发放清算性股利或投资高风险项目侵占债权人的利益（Watts & Zimmerman，1986），因而债务契约所引发的代理冲突越高，为降低代理成本（如较高借款利率，较为严格的借款条件等），企业越有可能聘请高质量审计师（Pitman & Fortin，2004）。借此提出 H_6：

H_6：IPO公司与债权人之间的代理冲突与高质量审计师的选择正相关。

4.3 研究设计

4.3.1 研究期间、样本选择和数据来源

考虑到从 1997 年 7 月起沪深证券交易所由证监会统一管理，以及 1998

① 另两种类型为包括产品线（product line，非审计服务的可获得性）及可信性（credibility）。

年1月财政部颁布了《股份有限公司会计制度》以取代《股份制试点企业会计制度》等因素，本书选择1998年1月—2004年9月为本文的研究时期，从新股发行定价制度的演变来看，在此期间共经历了相对固定市盈率定价阶段(1998年1月—1999年12月)、市场化定价起步阶段(2000年1月—2001年7月)和控制市盈率定价阶段(2001年9月—2004年9月)。为简便起见，本书分别称为第一阶段(或15倍市盈率定价阶段)、第二阶段(或市场化定价阶段)和第三阶段(或20倍市盈率定价阶段)，从对定价的管制程度看，显然第一阶段最高，第二阶段最低。需要说明的一点是，尽管《证券法》于1999年7月1日正式施行，但是监管部门正式放开市盈率控制却是从2000年年初开始的，因此在划分第一阶段和第二阶段时本文以2000年为界。

从1998年1月8日至2004年8月25日，沪深首次发行公司总数为635家，本文以此为初选样本。考虑到部分样本可能存在的异质性问题，本书对样本进行了如下筛选:(1)剔除非公开发行、比例换股、历史遗留问题上市及已经或同时在其他市场上市的样本公司，理由是与其他样本公司相比，该类样本公司所面临的投资者类型、信息环境及监管环境等可能存在相当大的差异。举例来说，若某公司在已经发行了B股后又发行A股，事实上并非真正意义上的IPO。(2)剔除了金融类样本公司。原因在于该类样本公司财务数据的含义可能与其他样本公司存在较大差异，缺乏可比性。(3)由于研究所需变量的计算要求，剔除了数据缺失或不足的样本公司。具体的样本选择过程及年度分布见表4-1。在执行了以上样本筛选程序后，最终样本为566家，其中第一阶段、第二阶段和第三阶段所包含的样本数分别为176、168和221，从分阶段来看，样本基本保持了对称性。

本文研究的数据来源包括:(1)IPO公司上市前相关数据(财务数据、股权结构以及其他公司特征数据)均来自公司公开可获得的招股说明书及上市公告书，系手工收集完成并经核对无误。(2)会计师事务所的合并、分立及名称的变化等，由笔者根据网络以及相关资料查询自行加以整理。(3)IPO公司发行情况、上市后市场交易数据以及会计师事务所排名所需年报数据，来自国泰安公司与香港理工大学联合开发的CSMAR数据库。

表 4-1 样本选择过程

首发年份	1998	1999	2000	2001	2002	2003	2004	合计
初选样本	102	93	139	67	70	66	98	635
减:非公开发行	3	0	0	0	0	0	0	3
减:金融业	0	1	1	0	2	1	0	5
减:比例换股等	1	1	1	0	1	0	1	5
减:在其他市场上市	3	3	6	9	3	1	0	25
减:数据缺失或不足	3	4	9	5	8	2	0	31
最终样本	92	84	122	53	56	62	97	566

4.3.2 IPO 公司事先风险的度量

在已有的研究当中,用来度量 IPO 公司事先风险的替代变量有较多的选择(见表 4-2),研究者也均声称其所采用的替代变量在一定程度上反映了事先不确定性风险。本书认为,如果这些替代变量的选择均是较为合理的话,那么它们应该具有某种程度上的同质性。为此,根据已有的研究,本书选择招股说明书提到的风险个数、公司成立至上市年限、财务杠杆水平、销售收入、盈利能力、财务危机预测得分、承销商声誉、发行后市场回报的标准差等 8 个变量①,采用主成分分析法构建一个单一的反映 IPO 公司事先风险的变量。

此外,在采用主成分分析时,本书还包括一个反映中国转型经济特征的指标变量:地区市场化程度排名。从 1978 年开始,我国经历了从计划经济向市场经济转轨的过程。尽管总体上看,我国的市场化进展取得了举世公认的成功,但是市场化的进展程度在各地区是很不平衡的。就区域而言,某些省份(特别是某些沿海省份)的市场化已经取得了决定性进展,而另一些省份,经济中非市场的因素还占有非常重要的地位。地区市场化程度的差异反映了各地区之间体制改革方面的差距,而各地区的经济发展水平差距,

① 在我国,IPO 公司的发行人通常只需要提供 IPO 前 3 年的财务报表。本文认为以 3 年的报表数据计算发行前年度收益的标准差反映事先风险可能存在较大误差,为此不选择该变量。另外和前文的分析一致,考虑到在我国发行人对于发行规模的选择受到较为严格的控制,本文亦不选择保留所有权比例变量。

很大程度上又与体制改革的水平密切相关(樊纲等,2000)。因此本书认为,IPO公司的地域分布及地区市场化进程差异作为一个较为显见的可观察变量,投资者在评价IPO公司的事先风险时应当会加以考虑。① 这样本书在采用主成分分析时实际包括的变量为9个。

表 4-2 已有研究度量 IPO 公司事先风险的替代变量

事先风险的替代变量	代表性研究
招股说明书中描述的风险个数	Simunic & Stein (1987); Feltham et al. (1991); Clarkson & Simunic (1994); Hogan (1997); Willenborg(1999)
成立至发行年限	Beatty(1989); Feltham et al. (1991); Menon & Williams (1991); Firth & Liau-Tan(1998); Lee et al. (2003)
财务杠杆	Simunic & Stein(1987); Michaely & Shaw(1995); Firth & Liau-Tan(1998); Willenborg(1999)
销售收入	Ritter(1984); Feltham et al. (1991); Michaely & Shaw(1995)
财务危机预测	Copley & Douthett(2002)
发行前年收益标准差	Copley & Douthett(2002)
盈利能力	Michaely & Shaw(1995)
承销商声誉	Simunic & Stein (1987); Beatty (1989); Carter & Manaster (1990); Michaely & Shaw(1995); Hogan (1997)
保留所有权比例	Simunic&Stein (1987); Beatty (1989); Menon & Williams (1991); Hogan(1997)
上市后一定时间内日(周/月/年)股票市场回报的标准差	Ritter(1984); Beatty(1989); Feltham et al. (1991); Menon & Williams(1991); Carter et al. (1998); Firth & Liau-Tan (1998); Copley & Douthett (2002); Clarkson & Simunic(1994); Lee et al. (2003)

① 樊纲等(2000)认为,对于投资者和企业来说,可以通过对地区市场化程度的比较来制订自己投资和经营的"地区战略"。

4.3.3　模型和变量

为检验上述研究假设，本文采用 Logistic 回归分析考察 IPO 过程中风险、代理成本与高质量审计需求之间的关系。审计师选择模型设定如下：

$$\text{Big10} = \alpha_0 + \alpha_1 \text{Risk} + \alpha_2 \text{Share1} + \alpha_3 \text{Share1}^2 + \alpha_4 \text{State} + \alpha_5 \text{Admin} + \alpha_6 \text{Lev} + \alpha_7 \text{Size} + \alpha_8 \text{Herf25} + \alpha_9 \text{Growth} + \alpha_{10} \text{Capint} + \alpha_{11} \text{Invrec} + \alpha_{12} \text{Second} + \alpha_{13} \text{Third} + \mu$$

其中，α_0 为截距项，α_1 …… α_{13} 为系数，μ 为残差项。模型中变量的释义如下：

1. 因变量

Big10 表示“十大”会计师事务所，若是，取值为 1，否则为 0。在本文当中，按照一般做法，本文按照会计师事务所规模大小将其区分为“十大”和“非十大”，并将“十大”作为高质量审计师的替代变量。由于本书的研究期间相对较长(1998—2004)，因此与李树华(2000)的研究做法一致，本书以会计师事务所当年所拥有客户的资产总额为基准来计算事务所的市场份额，如其市场份额排名在该年度的前 10 名，则该事务所属于“十大”；反之则属于“非十大”。李树华(2000)认为，在我国很长一段时期内，审计公费的收取标准是以客户的资产总额为基准的，加上客户的资产总额也能最好地体现客户在所属行业中的相对地位，所以在我国客户的资产总额是衡量事务所规模大小的最佳替代指标。具体各年事务所排名结果见附录一。与李树华(2000，p176)对 1993—1996 年间的排名相比，在附录一排名结果中“十大”具有相对的稳定性，并且随着时间的推移稳定性有所上升，在 2001 年以后表现得尤为明显，这表明我国的证券审计市场正向着逐步稳定和有序竞争的方向发展。

2. 试验变量

Risk 表示公司事先风险，采用上述主成分分析法所获得的第一主成分加以度量，根据 H_1，预期符号为负。Share1 和 Share1^2 为发行后第一大股东持股比例及其平方项，根据 H_3 的预测，第一大股东持股比例与高质量审计师的选择表现出非线性的正“U”形关系，因此我们预测 Share1^2 的符号为正。State 表示第一大股东的股权性质为国有股，根据 H_4 的推测，预期符号为负。Admin 用以反映股东与管理层之间的代理冲突，在关于美国市场的研究中，两者之间的代理冲突通常采用管理层持股比例来度量，但是在我国管理层持股普遍较少(魏刚，2000)。因此本书采用公司发行前3年平均管理费用率进行衡量，根据 H_5，预期符号为正。Lev 为资产负债率，用以反映IPO公司内部人(控股股东与管理层)与债权人之间的代理冲突，根据 H_6，预期符号为正。此外，在考察 H_2 时，本书以15倍市盈率定价阶段为比较基准，Second 和 Third 则分别表示市场化定价阶段和控制市盈率定价阶段，预期符号皆为正。

3.控制变量

除以上试验变量外，根据已有的研究，在回归中本书还考虑了以下因素对审计师选择的影响。Size 表示公司的规模，在一定程度上可能反映了公司内部代理冲突，预期符号为正。Herf25 表示第二至第五大股东持股比例的平方和的自然对数，用以控制股权制衡因素对于审计师选择的影响。从股权制衡的角度考虑，张奇峰等(2007)认为股权制衡度越高，公司中除控股股东外的其他大股东越有激励与能力，来敦促控股股东聘请高质量审计师以监督管理层的机会主义行为，因此预期符号为正。但是从合谋效应来考虑(Bennedsen & Wolfenzon，2000；夏立军和方铁强，2005)，本书对 Herf25 的符号不做预期。Growth 用来控制公司成长性对审计师选择的影响，根据代理理论，成长性越低的公司可能有更多的自由现金流，其代理成本越高，因而更可能选择高质量审计师，预期其符号为正。Capint 表示固定资产在总资产中所占的比重，用以反映资产结构对审计师选择的影响。由于一般来看，与无形资产等其他资产相比，固定资产可能更易于观察也更容易监督，所以可能对高质量审计师有较少的需求(Himmelberg et al.，1999；Lennox，2003)，因此其预期符号为负。Invrec 为存货与应收账款之和占总资产的比重，用以控制公司业务复杂程度特征对审计师选择可能产生的影响(李树华，2000；DeFond et al.，2000；李奇凤和宋琰纹，2007；张奇峰等，2007)，本书对其符号方向不做特别的预测。此外，在实际检验时，本书亦控制行业特征可能对审计师选择产生的影响，为简便起见，在检验结果中未报告它们的回归系数及显著性。研究中所使用变量的详细定义方法见表4-3。

表 4-3　变量的定义方法

Panel A:采用主成分分析法度量事先风险涉及的变量定义方法	
Risknum	招股说明书中描述的风险因素的个数
Age	公司成立至 IPO 的年数
Lev	IPO 前一年的资产负债率
Rev	IPO 前一年的主营业务收入
Aveoroa	IPO 前三年平均资产营业利润率
ZFC	财务危机预测得分,以 IPO 前一年数据计算
UW10	若公司选择的主承销商属于“十大”取值为 1,否则取 0
Sdret	IPO 六周后 100 天的市场回报率标准差
Mkt	地区市场化排名
Panel B:审计师选择模型涉及的变量定义方法	
Big10	若为“十大”会计师事务所取值为 1,否则为 0
Risk	事先风险,根据 Panel A 分析得出的第一主成分计算
Share1	第一大股东的持股比例
State	若第一大股东的持股性质为国有股取值为 1,否则为 0
Admin	IPO 前三年平均管理费用收入比
Lev	IPO 前一年的资产负债率
Size	IPO 前一年总资产的自然对数
Herf25	第二至第五大股东持股比例的平方和的自然对数
Growth	IPO 前两年平均主营业务收入增长率
Capint	IPO 前一年固定资产与总资产的比值
Invrec	IPO 前一年存货和应收款项之和与总资产的比值
Second	若为市场化定价阶段取值为 1,否则为 0
Third	若为 20 倍市盈率定价阶段取值为 1,否则为 0

变量说明:(1)地区市场化排名(Mkt)的度量,本书根据樊纲和王小鲁编著的《中国市场化指数:各地区市场化相对进程报告》(2000 年、2001 年和 2004 年版),并以 1998—2002 年共 5 年市场化排名取其均值排名作为本文所使用的地区市场化排名。(2)本文根据张玲(2000)的研究计算财务危机预测得分,即 ZFC=－[0.517－0.46×(负债总额/资产总额)－0.338×(营运资金/资产总额)＋9.32×(净利润/平均资产总额)＋1.158×(留存收益/资产总额)]该值越大,表示财务状况越差①。(3)UW10 指的是国泰君安、申银万国、南方证券、中信证券、中金公司、广发证券、华厦证券、海通证券、国信证券、光大证券。数据来源:刘江会、尹伯成、易行健:《我国证券承销商声誉与 IPO 企业质量关系的实证研究》,《财贸经济》2005 年第 3 期,第 9—16 页。

---

① 本书认为,张玲(2000)的研究是针对我国上市公司进行的,可能更好地反映了我国上市公司的基本特征。本书亦计算了 Zmijewski(1984)的破产预测指数,二者相关系数高达 0.73。

4.4 实证结果与分析

4.4.1 对“十大”事务所 IPO 市场份额的专门分析

在给出本书的实证研究结果之前，与李树华(2000)的研究一致，本书首先对本书研究期间不同 IPO 定价阶段“十大”事务所在 IPO 市场的市场份额及其变化进行考察。

表 4-4 给出了在不同 IPO 定价阶段分别按客户家数和客户资产总额为基准计算的“十大”在 IPO 市场的市场份额及其变动趋势。如表 4-4 所示，以客户家数和客户资产总额为基准计算，在 15 倍市盈率定价阶段(First)“十大”的 IPO 市场占有率分别为 9.7%和 24.6%，这与李树华(2000)的研究中以同样基准分别计算的“十大”的 IPO 市场份额相比(首批独立审计准则实施前，1993 年和 1994 年分别计算的平均市场份额为 41%和 58%，实施后 1995 年和 1996 年分别计算的平均市场份额降至 18%和 39%)，“十大”的 IPO 市场份额继续呈现出下降趋势。这一定程度上进一步印证了李树华(2000)和 DeFond et al.(2000) 等人的观点，即在缺乏高质量审计需求的情况下，依赖于行政力量推动审计独立性的提高会导致“审计市场的背离” 现象。不过从表 4-4 来看，这种“背离”现象显然从市场化定价阶段(Second)开始发生逆转，随着定价管制程度的放松，在市场化定价阶段以及 20 倍市盈率定价阶段(Third)，“十大”的市场份额得到了迅速提升，按客户家数为基准计算分别达到了 16.1%和24.1%，而按照客户资产总额为基准计算则分别达到了 39.7%和 61.7%。从市场份额增加的幅度来看，与 15 倍市盈率定价阶段相比，按客户家数计算的市场份额增加的幅度分别高达 66%和 148%，按客户资产总额计算则分别达到了 51%和 150%。

表 4-4　不同 IPO 定价阶段"十大"的市场份额

"十大"的市场份额	First(1)	Second(2)	Third(3)	(2)－(1)	(3)－(2)	(3)－(1)
以客户家数为基准(%)	9.7	16.1	24.1	6.4*	8.0**	14.4***
以客户资产总额为基准(%)	24.6	39.7	61.7	15.1	22.0	37.1

注：***，**，* 分别表示在 1%，5%，10%水平上显著。

为了和李树华(2000)的研究进行比较，表 4-5 列示了"十大"在不同资产规模的 IPO 公司中市场份额的变动情况。结果表明，从 15 倍市盈率定价阶段到市场化定价阶段再到 20 倍市盈率定价阶段，总体上看，"十大"在不同资产规模的 IPO 公司中市场份额均有所增加，其中在小规模公司中"十大"市场份额增长的幅度明显更高，这一发现与李树华(2000)发现 1993—1996 年间"十大"的市场份额仅在资产规模特别大的 IPO 公司中保持稳定，而在其他类型的 IPO 公司均有不同程度下降；并且在资产规模小的 IPO 公司丢失的市场份额最多形成了鲜明的对比。

以上对不同 IPO 定价阶段的"十大"事务所在 IPO 市场的市场份额及其变化趋势的专门分析结果，在一定程度上表明本文的 H_2 可能是成立的。

表 4-5　"十大"不同 IPO 定价阶段市场份额的变化(客户按资产总额分类)

客户的资产总额(百万元)	IPO(%)	First(%)	Second(%)	Third(%)
250 以下	19.8	8.0	13.3	22.2
250—500	38.0	4.2	15.3	22.9
500—750	18.6	11.1	25.7	17.5
750—1000	8.5	20.0	30.8	33.3
1000 以上	15.1	33.3	22.6	34.5

4.4.2　描述性统计分析和单变量分析

在度量 IPO 事先风险程度时，对上文所选定的 9 个可能与事先风险有关的变量进行主成分分析。结果显示，用以反映事先风险 Risk 的第一主成分的表达式为：

$Risk = 0.107 \times Z(Risknum) + 0.168 \times Z(Age) - 0.100 \times Z(Sdret) +$

0.608×Z(ZFC)－0.578×Z(Aveoroa)＋0.137×Z(Rev)＋0.465×Z(Lev)＋0.022×Z(Mkt)－0.106×Z(UW10)

其中:Z(.)表示变量标准化后的值。

从第一主成分表达式中变量系数的符号来看,除 Age、Rev 以及 Sdret 外[①],其余变量的系数符号均与预期相符,其中影响程度较高的变量为财务危机预测得分和盈利能力。根据第一主成分的表达式,Risk 值越大则表示事先风险越高。

表 4-6 给出审计师选择模型中相关变量的描述性统计结果。从变量的描述性统计结果看,Share1 的均值为 48.3%,最高达到 85%,即使是四分位数下限也达到 33.5%,清楚反映了上市公司股权高度集中在我国是一种极为普遍的现象,第一大股东较高的持股比例保证了其对公司较强的控制力,表明在我国上市公司最主要的代理问题表现为大股东与中小股东之间的代理冲突。State 的均值为 0.712,表明在本书研究期间,接近 3/4 的 IPO 公司第一大股东的性质为国有股,这反映了我国证券市场的发展与国有企业改革之间的紧密联系;同时从直觉来看,控股股东的国有性质与已有研究所表明的我国上市公司高质量审计需求不足之间可能具有一定的联系。资产负债率均值为 55.7%,最高达到 90.7%,一定程度上表明 IPO 公司与债权人之间可能有较强的代理冲突。从成长性来看,均值 38.4%,表明 IPO 公司具有较高的成长性,可能有较为强烈的融资需求,较高的成长性在一定程度上缓解了管理层与股东之间的代理冲突。此外,最大值和标准差的描述结果显示相关变量可能存在异常值。为避免异常值对回归结果的影响,后文的分析中所有连续型变量均剔除了 5 倍标准差以外的异常值。[②]

---

① 在我国,以股份有限公司成立至首次公开发行度量 IPO 公司的营业历史可能并不准确,从招股说明书中公司的历史沿革来看,大多数公司的营业历史均较长,但仅仅是在上市前才改制为股份有限公司,这反映了我国较为特殊的股份制改制上市过程。此外,Su(2004)针对中国 IPO 市场的研究表明,使用发行后市场回报的标准差度量事先不确定性风险并非一个好的替代变量,在考察其与 IPO 抑价关系时,不仅统计上不显著而且带有错误的符号。销售收入的符号与预期相反,表明销售收入亦不是一个好的风险替代变量。

② 仅剔除了 3 家样本公司,不剔除异常值并不影响本文的研究结果。

表 4-6　变量的描述性统计结果

Var.	Mean	Std	Median	Max	Min	Q1	Q3
Risk	0.000	1.508	0.192	4.023	−7.717	−0.841	1.100
Share1	0.483	0.173	0.489	0.850	0.061	0.335	0.621
State	0.712	0.453	1.000	1.000	0.000	0.000	1.000
Admin	0.082	0.124	0.064	2.764	0.008	0.041	0.099
Lev	0.557	0.119	0.581	0.907	0.094	0.485	0.649
Size	19.986	0.806	19.898	25.575	18.239	19.438	20.391
Herf25	2.915	4.044	4.171	7.023	−13.816	0.978	5.855
Growth	0.384	3.232	0.165	76.709	−0.267	0.067	0.333
Capint	0.395	0.196	0.368	0.995	0.002	0.248	0.525
Invrec	0.390	0.181	0.387	0.851	0.000	0.267	0.517

N=566.

表 4-7 为自变量相关系数表。从表中来看，绝大多数变量间的相关性程度较低，说明回归的结果受多重共线性问题的影响较小，并且在实际的多元回归分析中，各变量的 VIF（方差膨胀因子）也均低于 3，说明系数的估计是较为准确的。

表 4-8 报告了解释变量在全样本以及不同 IPO 定价阶段，“十大”与非“十大”之间公司特征的均值（中值）差异的比较分析结果。在全样本中，总的来看，与非“十大”相比，选择“十大”的 IPO 公司第一大股东持股比例更低，其股份性质更多的是非国有股，有更高的管理费用率，公司的规模更大，股权制衡度更高，资产密集度更高并且业务复杂性更低，此外一定程度上亦表现出更高的成长性。但是从事先风险变量 Risk 以及负债水平 Lev 来看，两组间并不存在显著性差异。

从分阶段的组间比较结果来看，在第一阶段，除公司规模和股权制衡度变量外，其他变量在两组间均没有显著差异，选择“十大”的 IPO 公司的公司规模更大且股权制衡度更高。在第二阶段，选择“十大”的 IPO 公司有更高的管理费用率和负债水平、公司规模更大、业务复杂程度也更低，同时亦表现出更高的成长性。在第三阶段，从组间差异来看，选择“十大”的 IPO 公司规模更大且管理费用率更高，另外第一大股东的持股性质更多地表现为非国有。

表 4-7　自变量相关系数表

Var.	Risk	Share1	State	Admin	Lev	Size	Herf25	Growth	Capint	Invrec
Risk		−0.012	0.212	−0.046	0.709	0.458	−0.023	−0.101	0.064	0.081
		(0.770)	(<0.0001)	(0.280)	(<0.0001)	(<0.0001)	(0.593)	(0.017)	(0.126)	(0.054)
share1	−0.03		0.299	−0.123	0.094	0.327	−0.802	−0.259	0.141	0.048
	(0.482)		(<0.0001)	(0.003)	(0.027)	(<0.0001)	(<0.0001)	(<0.0001)	(0.001)	(0.253)
State	0.176	0.297		0.023	0.067	0.224	−0.287	−0.223	0.106	0.001
	(<0.0001)	(<0.0001)		(0.583)	(0.112)	(<0.0001)	(<0.0001)	(<0.0001)	(0.012)	(0.980)
Admin	−0.083	−0.113	−0.01		−0.103	−0.251	0.052	0.055	−0.051	−0.043
	(0.049)	(0.007)	(0.806)		(0.015)	(<0.0001)	(0.218)	(0.193)	(0.230)	(0.306)
Lev	0.7	0.079	0.068	−0.113		0.423	−0.079	0.007	−0.041	0.211
	(<0.0001)	(0.060)	(0.108)	(0.007)		(<0.0001)	(0.061)	(0.873)	(0.330)	(<0.0001)
Size	0.399	0.356	0.219	−0.24	0.338		−0.189	−0.139	0.221	−0.1
	(<0.0001)	(<0.0001)	(<0.0001)	(<0.0001)	(<0.0001)		(<0.0001)	(0.001)	(<0.0001)	(0.018)
Herf25	0.021	−0.69	−0.257	0.077	−0.108	−0.236		0.233	−0.119	−0.072
	(0.614)	(<0.0001)	(<0.0001)	(0.067)	(0.010)	(<0.0001)		(<0.0001)	(0.005)	(0.090)
Growth	−0.065	−0.218	−0.146	0.073	0.04	−0.143	0.184		−0.2	0.064
	(0.124)	(<0.0001)	(0.001)	(0.082)	(0.347)	(0.001)	(<0.0001)		(<0.0001)	(0.129)
Capint	0.052	0.154	0.122	−0.056	−0.08	0.294	−0.112	−0.151		−0.712
	(0.220)	(0.000)	(0.004)	(0.186)	(0.058)	(<0.0001)	(0.008)	(0.000)		(<0.0001)
Invrec	0.091	0.04	−0.012	−0.072	0.237	−0.161	−0.078	0.065	−0.745	
	(0.030)	(0.338)	(0.775)	(0.090)	(<0.0001)	(0.000)	(0.065)	(0.126)	(<0.0001)	

N=563. 注：括号内为 P 值，右上方为 Spearman 相关系数，左下方为 Pearson 相关系数。

表 4-8 “十大”与非“十大”组间公司特征的均值(中值)差异比较

Var.	all sample			First			Second			Third		
	(A) BIG10=1 (N=97)	(B) BIG10=0 (N=466)	t(z)stat. H_0:A−B=0	(A) BIG10=1 (N=17)	(B) BIG10=0 (N=158)	t(z)stat. H_0:A−B=0	(A) BIG10=1 (N=27)	(B) BIG10=0 (N=141)	t(z)stat. H_0:A−B=0	(A) BIG10=1 (N=53)	(B) BIG10=0 (N=167)	t(z)stat. H_0:A−B=0
Risk	0.057 (0.143)	−0.004 (0.193)	0.37 (0.171)	−0.204 (0.091)	−0.405 (−0.138)	0.50 (0.481)	0.495 (0.814)	0.253 (0.550)	0.88 (1.015)	−0.082 (−0.001)	0.159 (0.412)	−1.07 (−1.211)
Share1	0.448 (0.443)	0.490 (0.510)	−2.16** (−2.127**)	0.532 (0.509)	0.544 (0.573)	0.28 (0.058)	0.468 (0.486)	0.506 (0.548)	−1.10 (−0.980)	0.412 (0.398)	0.426 (0.436)	−0.55 (−0.503)
State	0.546 (1.000)	0.745 (1.000)	−3.96*** (−3.913***)	0.824 (1.000)	0.823 (1.000)	0.01 (0.004)	0.741 (1.000)	0.773 (1.000)	−0.36 (−0.360)	0.358 (0.000)	0.647 (1.000)	−3.80*** (−3.691***)
Admin	0.090 (0.076)	0.074 (0.062)	2.80*** (2.474**)	0.066 (0.053)	0.064 (0.055)	0.17 (0.174)	0.092 (0.080)	0.074 (0.068)	1.65* (1.108)	0.096 (0.080)	0.083 (0.070)	1.65* (1.595)
Lev	0.575 (0.601)	0.554 (0.578)	1.59 (1.303)	0.566 (0.592)	0.559 (0.586)	0.24 (−0.053)	0.599 (0.622)	0.558 (0.579)	1.89* (2.116**)	0.565 (0.569)	0.546 (0.567)	0.96 (0.728)
Size	20.205 (20.048)	19.925 (19.858)	3.29*** (2.601***)	20.581 (20.403)	20.020 (19.967)	2.90*** (2.214**)	20.229 (20.211)	19.948 (19.789)	1.88* (2.017**)	20.072 (19.905)	19.818 (19.723)	2.05** (1.499)
Herf25	3.959 (5.391)	2.735 (3.924)	3.16*** (3.346***)	2.690 (5.456)	0.872 (1.554)	1.33 (1.774*)	3.863 (5.132)	3.049 (3.770)	1.32 (1.498)	4.416 (5.391)	4.233 (4.976)	0.49 (0.679)
Growth	0.259 (0.187)	0.246 (0.161)	0.43 (1.837*)	0.236 (0.117)	0.250 (0.142)	−0.140 (−0.028)	0.236 (0.156)	0.200 (0.109)	0.41 (1.788*)	0.279 (0.213)	0.282 (0.230)	−0.07 (0.183)
Capint	0.430 (0.379)	0.387 (0.363)	1.98** (1.530)	0.480 (0.412)	0.387 (0.357)	1.47 (1.302)	0.455 (0.429)	0.392 (0.392)	1.53 (1.265)	0.400 (0.368)	0.382 (0.358)	0.58 (0.552)
Invrec	0.341 (0.328)	0.402 (0.402)	−3.05*** (−2.871***)	0.376 (0.349)	0.455 (0.474)	−1.41 (−1.292)	0.334 (0.341)	0.400 (0.373)	−1.78* (−1.550)	0.334 (0.324)	0.354 (0.359)	−0.71 (−0.768)

注：括号内为中值。***，**，* 分别表示在 1%，5%，10%水平上显著(双尾)。

综合上述分组的比较结果，本书认为，首先，考虑到发行定价制度的变化对独立审计需求的影响，Risk 的单变量组间比较的结果在第二和第三阶段并未表现出足够的差异性，尽管看上去在第三阶段选择“十大”的 IPO 公司事先风险更低，但并不显著。其次，在分阶段的组间比较中，只有公司规模变量的组间差异是较为稳定的，而在第二和第三阶段中 IPO 公司对于独立审计需求的偏好似乎发生了改变，其中管理费用率的组间差异在第二和第三阶段保持了一定程度的稳定性。最后，State 变量的组间差异只在第三阶段具有显著统计意义，即第一大股东的股份性质为国有股时更倾向于选择非“十大”，主要原因在于，在第一阶段和第二阶段中，原国有企业改制上市的公司比例分别达到 82.3%和 77.2%，约占到当期全部 IPO 公司的 4/5；第一大股东为非国有性质的样本比例偏低可能导致组间差异缺乏统计显著性，下文的多元回归结果亦表明了这一点。在第三阶段，第一大股东为国有性质的 IPO 公司比例为 57.3%，与前两个阶段相比显著下降（$p<0.001$），从这个角度来看，在第三阶段选择“十大”的公司比例显著增长，可能也与更多的非国有企业在该时期上市有关。

需要补充说明的是，我国上市公司普遍存在着股权高度集中的现象，从而决定了大股东与中小股东之间的代理冲突在上市公司中表现得更为突出也更为重要。根据前文的分析，由于法律保护程度较弱以及缺乏有效的市场约束机制，两者之间的代理冲突不但难以引发高质量审计需求，甚至在一定程度上抑制了高质量审计需求。表 4-8 中全样本单变量分析的结果表明，选择非“十大”的 IPO 公司第一大股东持股比例显著高于选择了“十大”的 IPO 公司。这从一定程度上说明两者之间可能存在着负相关关系，这与前文中理论分析结果认为两者之间可能存在着正“U”形关系不一致。原因可能来自两个方面，一方面，注意到不同发行定价阶段 IPO 公司对于独立审计需求的偏好可能存在差异，第二阶段与第三阶段有显著更高比例的公司选择了“十大”审计师。而随着更多的非国有企业上市，与第一阶段（52.2%）相比，第一大股东的持股比例在第二阶段下降为 47.9%，到第三阶段进一步下降为41.8%。第一大股东持股比例的持续降低，可能一定程度上解释了为什么在全样本单变量分析中，选择非“十大”的 IPO 公司第一大股东的持股比例显著更高。另一方面，可能是因为样本分布的不均衡导致了全样本中单变量分析的结果，进一步来看，在分阶段的比较结果中，第一大股东持股比例在“十大”与非“十大”之间的这种显著性差异并不存在，这在一定程度上表明两者之间可能确实存在着非线性关系。为了避免样本分布问题对单变量分析结果的影响，本书将第一大股东的持股比例划分为 7 个区间，采用折线图的方式描绘第一大股东持股比例与“十大”审计师选择之间的关系。

如图 4-2 所示，随着第一大股东持股比例的增加，IPO 公司选择“十大”的比例先降后升，呈现出左高右低的正“U”形关系，拐点出现在(50,60]的持股区间，总体上表现出对高质量审计的缺乏。之所以表现出左高右低的形状，可能的解释为，在股权集中度较低时，大股东对于公司的控制力较弱，此时股东与管理层之间的代理冲突更为突出，因而对高质量审计有较高的需求。从样本的分布来看，处于下降通道的样本公司比例约占全样本的 71.4%，51.3%的样本公司的第一大股东持股比例集中于(30,60]，从而在现有市场环境下形成了抑制高质量审计需求的“底部陷阱”。

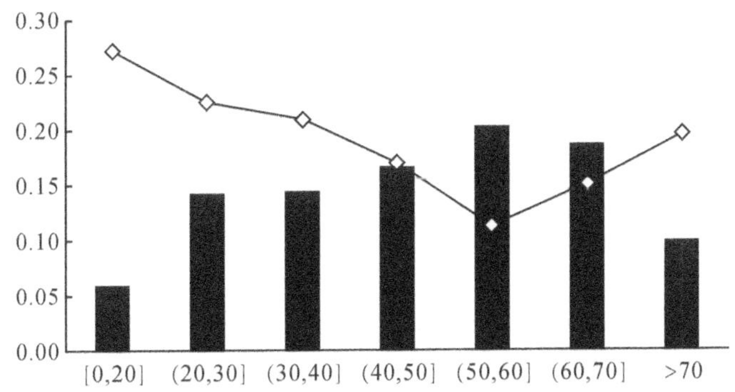

图 4-2　第一大股东持股比例与“十大”审计师选择折线图

4.4.3　多元回归分析

表 4-9 报告了审计师选择模型多元 logistic 回归的结果。在全样本回归当中，公司事先风险变量 Risk 与“十大”的选择呈显著负相关，表明在 IPO 过程中，事先风险越低的 IPO 公司的发行人越倾向于选择“十大”审计师，并以此来向投资者和监管者传递其关于公司价值和公司质量的私人信息。不过分阶段回归的结果表明，尽管在三个阶段事先风险与“十大”的选择均保持负相关的关系，但仅在 20 倍市盈率定价阶段，在 1%水平下具有统计上的显著意义。这表明从收益成本权衡的角度来考虑，定价管制程度的

放松使得风险较低的发行人更有动力选择“十大”审计师，以通过信号显示来差异化自身。以上结果支持了本文的 H_1。至于在定价管制程度更低的市场化定价阶段，没有观察到 Risk 与“十大”之间存在显著负相关关系的原因，本书推测，可能在这一阶段不同审计师类型之间并不存在显著审计质量差异化，对该问题的考察，笔者将在第 5 章予以详细分析。

从代理成本对审计师选择的检验结果看，第一大股东的持股比例与“十大”的选择在全样本以及第二和第三阶段均表现出正“U”形的关系(但在第三阶段不显著)，在一定程度上支持 H_3，说明在我国现阶段，在缺乏市场约束和法律保护程度较弱的情况下，大股东与中小投资者之间的代理冲突越严重，大股东越没有动力聘请高质量审计师来约束自身谋取“控制权私人收益”的行为。第一大股东的身份为国有性质与“十大”的选择在全样本及第三阶段均显著负相关，从而支持了 H_4。与单变量分析中陈述的理由相同，除在第三阶段 IPO 公司有更强的信号显示需求外，第一大股东为非国有性质的 IPO 公司比例的大幅增加，可能是“十大”市场份额显著提高的另一原因。管理费用率与“十大”的选择亦在全样本和第三阶段在 1%水平下显著正相关，在一定程度上支持了 H_5，表明在存在有效激励的情况下，股东与管理层之间的代理冲突越严重，管理层越有动力聘请高质量审计师以减轻自身的代理成本。同样，管理层对于审计师选择偏好的改变，可能也是“十大”市场份额发生变化的影响因素之一。债务水平与“十大”的选择在全样本以及第二和第三阶段均呈现出显著正相关关系，表明公司内部人与债权人之间的代理冲突越严重，债权人越有可能要求或者公司越有可能自愿聘请高质量审计师，从而在一定程度上支持了 H_6。同样这也可能导致“十大”市场份额的变化。

表 4-9 审计师选择模型多元 Logistic 回归分析结果

Var.	Exp. Sign	all sample (N=563)	First (N=175)	Second (N=168)	Third (N=220)
C		−18.711*** (<0.0001)	−31.717*** (0.009)	−14.552 (0.119)	−23.207*** (0.000)
Risk	—	−0.302* (0.027)	−0.190 (0.527)	−0.102 (0.722)	−0.623*** (0.008)
Share1	—	−8.420** (0.023)	0.064 (0.994)	−18.298* (0.051)	−8.104 (0.210)

续 表

Var.	Exp. Sign	all sample (N=563)	First (N=175)	Second (N=168)	Third (N=220)
$Share1^2$	+	9.036** (0.038)	−0.885 (0.921)	18.891* (0.069)	10.509 (0.227)
State	−	−0.908*** (0.002)	−0.043 (0.954)	−0.780 (0.210)	−1.720*** (0.000)
Admin	+	7.368*** (0.001)	9.839 (0.128)	4.527 (0.278)	12.000*** (0.001)
Lev	+	4.064** (0.010)	1.055 (0.775)	9.327* (0.016)	5.671** (0.023)
Size	+	0.760*** (0.000)	1.347** (0.013)	0.579 (0.177)	0.960*** (0.003)
Herf25	?	0.124** (0.049)	0.187* (0.080)	0.126 (0.382)	0.041 (0.784)
Growth	−	−0.167 (0.677)	0.303 (0.723)	0.097 (0.858)	−0.913 (0.317)
Capint	−	1.525 (0.159)	0.514 (0.864)	2.425 (0.270)	2.163 (0.158)
Invrec	?	0.351 (0.779)	−1.955 (0.541)	0.524 (0.836)	0.664 (0.713)
Second	+	0.574 (0.129)			
Third	+	0.924** (0.015)			
行业		控制	控制	控制	控制
−2 Log L		437.481	89.035	117.465	195.327
LR		79.917*** (<0.0001)	22.531* (0.095)	30.661*** (0.009)	47.608*** (<0.0001)

注:括号内为 P 值,***,**,* 分别表示在 1%,5%,10%水平上显著。

在控制变量中,与大多数研究结果一致,公司规模与“十大”的选择显著正相关。股权制衡度则与“十大”的选择一定程度上呈现出正相关关系,表明股权制衡度对于高质量审计师的选择更多地体现为“激励效应”而非“合谋效应”(Bennedsen & Wolfenzon,2000)。其他控制变量(成长性、资产结构以及业务复杂性)与“十大”的选择无显著相关关系。

在全样本回归的结果中,反映市场化定价阶段及 20 倍市盈率定价阶段的变量 Second 及 Third 与“十大”的选择正相关,并且 Third 的系数在 5%

水平下显著为正，表明在 20 倍市盈率定价阶段“十大”的市场份额确实获得了显著提高。若无其他未控制因素的影响，结合上述分阶段回归结果，显然“十大”市场份额的提高应该归因于 IPO 公司对独立审计需求的偏好在后两个阶段发生了有利的改变。需要说明的是，分阶段回归的结果也表明全样本模型的设定是不够准确的，因为其未能控制需求偏好在不同阶段发生变化的影响，完整的模型可能应当纳入相关影响因素与发行定价阶段的交互项。但是本书纳入交互项的完整模型引发了严重的多重共线性问题。为了进一步验证“十大”在 IPO 市场份额的增加是否确实来自 IPO 公司独立审计需求偏好的改变，根据表 4-9 的分析结果，本书在全样本模型中加入 Risk、State、Admin 以及 Lev 四个变量分别与 Second 和 Third 的交互项，同时剔除这四个独立变量以避免严重的多重共线性问题。另外由于分阶段回归的结果表明以上四个变量与“十大”的选择并无显著相关性，第一阶段根本上是缺乏高质量审计需求。所以本书认为，不纳入这四个独立变量应该不会影响结论的可靠性。

表 4-10　加入交互项的全样本审计师选择模型回归结果

Var.	(A)		(B)	
	Coef.	P-Value	Coef.	P-Value
C	−9.914***	(0.004)	−16.668***	(0.000)
Seond	0.524	(0.142)	−3.495*	(0.090)
Third	1.006***	(0.004)	−1.739	(0.224)
Second×Risk			−0.167	(0.485)
Second×State			−0.599	(0.277)
Second×Admin			7.026*	(0.064)
Second×Lev			6.803**	(0.039)
Third×Risk			−0.418**	(0.037)
Third×State			−1.421***	(0.000)
Third×Admin			10.871***	(0.001)
Third×Lev			4.807**	(0.033)
Share1	−10.036***	(0.005)	−6.143	(0.105)

续 表

Var.	(A)		(B)	
	Coef.	P-Value	Coef.	P-Value
$Share1^2$	11.014***	(0.009)	6.981	(0.115)
Size	0.477***	(0.005)	0.743***	(0.000)
Herf25	0.130**	(0.045)	0.123*	(0.055)
Growth	0.141	(0.690)	−0.056	(0.894)
Capint	0.531	(0.591)	1.660	(0.134)
Invrec	−0.112	(0.923)	0.132	(0.917)
行业	控制		控制	
−2 Log L	467.457		427.787	
LR	49.941***		89.611***	
P-Value	(<0.0001)		(<0.0001)	

注：***，**，* 分别表示在 1%，5%，10%水平上显著。

在表 4-10 中，模型(A)没有纳入交互项，并且去掉了可能导致“十大”市场份额提高的 4 个独立变量，以作为模型(B)的参照。在模型(A)中，Third 的系数在 1%水平下显著为正，Second 的系数亦为正但缺乏统计显著意义。这一结果的含义是在第三阶段“十大”市场份额的显著提高是未控制的影响因素共同作用的结果。在模型(B)中，Second×Admin 和 Second×Lev 的系数均显著为正，但是 Second×Risk 和 Second×State 的系数均不显著；此外 Second 的系数在 10%水平下显著为负。这表明第二阶段“十大”IPO 市场份额的提高主要来自两个方面：股东与管理层之间的代理冲突及公司内部人与债权人之间的代理冲突所引发的高质量审计需求，而其他未控制影响因素对于“十大”市场份额的总影响则是反向的。Third×Admin、Third×Lev、Third×Risk 及 Third×State 的系数均是显著的，但是 Third 的系数不再具有统计显著性。这表明第三阶段“十大”市场份额的提高来自 4 个方面，即除股东与管理层以及公司内部人与债权人之间的代理冲突所引发的高质量审计需求外，还包括在该阶段由于定价管制程度放松所引发的信号显示需求和更高比例的非国有控制企业上市，而其他未控制影响因素对于“十大”市场份额的提高没有影响。以上结果支持了本书的 H_2 假设。

4.4.4 敏感性测试

为了保证研究结果的可靠性，本书从以下两个方面进行了敏感性测试（限于篇幅，敏感性测试结果报告没有加进本文）：

首先，对于高质量审计师的替代变量选择。本书采用了两种方法进行了敏感性测试，一是考虑到 IPO 公司观察到的事务所类型可能并非基于当年事务所的市场份额，因此本文以 IPO 前一年的事务所市场份额为依据区分“十大”和非“十大”；二是以 2003 年 2 月 28 日，中国证监会发行监管部门在《股票发行审核标准备忘录第 16 号——首次公开发行股票的公司专项复核的审核要求》中指定的 15 家具备专项复核资格的事务所作为高质量审计师的替代变量。以上敏感性测试的结果基本保持不变。此外需要说明的是，正如李树华(2000)所言，“十大”和非“十大”之分带有较大的主观成分。因此本书尝试将“十大”拓展至“十三大”和“十五大”后，发现研究结论仍具有较高的稳定性。

其次，对于事先风险的度量。由于通过主成分分析法得出的第一主成分中影响程度最大的变量为财务危机预测得分、盈利能力，因此本书直接使用财务危机预测得分和盈利能力作为事先风险的替代变量分别进行敏感性测试，研究的结果基本保持不变。

4.5 研究结论

本章以我国沪深股市 1998 年 1 月至 2004 年 9 月首次公开发行的 IPO 公司为样本，以我国股票发行定价制度变迁为研究背景，从信息需求和监督需求的角度对我国 IPO 市场中的审计师选择问题进行了考察。研究结果表明，延续了李树华(2000)的研究发现，在定价管制程度较高的相对固定市盈率定价阶段，“十大”事务所在 IPO 市场的市场份额进一步下降，原因在于，在该阶段我国 IPO 市场在根本上缺乏高质量审计需求。不过这一下降趋势在其后的市场化定价阶段开始发生逆转，“十大”的 IPO 市场份额开始增加，在该阶段高质量审计需求出现的动因可能来自两个方面：一是股东与管理层之间的代理冲突所引致的高质量审计需求；二是公司内部人与债权人之间的代理冲突所引发的高质量审计需求。不过在该阶段仍然不存在对于高质量审计的信息需求。而在控制市盈率定价阶段，与前两个阶段相比，“十大”的IPO市场份额获得了显著提高。该阶段高质量审计需求的动因既包括信息需求也包括监督需求。在信息需求方面，IPO的事先风险越低，则其发行人越有可能选择“十大”审计师，以此来向市场投资者和监管者进行“信号显示”并差异化自身。在监督需求方面，除第二阶段股东与管理层之间及公司内部人与债权人之间代理冲突引致的高质量审计需求外，更高比例的非国有企业上市也是该阶段“十大”市场份额显著提高的原因之一。

需要说明的是，尽管与相对固定市盈率定价阶段相比，新兴高质量审计需求的出现使得市场化定价阶段和控制市盈率定价阶段“十大”的IPO市场份额获得了显著提高，但即使是“十大”市场份额最高的控制市盈率定价阶段，其以客户家数计算的市场份额也仅为24%。这表明在我国现阶段仍然存在抑制甚至排斥高质量审计的影响因素。本书的多元回归分析结果发现，一定程度上，第一大股东持股比例与“十大”的选择表现出正“U”形关系，总体上排斥高质量审计。而图4-2的分析结果更是表明，在这个正“U”形关系中，从样本的分布来看，处于下降通道的样本公司比例约占全样本的71.4%，并且51.3%的样本公司的第一大股东持股比例集中于(30,60]，这就在现有市场环境下形成了抑制高质量审计需求的一个巨大的“底部陷阱”。新兴的高质量审计需求与抑制高质量审计需求动因的共同作用，是“十大”的IPO市场份额尽管获得了稳步提升，但总体上仍然不高的根本原因。

IPO定价制度变迁、盈余管理与审计质量

第5章

在本书第 2 章关于审计质量研究的分析框架中，审计质量包括两个维度：审计师监督强度和审计师声誉。在大量关于审计质量的研究文献中，研究者通常都是使用审计师声誉（或规模）作为高质量审计的替代变量。本书第 4 章关于审计师选择问题的研究亦是如此。但是 2001 年美国"安然事件"的发生却表明，贵为国际"五大"之一的安达信会计师事务所却并没有提供与其声誉相称的高监督强度。我国 2001 年"银广厦事件"中的中天勤会计师事务所的表现同样说明了这个问题。在本章当中，笔者结合我国股票发行定价制度的演进，对我国会计师事务所规模与审计师监督强度的关系进行考察。

5.1　目前国内关于审计质量差异化的实证研究进展

截至目前，国内学者大多从非标准审计意见的出具、抑制盈余管理的能力等方面，对不同类型的事务所审计质量是否存在差异进行考察，以下分述之。

5.1.1　审计师类型与非标准审计意见

关于审计师类型与非标准审计意见的关系，李树华（2000）最早在考察我国第一批独立审计准则的颁布对审计师所出具的审计意见类型的影响时，对此进行了较为系统的研究。以沪深 1993－1996 年间 1286 家上市公司为样本的研究结果表明，审计准则颁布后，非标准审计意见的数量和比例获得了大幅提高，说明审计准则的颁布一定程度上提高了审计师独立性。与此同时，研究中一个重要发现是，大规模事务所出具非标准审计意见的比例显著高于小规模事务所。这与此后相当数量的研究结论认为在我国不同事务所之间并不存在系统性的审计质量差异化迥异。李树华（2000）的这一研究结果表明，即使在我国证券市场设立早期，系统性的审计质量差异在不同类型的事务所之间可能也是存在的。

受李树华（2000）研究的影响，此后相当多的研究以非标准审计意见的出具作为审计质量的替代变量，考察了我国会计师事务所及注册会计师的执业状况。李东平等（2001）选择 2000 年 34 家审计师变更的公司为研究样本，与控制样本的比较结果表明审计意见与盈余管理的替代变量（应收账款变化率、存货变化率以及非核心收益率）没有显著相关关系。Chen et al.（2001）则选择 1995－1997 年间所有上市公司为样本，以样本公司若净资产收益率处于[0,1%]（“保牌”）和[10%,11%]（“保配”）的敏感区间作为盈余管理的替代指标，其结果表明非标准审计意见与盈余管理之间存在显著的正相关关系。王跃堂和陈世敏（2002）以1997年和1998年年报审计市场出具的非标准审计意见为研究对象，考察了“脱钩改制”对于审计独立性的影响。研究结果表明，“脱钩改制”后非标准审计意见出具的比例显著提高，作者认为原因在于事务所风险意识提高使得审计独立性明显增强。但是对审计意见市场反应的检验以及从审计师对于盈余管理和财务风险角度的考察均表明，审计质量可能在“脱钩改制”后反而下降了。作者认为原因仍在于市场缺乏对高质量审计的需求，并将这种现象称为“独立性与审计质量的背离”。徐浩萍（2004）则选取了1998—2001年间沪市上市公司为样本，研究的结果表明非标准审计意见对于盈余管理（操控性应计）具有一定的识别能力；同时研究发现与负向盈余管理程度相比，注册会计师总体上并不具备在如此严格的重要性标准[①]下鉴别正向盈余管理的能力。宋建波和陈华昀（2005）以2000—2002年间我国上市公司的审计意见出具情况为研究对象，研究结果表明我国注册会计师的审计质量在逐步提高，对上市公司盈余管理起到有效限制作用。以上研究以非标准审计意见的出具作为审计质量或者审计独立性的替代变量，考察了我国注册会计师总体的执业水平，但是并未直接涉及事务所类型与审计质量关系的考察。

夏立军和杨海斌（2002）则以2000年沪深1088家上市公司为样本，考察了审计意见和监管政策诱导型盈余管理的关系。研究结果表明，“十大”与非“十大”的审计质量无显著性差异，并且从整体上看注册会计师没有揭示出上市公司的盈余管理行为。刘斌等（2003）以1998—2002年间沪深上市为研究对象，在考察审计师对企业自愿性会计政策变更行为所持态度时，发现事务所规模对非标准审计意见的出具没有显著影响。原红旗和李海建（2003）以沪市2001年640家上市公司为样本，对事务所组织形式、规模与审计质量之间的关系进行了考察。研究结果表明，在研究期间影响上市公司审计报告意见的主要是公司本身的特征，而事务所类型对于审计意见的出具没有产生明显的影响。伍利娜（2003）以1998—2000年间首次出具的非标准审计意见为研究样本，从审计关系主体的三方视角考察可避性非标

① 此处的“重要性标准”指的是出具非标准审计意见所需的重要性标准（笔者注）。

准审计意见出具的影响因素，在研究中作者没有发现国际"五大"或者国内"十大"与出具可避性非标准审计意见之间有显著相关关系。李维安等(2004)则利用 1998—2001 年间 A 股上市公司为样本，以非经营性收益为盈余管理的替代变量进行研究。结果表明，盈余管理越高的公司越容易获得非标准审计意见，但事务所规模对审计意见的出具没有显著影响。

与上述研究结论认为我国会计师事务所并不存在系统性审计质量差异相反，章永奎和刘峰(2002)则以 1998 年 128 家被出具非标准审计意见的上市公司为研究样本，通过与控制样本的比较考察了盈余管理(操控性应计)与审计意见的关系。研究结果表明，研究期间注册会计师的审计质量发生了相当程度的变化，审计师的职业谨慎大大加强，上市公司的盈余操纵越厉害，越有可能被出具非标准审计意见。同时研究结果表明，不同类型的事务所审计质量存在显著的差异，尽管差异并没有西方审计市场那么明显，但大规模事务所的审计质量明显好于小规模事务所。方军雄等(2004)则以 2001 年和 2002 年首次发生亏损的 173 家上市公司为样本，研究发现审计师在出具审计意见时非常关注客户的风险程度，在公司首次涉足净亏损这个高风险领域时，大规模事务所所体现出来的专业胜任能力和独立性均高于小规模事务所。夏立军等(2005)以 1996—1998 年可能具有盈余管理行为(净资产收益率介于 10%和 11%之间)的公司为样本，考察审计任期与审计意见之间的关系。研究发现，"十大"事务所与非标准审计意见的出具显著正相关。此外对于大规模事务所，随着审计任期的增加，审计独立性反而更高，而小规模事务所无论审计任期长短，独立性都比较低。刘勤和颜志元(2006)以 2001—2004 年间上市公司会计估计变更过程中暴露出的失当会计估计为研究对象，对注册会计师的独立审计质量进行了考察。研究结果表明，在会计估计变更前一年，注册会计师对公司的会计估计失当已有察觉并在审计意见中反映，其中事务所规模对于非标准审计意见的出具具有显著的解释力。Li 等(2006)以 2001—2003 年间上市公司为研究样本，直接考察了事务所规模与审计质量之间的关系，研究结果系统性地表明大型事务所比小型事务所更倾向于出具非标准审计意见，并且大型事务所的审计收费更高。吕先锫和王伟(2007)利用我国 2005 年上市公司分属的 50 个行业数据考察了非标准审计意见出具的影响因素。研究结果表明，上市公司流动资产周转率和上市公司由大所审计是审计师出具非标准审计意见的决定因素。这说明大所的审计质量总体上是高于小所的。

5.1.2 审计师类型与盈余管理

审计报告是审计过程的最终结果，对于审计意见类型的观察和比较一定程度上能够反映审计质量的高低。尽管这种比较更为直观，但是研究者普遍认为，对公司盈余管理的抑制程度能够更为直接地比较不同审计师之间审计质量的高低(Watkins et al,2004)。

漆江娜等(2004)以2002年年报数据进行研究，结果表明，国际"四大"审计上市公司的盈余管理程度(操控性应计)显著更低，并且收取的审计费用显著更高。蔡春等(2005)以我国2002年沪市343家制造业公司为样本，研究结果表明"十大"能够有效地抑制盈余管理，并且接受双重审计的公司其盈余管理程度亦较低。夏立军和陈信元(2005)以我国2000－2002年间获得标准无保留审计意见的上市公司为样本，考察了审计任期和审计质量的关系，在发现审计任期与操控性应计利润的绝对值呈正"U"形关系的同时，研究结果也表明国内"十大"事务所对于公司正向盈余管理行为具有更强的抑制能力。周中胜和陈俊(2006)、周中胜和陈汉文(2006)以2000—2002年间A股上市公司为样本，考察了大股东资金占用、盈余管理以及审计质量之间的关系。研究结果表明，在抑制大股东的资金占用以及盈余管理方面，国际"四大"具有显著更高的审计质量。罗党论和黄郡(2007)延续了这一研究，研究的结论表明，大规模事务所更能抑制大股东的"掏空"行为。王艳艳等(2006)选择了2001—2003年间上市公司为研究对象，结论表明高质量审计师(国际"四大")对盈余管理程度的抑制能力显著更高。吴水彭和李奇凤(2006)以2003年A股上市公司为样本的研究，结果表明国际"四大"、国内"十大"与国内非"十大"在抑制公司报告可操控性应计利润上存在显著差异。一定程度上国际"四大"的审计质量高于国内"十大"，而国内"十大"的审计质量则显著高于国内非"十大"。李仙和聂丽洁(2006)以2000—2003年由"十大"并由其所定义"专业审计人员"审计的60家A股IPO公司为样本，控制样本则为非"十大"和"非专业审计人员"审计的随机抽取的60家IPO公司，研究结果表明，"十大"以及"专业审计人员"所审计的IPO公司其操控性应计显著大于0的概率显著更低。刘运国和麦剑青(2006)则以2002—2004年间上市公司为样本，研究结果表明，非审计意见与国际“四大”无显著正相关关系，盈余管理（操控性应计）也与国际“四大”无显著负相关关系，结论认为“四大”与“非四大”的审计质量没有显著差异。周福源和刘峰（2007）以 1999—2001 年间上市公司为样本，配对研究的结果表明相对于非国际“五大”的客户，国际“五大”并没有报告更少的可操控性应计。作者认为国际“五大”与国内事务所审计质量不存在系统性差异。蔡春和鲜文铎（2007）以 2001—2004 年间上市公司为研究样本，从事务所行业专长的角度进行考察。研究结果认为，所谓“专家审计师”并不能有效抑制公司的盈余管理程度（操控性应计），与张立民和管劲松（2004）的观点相同。作者认为在我国事务所的行业发展程度较低。

5.1.3　审计师类型与其他审计质量的替代变量

除了从非标准审计意见的出具和盈余管理的抑制能力方面进行考察外，研究者还从对于会计差错的揭示、盈余价值相关性以及盈余稳健性的角度，对审计质量差异化是否存在进行了研究。张为国、王霞（2004）以 1999—2001 年间会计年报中出现“会计差错更正”的 A 股上市公司为样本，研究高报盈余的会计差错的动因，并发现外部审计对高报错误的发生没有解释力，“十大”会计师事务所在会计差错问题上没有显现出较大的执业能力。张奇峰（2005）选择 2001—2003 年间上市公司为研究样本，研究结果表明，经国内“十大”事务所审计的公司盈利的可信度与其他事务所没有显著差异，而经国际“四大”审计的公司盈利更具可信性，其结论认为仅靠政府对供给方的管制并不能为事务所带来市场声誉。王咏梅和王鹏（2006）以 1998—2002 年间沪深 A 股上市公司为样本，利用 ERC（盈余反应系数）考察了国际“四大”与“非四大”的市场认同度是否存在显著差异，事实上研究类似于 Teoh 和 Wong（1993）的研究，是对市场的审计质量感知进行检验。研究结果表明，市场更为认同国际“四大”的审计质量，但认同度差异会受到时间段会计制度以及市场格局变化因素的影响。王艳艳和陈汉文（2006）利用 2001－2004 年间上市公司数据为研究对象，以盈余变化模型（Basu，1997）来计算反映盈余稳健性和及时性的指标，以操控性应计度量盈余激进度，研究结果表明，国际“四大”审计的上市公司会计信息透明度显著高于非“四大”审计的上市公司。同样是基于 Basu（1997）的盈余变化模型来度量盈余稳健性，刘峰和周福源（2007）利用 2002—2003 年年报数据进行研究，结果却表明，国际“四大”与非国际“四大”的审计质量并没有显著的差异，在一定程度上甚至更差。

总的来看，以上对于审计质量差异化的研究绝大多数是围绕年报审计市场来进行的，并且绝大多数研究是基于事务所规模的维度来区分审计师类型的，但是所获的经验证据从根本上来讲是混合的。其中，以非标准审计意见的出具为审计质量的替代变量进行的研究所获的证据更为不一致。而以盈余管理为替代变量的研究所获的证据相对来说更为倾向于表明审计质量差异化的存在，但是这其中对于国际“四大”抑制盈余管理的能力是否更高的检验却充满了矛盾之处。不考虑个别研究可能在研究设计中存在的问题，本书认为出现以上问题可能有以下几个方面的原因：

(1)研究期间选择上的不同。如前文所述，我国经济的发展处于从计划经济向市场经济转型的过程当中，制度的变化和更迭极为迅速，因而我国证券审计市场的发展同样具有迅速演进的特征。审计质量则从根本上来说会受到需求和供给方力量的影响，转型经济和新兴市场的特征决定了影响审计质量的需求和供给方力量会随着时间的推移而发生较大的变化，从而在一段较长的时间内表现为审计质量的不稳定状态。

(2)与审计意见类型的考察不同，对盈余管理的考察一定程度上提供了对审计质量更为直接的检验(Becker et al. 1998)。尽管如此，检验的结果仍然依赖于盈余管理度量方法的准确性。

(3)尽管大多数研究均基于事务所规模来区分审计师类型，但是研究用来度量事务所规模的方法不尽一致。从传统上来看，事务所规模的度量方法包括以其所拥有客户的数目及客户的3项财务指标即资产总额、营业收入总额、净收益来作为衡量会计师事务所市场影响力的替代指标。李树华(2000)则认为，我国很长时间以来，审计公费的收取标准是以客户的资产总额为基准的，加之客户的资产总额也能最好地体现客户在所属行业中的相对地位，所以他认为在我国现阶段客户的资产总额是衡量事务所规模大小的最佳替代指标。但是通过对以上所提及文献的详细比较，笔者发现不少研究并未根据以上标准对审计师规模进行度量，而是直接使用某报纸或某网站的排名选定所谓“十大”事务所，这种做法一定程度上缺乏广泛可接受的理论基础。

(4)绝大多数研究没有回答这样的问题，即是否财务状况或者盈余管理程度不同的公司对审计师类型进行了自我选择。简单举例来说，可能某些因素的存在导致了客户并没有进行盈余管理，而这些因素某种程度上又决定了客户选择了大型事务所，如果就此得出大型事务所更能够抑制客户的盈余管理的结论显然不正确。

5.2　理论分析与研究假设

5.2.1　IPO、股票发行定价制度变迁与盈余管理

国外关于 IPO 过程中盈余管理的研究总的来说持有这样的观点[①]，即在 IPO 过程中市场参与者之间存在严重的信息不对称，投资者无法充分识别 IPO 公司的盈余管理行为，因而发行人可以通过收益增加（income-increasing）的盈余管理（或称为正向盈余管理）活动夸大发行前盈余以提高新股发行价格。代表性的研究包括：Aharony et al.（1993）的研究获得了较弱的证据支持 IPO 公司利用会计方法夸大发行前报告净收益这一论点。Jain & Kini（1994）的研究表明，不论是采用资产营业回报率，还是采用资产经营现金流量率衡量经营业绩，私营企业通过公开发行成为公众公司后，经营业绩均显著低于上市前的水平。作者认为原因之一是在信息不对称的情况下，企业管理者上市前的财务包装导致上市前的业绩被高估，从而在上市后出现业绩下滑[②]。Loughran & Ritter（1997）研究则发现公司的收益通常以 IPO 当年为分界线呈现出倒"V"形。Teoh et al.（1998a，1998b）的研究发现，IPO 当年的操控性应计与发行后股票回报存在负相关关系，从而表明在新股发行定价时投资者可能被发行人的盈余管理行为所误导。Fan（2007）的研究将 IPO 过程中的盈余管理和保留所有权视为可相互替代的信号传递机制，研究结果表明，在发行期 IPO 公司会进行收益增加的盈余管理

---

① 也有研究并不同意这种"管理机会主义（managerial opportunism）"假设，如 Ball & Shivakumar（2005，2006）。

② 另外两种原因，作者认为可能是：其一，私营企业通过新股发行成为公众公司后，原先的所有者包括管理层持股份额下降，管理层有动机增加额外消费等，从而提高了代理成本；其二，原来的业主可能选择了业绩最好的时期上市，他们自己也知道这样好的业绩在上市后是无法继续维持的。

以提高发行收益,并且会计盈余、保留所有权与IPO定价正相关。

就我国证券市场的IPO过程而言,Aharony et al.(2000)的研究结果表明,在我国B股和H股的IPO过程中,发行公司在IPO前2年和前1年报告收益处于最高水平。另外,较之于保护性行业,非保护性行业在IPO前运用盈余管理的程度更高,从而导致发行后报告收益相对于发行前有大幅度下降。林舒和魏明海(2000)对1992—1995年我国A股IPO公司的研究基本得出类似的结论。洪剑鞘和陈朝晖(2002)以我国1996年IPO公司为样本,研究发现我国上市公司上市后业绩普遍下滑,但宏观经济环境变化的因素并不能完全解释这一现象,控股股东的非流通性特征、上市前资产评估增值、募集资金的大小等与上市后的业绩下滑显著相关。作者认为在我国,上市前的盈余管理是上市后的业绩下滑的主要原因之一,而要抑制或消除企业上市后经营业绩下滑的现象,首先要解决普遍存在的盈余管理行为。王志强和刘星(2003)则以我国1999年A股IPO公司为样本模仿了Teoh et al.(1998a)的研究,并得出类似的结论。王春峰和李吉栋(2003)则以1998年1月至2002年9月沪深A股IPO公司为样本,考察了其发行前后的盈余管理行为,研究结果表明在发行前一年以及发行当年均存在系统性的正向盈余管理。

从目前关于IPO过程中盈余管理的研究结论来看,尽管国内外的研究似乎得出了较为一致的结论,即IPO过程中普遍存在收益增加的盈余管理行为,但是由于我国证券市场的发展处于我国经济发展转型的背景之下,特殊的制度背景决定了我国IPO过程盈余管理的诱因与国外存在明显的不同。在新股发行过程中,发行人与其他市场参与者之间广泛存在的信息不对称是IPO公司从事盈余的前提条件。但是与西方发达证券市场新股的市场化发行和定价方式不同,在我国股票发行审核的审批制和随后的核准制,新股发行过程中发行规模的额度控制及此后的通道控制,再加上新股发行价格的行政性定价管制,是公司上市前从事盈余管理的制度性诱因(洪剑鞘和陈朝晖,2002)。显然,其中新股发行的管制性定价又是最为重要的影响因素。

我国转型经济与新兴市场的鲜明特征,决定了证券市场的发展过程中政府使用行政力量的管制行为十分普遍。尽管市场发展处于初期状态、市场力量的薄弱以及市场失灵等原因在一定程度上决定了政府管制的不可或缺性,但是政府管制具有巨大的外在成本,由于管制所诱发的盈余管理进而导致资源配置的效率丧失就是这种外在成本的表现形式之一。在我国证券市场当中，管制诱发型盈余管理极为普遍，如上市公司为达到配股或增发资格线而进行的盈余管理(如陈小悦等，2000；Chen & Yuan，2004)、为避亏(或扭亏)保牌而进行的盈余管理(如陆建桥，1999)等。管制诱发型的盈余管理其根源在于管制部门为实现一定的政策目标而实施的管制行动。对被管制者而言，盈余管理则是为了应对或利用管制政策实现自身的利益最大化，是一种典型的"上有政策下有对策"的行为(岳衡等，2007)。显然一旦管制政策发生变化，被管制者的这种管制诱发型盈余管理行为也会随之发生改变。一个明显的例子是上市公司配股资格要求变化会导致盈余管理行为的变化。在 1996 年至 1998 年期间，上市公司配股资格的指标要求为"最近 3 年税后净资产收益率每年都在 10%以上"，结果该期间年报披露的 ROE 区间分布出现了著名的"10%现象"(陈小悦等，2000)，1999 年证监会将指标要求改为"最近 3 年净资产收益率平均在 10%以上，任何一年的净资产收益率不低于 6%"，结果 1999 年年报披露的 ROE 处于[6%，7%]区间的上市公司数目大增，而"10%现象"则明显减轻(阎达五等，2001)。2001 年指标要求进一步改为"最近 3 年净资产收益率平均不低于 6%"，并且在计算时"扣除非经常性损益后的净利润与扣除前的净利润相比，以低者为计算依据"。岳衡等(2007)的研究结果表明，配股公司采取了新的盈余管理手段——主营业务利润比例的盈余管理[①]来提高扣除非经常性损益后的净利润，从而达到配股要求。

在股票首次公开发行过程中，长期以来新股发行定价受到监管部门的严格管制，管制的主要手段则是在市盈率定价法下控制核定发行市盈率倍数上限。如前所述，1996 年以后我国新股发行定价制度的演变大体经历了三个阶段，即相对固定市盈率定价阶段、市场化定价阶段及控制市盈率定价阶段。从控制市盈率定价的角度来考虑，若控制上限不变，在发行规模一定的情况下，为了获得更多的筹资额则只能依赖于每股收益的提高来实现。因此发行人采取收益增加的盈余管理以提高每股收益的行为是可以直观上预期的。但是当定价管制程度发生变化时，IPO 公司管理当局的盈余管理

---

① 主营业务利润比例盈余管理是指公司通过将线下项目费用故意错误分类成主营业务费用，从而在不改变总利润的前提下，提高主营业务利润，降低线下项目利润，这样提高了主营业务利润占总利润的比例，也提高了扣除非经常性损益后的净利润。从而达到配股要求(岳衡等，2007)。

行为一定程度上会出现较大的差异，原因在于盈余管理是有成本的，公司的管理当局必须在盈余管理所招致的成本和收益之间进行权衡。

首先，理论上来看，现行的财务报告系统是以应计制为基础的，有其自身的规律性。虽然管理当局能够夸大单一期间的报告收益，但是从公司的整个生命周期来看，总的报告收益必须等于总的现金流量，因此随着应计项目的最终逆转，公司将来的报告盈余将会下降，从而潜在地会导致面临来自监管方更大的压力，可能引起相关诉讼以及资本成本的提高。其次，从盈余管理的技术层面来看，有一些盈余管理行为需要付出真实的经济成本，如交易方式和交易期间的非最优选择等，而所有这些成本都将随着盈余管理程度的增加而增加。而从收益的角度看，某种程度上盈余管理所带来的边际收益却总是处于递减状态，定价管制程度的放松使得公司的管理当局能够获得更多的定价自主权，定价自主权的扩大则会使得该制度诱发型盈余管理的边际收益下降得更快。对于理性的发行人而言，由于盈余管理客观存在的经济成本，实际的盈余管理程度总是在其边际收益和边际成本相等时达到均衡状态。

图 5-1 描绘了本书 1998—2004 年期间分年度的 IPO 前一年平均每股收益的变化趋势。如图所示，与 1998 年、1999 年 15 倍市盈率定价阶段相比，在市场化定价方式正式实施的 2000 年，IPO 平均每股收益大幅下降，2002 年以后由于重新对发行市盈率进行了控制，平均每股收益开始上升；但是由于控制上限改为 20 倍，在该阶段平均每股收益低于 1998 年和 1999 年。不考虑宏观经济形势的变化，平均每股收益的变化趋势在一定程度上反映了股票发行定价制度变化所引起的 IPO 公司管理当局盈余管理行为的改变。

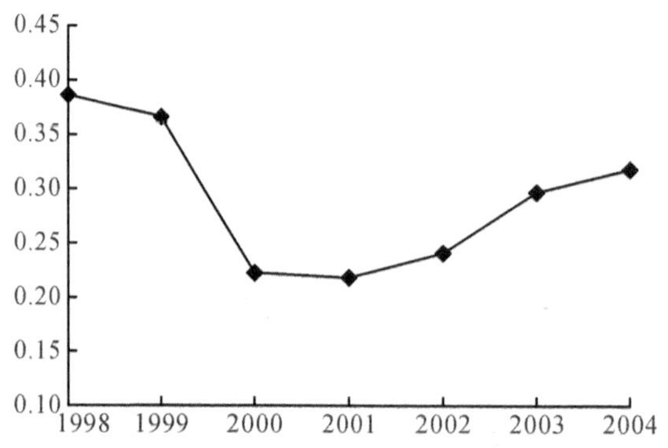

图 5-1 1998—2004 年 IPO 发行前一年每股收益变化趋势图

综上所述,在我国,股票发行定价制度的变迁影响了 IPO 公司管理当局盈余管理行为的变化。在管制市盈率定价方式下,随着管制程度的逐渐放松,公司管理当局所面临的制度诱发型盈余管理的压力会逐渐降低,其收益和成本之间权衡的结果最终导致收益增加的盈余管理程度将随之降低。而在市场化定价方式下,由于对股票发行价格的定价管制被取消,制度诱发型的盈余管理程度将会降至最低值。借此提出 H_1:

H_1:随着股票发行定价管制程度的放松,IPO 公司收益增加的盈余管理程度会逐渐降低。

5.2.2 IPO 过程中的盈余管理与审计质量

与已经公开发行上市的公司不同,在 IPO 过程中,发行人同其他市场参与者之间存在更为广泛的信息不对称,在没有其他公开可获得的信息来源的情况下,投资者及其他市场参与者对公司价值的判断将会严重地依赖于企业自身的信息披露。由于财务会计信息构成了公开发行时发行人信息披露的重要组成部分,因而财务会计信息的公允表达无疑极为重要,强制性的独立审计正是为此而进行的一项重要制度安排。在 IPO 过程中,理论上讲,高质量的审计活动能够提高财务会计信息的可信性,从而能够更为有效地减少市场参与者之间的信息不对称情况,更好地避免逆向选择问题(Titman & Trueman,1986;Datar et al.,1991)。Carpenter & Strawser(1971),Menon & Williams(1991)等人研究发现,公司在 IPO 时,承销商会建议那些聘请了地区性审计师的公司改聘全国性的大型会计师事务所或者国际"五大"审计师。

高质量或者高声誉的审计师应当与更高的会计信息质量相联系,从盈余管理的角度来看,高质量审计师应当有更强的抑制公司管理当局从事机会主义盈余管理的能力。国外关于审计质量与盈余管理经验研究所获得的证据大体支持了这一观点(Becker et al,1998;Francis et al.,1999;Krishnan,2003a,2003b),但是绝大多数研究关注的均是已上市公司,以 IPO 为研究背景对此进行考察的研究极少,原因在于数据的可获得性问题。Zhou & Elder(2001)以美国 1996—1998 年 1048 家 IPO 公司为研究样本,其研究结果表明,国际"五大"以及行业专家审计师能够有效地抑制 IPO 过程中的盈余管理。Chen et al.(2005)则以中国台湾 1999—2002 年 367 家

IPO公司为样本，其研究结果发现，国际“五大”与更低的盈余管理程度相联系，但没有发现专家审计师能够抑制盈余管理的证据。

与国外关于审计质量与盈余管理关系的研究相同，在国内研究中，除李仙和聂丽洁(2006)以我国2000—2003年60家A股IPO公司为研究样本模仿了Zhou & Elder(2001)的研究外，其他研究也均是以已上市公司为研究样本进行考察。不过本书认为，在我国，对IPO过程中审计质量与盈余管理关系的考察可能具有特别重要的意义。由于我国证券市场发展历程较短，在市场本身的资源优化配置功能较为薄弱的情况下，作为市场的重要参与者之一，政府监管部门在新股发行和定价过程中扮演了重要角色。在股票发行实行审批制之后的核准制的管理下，发行人谋求上市的过程中，监管部门在一定程度上需要替代市场对备选公司进行甄别和选择，并且需要对其确定的发行价格进行最后的核准。然而，作为外部人，监管部门同发行人之间同样存在着严重的信息不对称；作为发行人法定信息披露的重要组成部分，财务会计信息是否公允对于市场监管部门来说其重要性不言而喻。为了减轻自身的责任、提高管制对资源配置的效率，监管部门在其决策过程中如同投资者一样，甚至比投资者更为倚重独立审计力量。2003年12月28日，中国证监会发行监管部门在《中国证监会股票发行审核标准备忘录第16号——首次公开发行股票的公司专项复核的审核要求》(简称《16号文》)中规定，发行监管部门在审核发行申请文件时，如发现其申请财务会计资料存在重大疑问，可要求发行人另行委托一家具备证券执业资格、信誉良好的会计师事务所对申报财务会计资料的特定项目进行专项复核。无疑，《16号文》的出台一定程度上清楚地表达了监管部门在IPO过程中对于高质量审计的迫切需求。

本书以IPO市场为研究背景对盈余管理与审计质量的关系进行考察，由于已有的研究表明，我国证券审计市场中，在一定程度上审计质量可能是基于事务所规模分割的。借此提出H_2：

H_2：在其他条件一定的情况下，大规模会计师事务所审计的IPO公司其盈余管理程度更低。

对我国目前关于审计质量差异化研究的回顾，结果表明已有的研究所获得的证据是混合的，本书将其原因在一定程度上归结为研究期间的选择问题、盈余管理度量方法的问题及审计师选择的内生性问题。因此在本书的研究中，笔者试图规避以上问题对于研究结果可靠性产生的影响。首先，结合 IPO 定价制度变迁的阶段性，本书分发行定价阶段的不同对 H_2 进行考察；其次，在本书的研究中，基于应计利润分离法，笔者采用 3 种不同的度量方法对盈余管理进行识别；最后，基于第 4 章的审计师选择模型，本书采用两阶段方法控制内生性问题对研究结果可靠性可能产生的影响。

5.3 研究设计

5.3.1 样本选择和数据来源

本章研究选择我国沪深 A 股 1998 年 1 月 8 日至 2004 年 8 月 25 日首次发行的 635 家公司为初选样本。考虑到部分样本可能存在的异质性问题，本书对样本进行了如下筛选：(1)剔除非公开发行、比例换股、历史遗留问题上市及已经或同时在其他市场上市的样本公司。理由是与其他样本公司相比，该类样本公司所面临的投资者类型、信息环境及监管环境等可能存在相当大的差异。举例来说，若某公司在已经发行了 B 股后又发行 A 股，事实上并非真正意义上的 IPO。(2)剔除了金融类样本公司。原因在于该类样本公司财务数据的含义可能与其他样本公司存在较大差异，缺乏可比性。(3)由于计算发行前一年操控性应计数至少需要发行前两年的相关数据，因此对缺少发行前两年数据的样本公司予以剔除。在执行了以上两项样本筛选程序后，样本数减少为 593 家。(4)在使用同年同行业已上市公司数据估计修正 Jones 模型特征参数时，为保证结果的可靠性，研究中要求行业内估计样本公司家数不得低于 10 家，这一程序使得多家 IPO 公司无法估计操控性应计数，因此在研究中予以剔除。这样在检验 H_1 时的样本数量为 478 家，其中第一阶段、第二阶段和第三阶段的样本数分别为 119、133 和 226。此外，在使用多元回归模型检验 H_2 时，由于相关自变量计算所需数据缺失或不足，使得样本数量进一步减少为 454 家。具体样本选择过程见表 5-1。

表 5-1　样本选择过程

首发年份	1998	1999	2000	2001	2002	2003	2004	合计
初选样本	102	93	139	67	70	66	98	635
减:非公开发行	3	0	0	0	0	0	0	3
减:比例换股等	1	1	1	0	1	0	1	5
减:在其他市场上市	3	3	6	9	3	1	0	25
减:金融业	0	1	1	0	2	1	0	5
减:数据缺失	0	1	0	1	2	0	0	4
减:无法计算 DA	40	23	43	5	1	2	1	115
检验 H_1 的样本数	55	64	88	52	61	62	96	478
减:数据缺失	1	4	8	5	6	0	0	24
检验 H_2 的样本数	54	60	80	47	55	62	96	454

本书研究的数据来源包括:(1)IPO 公司上市前相关数据(财务数据、股权结构以及其他公司特征数据),均来自公司公开可获得的招股说明书及上市公告书,系手工收集完成并经核对无误。(2)会计师事务所的合并、分立及名称的变化等由笔者根据网络以及相关资料查询自行加以整理。(3)在计算操控性应计数时估计样本的财务数据及会计师事务所排名所需年报数据,均来自国泰安公司与香港理工大学联合开发的 CSMAR 数据库。

5.3.2 盈余管理的度量

与国外绝大多数关于 IPO 过程中盈余管理以及其与审计质量关系的研究不同,本书直接考察发行前一年的盈余管理。由于数据可获得性的限制,大部分研究在考察上述问题时是以发行当年的盈余管理为研究对象。但是通常来讲,IPO 过程中的盈余管理是指发行人在首次公开发行前从事的盈余管理行为。在我国,监管部门对于定价管制方式下每股收益的计算方式始终徘徊于发行前一年每股收益和预测盈余之间,并最终确定为发行前一年每股收益[①]。这至少表明，在监管者看来，IPO 公司发行前一年的盈余水平与新股发行价格的确定最为相关。

本书在度量盈余管理时采用应计利润分离法，以修正的分行业截面 Jones 模型为基础对应计利润的操控性部分进行估计。具体来看，又可以分为以下三种方法。

(1)以操控性流动性应计数(DCA)度量盈余管理

Teoh et al.(1998a，1998b)在对 IPO 过程中的盈余管理进行考察时，将应计利润分为 4 个组成部分，即操控性流动性应计(discretionary current accruals)、非操控性流动性应计、操控性长期应计及非操控性长期应计，并在其研究中使用操控性流动性应计度量盈余管理。林舒和魏明海(2000)认为，在我国考虑到管理层对于流动性应计部分有着更为随意和更便利的处置权，因此其在考察我国 IPO 过程中的盈余管理行为时采用操控性流动性应计作为盈余管理的替代变量。因此，在本书当中，笔者亦使用操控性流动性应计作为盈余管理的替代变量之一进行考察。具体的计算过程为：

①以 IPO 发行前一年为 t 年，以当年所有已上市公司为估计样本分行业估计下式[②]：

$$\frac{CACC_{j,t}}{TA_{j,t-1}} = \alpha_0\left(\frac{1}{TA_{j,t-1}}\right) + \alpha_1\left(\frac{\Delta REV_{j,t}}{TA_{j,t-1}}\right) + \xi_{j,t}, j \in \text{估计样本}$$

---

① 从我国新股发行定价方式的演变来看，在管制市盈率定价方式下，监管部门对于每股收益的计算方式始终在预测盈余和实际盈余两者之间徘徊。如，1996 年 12 月 26 日，证监会发布了《关于股票发行工作若干规定的通知》(证监〔1996〕12 号)，其中规定 1996 年新股发行定价不再以盈利预测为依据，改为按过去 3 年已实现每股税后利润算术平均数为依据。1997 年 9 月 10 日，证监会发布了《关于做好 1997 年股票发行工作的通知》(证监〔1997〕13 号)，又将 1997 年新股发行定价中每股收益的计算方式改为：每股税后利润＝发行前一年每股税后利润×70%＋发行当年摊薄后的预测每股税后利润×30%。1998 年 3 月 17 日，证监会发布了《关于股票发行若干规定的补充规定》(证监〔1998〕8 号)，又将新股收益的确定基础修改为发行当年预测利润。2001 年 7 月新股发行体制从审批制转向审核制，恢复了市盈率管制定价办法，不鼓励发行人进行盈利预测，在计算每股收益时以发行前一年的每股收益为计算依据。

② 与 Teoh et al.(1998b)的研究做法类似，对 t 年估计样本，本文依次剔除 ROA 处于 1%和 99%之外的业绩极端值样本、t 年的 IPO 样本、t 年及(t+1)年有增发配股的样本、t 年收到非标准审计意见的样本，以及行业公司数不足 10 家的样本。另外，本文中行业类型来自中国证监会 2001 年颁布的《上市公司行业分类指引》，其中制造业公司数量较多，取两位代码分类，其他行业取一位代码分类。

②使用从上式中获得的回归系数计算IPO公司t年流动性应计中的非操控性部分(NDCA),方法如下:

$$NDCA_{i,t} \equiv \hat{\alpha}_0\left(\frac{1}{TA_{i,t-1}}\right)+\hat{\alpha}_1\left(\frac{\Delta REV_{i,t}}{TA_{i,t-1}}\right), i \in IPO样本$$

③IPO公司的操控性流动性应计(DCA)的计算方法如下:

$$DCA_{i,t} \equiv \frac{CACC_{i,t}}{TA_{i,t-1}} - NDCA_{i,t}, i \in IPO样本$$

其中:CACC=△(流动资产－现金)－△(流动负债－一年内到期的长期负债);TA为总资产;△REV为主营业务收入的变化量。

(2)以线下项目前操控性应计数(DA1)度量盈余管理

采用修正的分行业截面Jones模型(DeFond & Jiambalov,1994)估计操控性应计数是一种目前较为被广泛用来度量盈余管理的方法。但是在我国目前关于盈余管理问题的研究中,由于总应计利润计算上的差异,该模型所计算出来的操控性应计数是不相同的。

蔡春等(2005)、周中胜和陈俊(2006)、吴水彭和李奇凤(2006)及蔡春和鲜文铎(2007)等在考察盈余管理与审计质量关系时,采用线下项目前总应计利润来计算操控性应计数,这是在针对美国证券市场考察盈余管理问题时最为常用的方法,在美国证券市场当中由于监管制度比较完善,上市公司利用线下项目操控盈余相对困难。夏立军(2003)则在对多种盈余管理计量模型及其调整模型比较后,认为在我国采用线下项目前总应计数为因变量估计特征参数的截面分行业Jones模型可能能够更好地揭示公司的盈余管理。本书当中,同样以线下项目前操控性应计数作为盈余管理替代变量之一,具体计算方法如下:

①与计算操控性流动性应计数采用的方法相同,以IPO发行前一年为t年,仍以当年所有已上市公司为估计样本,分行业估计下式:

$$\frac{AC_{j,t}}{TA_{j,t-1}} = \beta_0\left(\frac{1}{TA_{j,t-1}}\right)+\beta_1\left(\frac{\Delta REV_{j,t}}{TA_{j,t-1}}\right)+\beta_2\left(\frac{PPE_{j,t}}{TA_{j,t-1}}\right)+\xi_{j,t}, j \in 估计样本$$

②使用从上式中获得的回归系数计算IPO公司t年线下项目前总应计中的非操控性部分(NDA1),方法如下:

$$NDA1_{i,t} \equiv \hat{\beta}_0\left(\frac{1}{TA_{i,t-1}}\right)+\hat{\beta}_1\left(\frac{\Delta REV_{i,t}}{TA_{i,t-1}}\right)+\hat{\beta}_2\left(\frac{PPE_{i,t}}{TA_{i,t-1}}\right), i \in IPO样本$$

③IPO公司的线下项目前操控性流动性应计(DA1)的计算方法如下:

$$DA1_{i,t}=\frac{AC_{i,t}}{TA_{i,t-1}}-NDA1_{i,t},i\in \text{IPO 样本}$$

其中：AC＝营业利润－经营活动现金流量；TA 为总资产；△REV 为主营业务收入的变化量；PPE 代表不动产、厂房和设备，以固定资产总额替代。

(3)以包含线下项目的操控性应计数(DA2)盈余管理

如前所述，该方法与第二种方法的唯一区别就在于，在计算总应计利润时将线下项目包括在内，即总应计利润＝净利润－经营活动现金流量。在我国，上市公司通过关联方债务重组、非货币性交易等或从操纵线下项目的盈余管理行为时有发生(Chen & Yuan，2004；陈信元和原红旗，1998)，因此在使用修正 Jones 模型，估计操控性应计数时，漆江娜等(2004)、刘运国和麦剑青(2006)、陈信元和夏立军(2006)等使用了包含线下项目的总应计利润来进行估计。本书将其作为盈余管理的第三个替代变量加以考察，除计算总应计利润时以净利润替代营业利润外，其他计算程序与第二种计算方法完全相同。需要说明的是，本书注意到，随着监管部门识别盈余管理能力的提高，对于公司来说，使用线下项目进行盈余管理也变得越来越困难。

由于 1998 年 1 月 1 日《企业会计准则——现金流量表》才开始正式实施。因此本书采用如下方法计算经营活动现金流量：

经营活动现金流量＝少数股东权益＋营业利润＋补贴收入－所得税＋(累计折旧增加额，负值取 0)＋[无形资产及递延资产(开办费)减少额，负值取 0]＋财务费用＋递延税款贷项(减借项)－(流动资产增加额－货币资金增加额－短期投资增加额－一年内到期的长期债券投资增加额)＋(流动负债增加额－短期借款增加额－应付股利增加额－一年内到期的长期负债增加额)

5.3.3　检验方法和模型设定

1. 关于 H_1 的检验方法

由于对 H_1 的检验需要比较的是在不同 IPO 定价阶段是否普遍存在收益增加的盈余管理行为，以及不同定价阶段收益增加的盈余管理程度是否存在差异，所以与目前大多数盈余管理的研究使用操控性应计数绝对数来反映盈余管理程度不同，本书在检验 H_1 时直接使用操控性应计数原值进行考察，检验方法为单变量分析及不同阶段组间的均值和中值比较分析。

2. H_2 的检验方法和研究模型

(1)模型和变量。

本书在检验 H_2 时主要采用多元回归分析的方法。研究模型设定如下：

$$|DA| = \alpha_0 + \alpha_1 Big10 + \alpha_2 Size + \alpha_3 Lev + \alpha_4 GW + \alpha_5 |Ocf| + \alpha_6 Oroa + \alpha_7 Doroa + \varepsilon$$

其中，|DA|为因变量，为盈余管理替代变量的绝对数，反映了 IPO 公司发行前一年不论是正向还是负向盈余管理的程度。在实际检验中，本书将分别使用|DCA|、|DA1|和|DA2|作为因变量进行研究。Big10 为实验变量，与第 4 章定义相同，若为"十大"会计师事务所取值为 1，否则为 0，预期符号为负。

控制变量中，Size 用于控制公司规模对于盈余管理程度的影响，以发行前一年销售收入取自然对数表示。DeFond & Park(1997)以及 Becker et al.(1998)认为，公司规模可能代表相当多的遗漏变量(Omitted Variable)。Dechow & Dichev(2002)认为大公司可能面临更大的外部监督压力，经营更加稳定且更具可预测性，因此盈余管理程度可能较低。Lev 为发行前一年的资产负债率，Watts & Zimmerman(1986)认为负债比例较高的公司为避免违反有关债务契约条款，管理当局有可能操控盈余。DeFond & Jiambalro(1994)和 Warfield et al.(1995)指出，负债比例与盈余管理程度可能存在正相关关系。DeAngelo & Skinner(1994)认为，高负债比例的企业也有可能与财务困境有关，因而有调低盈余以获取重新协议时较优厚债务条件的动机。GW 发行前一年主营业务收入增长率用于控制公司成长性的影响，Ghosh & Moon(2003)指出成长型公司其盈余管理程度更高。|Ocf|为发行前一年的经营活动现金流量的绝对数，用期初的资产总额进行平减计算。Dechow et al.(1995)的研究显示经营活动现金流量与操控性应计数负相关。Oroa 为发行前一年资产营业利润率，Doroa 则表示发行前一年和发行前两年资产营业利润率的变化数，分别用于控制业绩和盈余增长模式的影响(Kasznik，1999；Kothari ，2001；Klein，2002；Frankel et al.，2002；Kothari et al.，2005)。

此外，在全样本分析时，研究中加入了反映不同发行定价阶段的虚拟变量，而在分阶段回归考察时，则加入了反映不同发行年份的虚拟变量，目的是用来控制发行阶段及发行年份对于盈余管理程度的固定影响。

(2)自选择偏误的控制。

本书根据 Kim et al.(2003)及 Chaney et al.(2004)研究中所采用的两

阶段方法，来控制 OLS 估计中可能存在的自选择偏误问题（Heckman，1978；Maddala，1983）。首先，采用如下 Probit 回归，分阶段估计第 3 章中构建的审计师选择模型，计算出 Lambda（Inverse Mill's Ratio，IMR）。其次，在对原研究模型进行 OLS 回归时，将 Lambda 作为控制变量使用以克服可能存在的自选择问题。在实证研究结果中，本书将会对两种方法回归的结果同时予以报告。

$$Pr(Big10) = \alpha_0 + \alpha_1 Risk + \alpha_2 Share1 + \alpha_3 Share1^2 + \alpha_4 State + \alpha_5 Admin + \alpha_6 Lev + \alpha_7 Size + \alpha_8 Herf25 + \alpha_9 Growth + \alpha_{10} Capint + \alpha_{11} Invrec + \mu$$

5.4 实证结果与分析

5.4.1 H_1 的检验结果

表 5-2 给出了 3 个用以指代盈余管理程度变量的全样本及分阶段的均值、中值描述及组间比较结果。由于关于 H_1 的检验，本书关注的是在不同的发行阶段正向（收益增加）盈余管理行为的变化，故检验直接使用其原始值，而非反映盈余管理程度的绝对值。尽管所使用的 3 个盈余管理替代变量均在 1%水平显著正相关，但如表 5-2 所示，使用不同的替代变量检验的结果存在一定的差异。

表 5-2　不同发行阶段盈余管理及组间差异的检验结果

EM Var.		All Sample	First (A)	Second (B)	Third (C)	t(z)stat H_0:A−B=0	t(z)stat H_0:A−C=0	t(z)stat H_0:B−C=0
DCA	Mean	0.029*** (<0.000)	0.037*** (0.005)	−0.009 (0.522)	0.047*** (<0.000)	2.37**	0.61	−3.14***
	Median	0.029*** (<.000)	0.037*** (0.001)	−0.002 (0.862)	0.034*** (0.001)	2.256**	0.611	−2.858***
DA1	Mean	−0.003 (0.627)	0.024 (0.127)	−0.011 (0.371)	−0.013 (0.103)	1.79*	2.35**	0.19
	Median	−0.001 (0.891)	0.024** (0.010)	−0.006 (0.603)	−0.008* (0.096)	1.915*	2.584**	0.262
DA2	Mean	0.002 (0.757)	0.020 (0.178)	−0.003 (0.803)	−0.005 (0.575)	1.23	1.57	0.13
	Median	0.004 (0.337)	0.021* (0.092)	0.005 (0.488)	−0.001 (0.842)	1.289	1.645*	0.173
N		478	119	133	226			

注：单一样本的均值为学生 T 检验，中值为符号检验。两样本的均值检验为 T 检验，中值检验则采用 Wilcoxon 检验。括号内为双尾 P 值，***，**，* 分别表示在 1%，5%，10%水平上显著。

表5-2左半部分描述了样本的均值和中值，并进行了单一样本的学生T检验以及符号检验。从检验结果来看，全样本中只有DCA(操控性流动性应计)的均值与中值均显著大于0，一定程度上说明发行人在IPO前一年从事了显著的正向盈余管理活动，但是DA1(线下项目前操控性应计)和DA2(包含线下项目的操控性应计)的检验结果并不显著异于0。在第一阶段，无论使用哪一种盈余管理替代变量，研究的结果均基本上保持一致(DA1和DA2均值检验结果双尾边际显著，单尾则在10%水平显著)。表明在管制定价程度较高的15倍市盈率定价阶段，IPO公司在发行前一年进行了显著的正向盈余管理活动。但是第二阶段的结果则表明，在"市场化"定价阶段总的来看并无显著的正向盈余管理迹象，3个变量的均值和中值检验结果保持一致，均不显著异于0。在第三阶段，DCA的检验结果表明，在管制定价程度较低的15倍市盈率定价阶段亦存在较为普遍的正向盈余管理迹象，但DA1与DA2的检验结果则并不能完全说明这一点。

表5-2右半部分给出分阶段的组间比较结果。从检验结果来看，第一阶段与第二阶段关于DCA和DA1的组间比较结果均表明，与市场化定价阶段相比，在15倍市盈率控制定价阶段发行人正向的盈余管理程度显著更高。第一阶段与第三阶段关于DA1和DA2的组间比较结果则表明，与15倍市盈率定价阶段相比，定价管制程度较低的控制市盈率定价阶段正向的盈余管理程度显著更低。而对第二阶段和第三阶段的组间比较结果中，DCA的检验结果在一定程度上说明市场化定价阶段的正向盈余程度要显著低于控制市盈率定价阶段，但是关于DA1和DA2的比较结果则表明两个阶段似乎没有显著性差异。

综合以上分析结果，尽管不同盈余管理替代变量的检验结果存在一定程度上的差异，但总的来看，本书获得了较弱的证据支持H_1，一定程度上表明在定价管制程度较高的相对固定市盈率定价阶段，发行人在IPO前一年的正向盈余管理最为普遍，程度也最高，管制程度较低的控制市盈率定价阶段次之，而在市场化定价阶段似乎没有证据说明在该阶段存在普遍的正向盈余管理迹象。以上所获得的证据支持本书的论断，即IPO过程中，制度诱发型的盈余管理会随着制度的变迁而发生相应的变化，定价管制程度的高低确实在某种程度上影响了IPO公司管理当局的盈余管理行为，定价管制的程度越高，正向的盈余管理程度也就越普遍，程度也就越高。

需要说明的是，笔者注意到，使用本书度量盈余管理的方法后发现，IPO 公司在发行前一年不仅存在着正向的盈余管理，同时也大量存在着使得收益减少的负向盈余管理行为，这从表 5-2 的描述性结果中可以观察到。本书认为，出现这一结果可能有以下几个方面的原因：首先，我国股票公开发行上市要求公司必须最近 3 年连续盈利，考虑到盈余平滑的需要，尽管一定程度上发行前一年的盈利状况最为重要，但发行前的盈余管理行为可能分布于发行前最近 3 个年度，可能发生的盈余逆转会表现为发行前一年负向的操控性应计。其次，发行前的盈余预测对发行前的盈余管理行为可能具有重要的影响（陈汉文，2000）。张雁翎和彭浩然（2004）认为，盈余预测的契约特征表现为 IPO 公司同投资者以及监管者两个层次的契约关系。尽管 IPO 公司与投资者之间的契约约束力较小，但是其与监管者之间存在的契约相当于一个“强制性的公共契约”，强制性则来自监管者对发行人预测误差可能实施的处罚。本书认为，为了达到盈余预测的目标，发行人可能会在发行前从事负向的盈余管理活动以预留一定的正向盈余管理空间。此外，避免上市后的业绩大幅下滑，维护公司的声誉可能对此也有一定的影响。尽管如此，总的来讲，由于在我国目前研究者似乎更多地关注正向盈余管理动因的研究，因此准确解释 IPO 前收益减少的盈余管理现象仍需进一步探索。

5.4.2　H_2 检验结果

1. 描述性统计和单变量分析

表 5-3 给出了检验 H_2 时多元回归模型变量的描述性统计结果。其中反映盈余管理程度的 |DCA|、|DA1| 和 |DA2| 的均值显示 IPO 前一年操控性的应计利润超过了年初总资产的 10%，最大值甚至占到了总资产的 90% 以上，表明 IPO 公司的盈余管理程度确实较高。较大的标准差则说明样本间盈余管理程度的差异较大。其他自变量的描述性统计结果基本在合理的范围内，一定程度上说明回归结果受异常值的影响较小。值得注意的是，Doroa 的均值为 －0.002，表明发行前两年公司的资产营业利润率差异很小，一个可能的原因是，出于盈余平滑的考虑，IPO 公司管理当局的发行前盈余管理行为可能系统性分布于发行前 3 个年度。

表 5-3 变量的描述性统计结果

Var.	Mean	Std	Median	Max	Min	Q1	Q3
|DCA|	0.120	0.114	0.083	0.729	0.001	0.037	0.168
|DA1|	0.101	0.098	0.077	0.923	0.000	0.030	0.137
|DA2|	0.101	0.095	0.078	0.734	0.000	0.033	0.139
Big10	0.178	0.383	0.000	1.000	0.000	0.000	0.000
Size	19.756	0.986	19.670	24.092	17.218	19.073	20.306
Lev	0.560	0.117	0.581	0.907	0.166	0.485	0.651
GW	0.216	0.307	0.155	2.317	−0.436	0.048	0.306
|Ocf|	0.141	0.113	0.118	0.700	0.000	0.062	0.188
Oroa	0.117	0.058	0.111	0.478	0.010	0.076	0.146
Doroa	−0.002	0.035	−0.002	0.126	−0.234	−0.017	0.016

N=454.

表 5-4 为自变量相关系数表。从结果看所有自变量的相关系数均不超过 0.5，说明回归结果受多重共线性问题的影响较小。在实际的多元回归分析中，表中各变量的 VIF（方差膨胀因子）也均低于 5，说明系数的估计是较为准确的。

表 5-4 自变量相关系数表

	Big10	Size	Lev	GW	|Ocf|	Oroa	Doroa
Big10		0.108	0.039	0.045	0.117	−0.024	−0.115
		(0.021)	(0.405)	(0.337)	(0.013)	(0.607)	(0.014)
Size	0.124		0.401	0.019	0.078	−0.063	0.005
	(0.008)		(<0.0001)	(0.686)	(0.095)	(0.182)	(0.913)
Lev	0.051	0.363		0.022	−0.143	−0.398	−0.008
	(0.281)	(<0.0001)		(0.643)	(0.002)	(<.0001)	(0.870)
GW	0.034	0.016	0.064		0.101	0.064	0.165
	(0.467)	(0.733)	(0.171)		(0.032)	(0.174)	(0.000)
|Ocf|	0.112	0.123	−0.085	0.140		0.360	0.012
	(0.017)	(0.009)	(0.070)	(0.003)		(<.0001)	(0.804)

续　表

	Big10	Size	Lev	GW	|Ocf|	Oroa	Doroa
Oroa	−0.023	−0.042	−0.376	0.036	0.412		0.148
	(0.618)	(0.369)	(<.0001)	(0.440)	(<.0001)		(0.002)
Doroa	−0.099	0.046	0.034	0.176	−0.027	0.125	
	(0.036)	(0.329)	(0.471)	(0.000)	(0.571)	(0.008)	

N=454. 注：右上方为 Spearman 相关系数，左下方为 Pearman 相关系数，括号内为 P 值。

表 5-5 报告了|DCA|、|DA1|和|DA2|全样本及分阶段的分组单变量比较结果。从全样本比较结果看，由“十大”会计师事务所审计的 IPO 公司盈余管理程度均低于非“十大”审计的 IPO 公司，不过只有|DCA|的均值和中值组间差异均在 5%水平上显著。从分阶段的比较结果看，在第一阶段和第二阶段“十大”和非“十大”的组间差异统计上均不显著，而在第三阶段，这种组间差异在统计上是显著的，“十大”审计的 IPO 公司盈余管理程度显著更低。以上分析结果在一定程度上表明，在我国审计质量差异化是否存在可能受研究期间选择的影响。

表 5-5　盈余管理程度的组间均值(中值)比较分析

EM Var.		|DCA|	|DA1|	|DA2|
All Sample	A:Big10=1 (N=81)	0.105 (0.057)	0.081 (0.066)	0.089 (0.072)
	B:Big10=0 (N=373)	0.124 (0.089)	0.105 (0.081)	0.104 (0.080)
	t(z)stat H_0:A−B=0	−2.240** (−2.390**)	−1.250 (−0.913)	−1.350 (−1.827*)
First	A:Big10=1 (N=8)	0.072 (0.050)	0.080 (0.057)	0.082 (0.061)
	B:Big10=0 (N=106)	0.104 (0.071)	0.125 (0.086)	0.121 (0.071)
	t(z)stat H_0:A−B=0	−1.210 (−0.971)	−1.480 (−0.948)	−1.360 (−0.960)

续 表

EM Var.		|DCA|	|DA1|	|DA2|
Second	A:Big10=1 (N=21)	0.108 (0.046)	0.097 (0.091)	0.115 (0.088)
	B:Big10=0 (N=102)	0.119 (0.081)	0.106 (0.084)	0.094 (0.775)
	t(z)stat H_0:A−B=0	−0.380 (−1.361)	0.340 (−0.299)	0.800 (0.460)
Third	A:Big10=1 (N=52)	0.109 (0.073)	0.072 (0.059)	0.080 (0.072)
	B:Big10=0 (N=165)	0.139 (0.127)	0.097 (0.076)	0.099 (0.074)
	t(z)stat H_0:A−B=0	−1.77* (−2.220**)	−2.33** (−1.192)	−1.67* (−0.670)

注:括号内为中值,***,**,*分别表示在1%,5%,10%水平上显著。

2. 多元回归分析

表5-6报告了全样本多元回归分析的结果。无论是用哪一种方法度量盈余管理,Big10的回归系数均为负,这与本书的预期较为一致,但是只有因变量为|DA1|时,在控制了自选择问题可能产生的影响后,Big10在1%水平显著为负,在一定程度上支持H_2。

表5-6 全样本多元回归分析结果

Var.	|DCA|		|DA1|		|DA2|	
	(1)	(2)	(1)	(2)	(1)	(2)
C	0.497*** (0.000)	0.460*** (0.001)	0.196* (0.060)	0.158 (0.148)	0.203** (0.039)	0.186* (0.076)
Big10	−0.021 (0.113)	−0.067 (0.116)	−0.028*** (0.004)	−0.075*** (0.007)	−0.021** (0.030)	−0.042 (0.186)
Size	−0.019*** (0.001)	−0.017*** (0.009)	−0.006 (0.200)	−0.004 (0.383)	−0.007 (0.160)	−0.006 (0.241)
Lev	−0.083 (0.118)	−0.076 (0.154)	−0.005 (0.907)	0.002 (0.975)	−0.013 (0.763)	−0.010 (0.821)
GW	0.081*** (0.004)	0.080*** (0.005)	0.086** (0.025)	0.084** (0.029)	0.075** (0.012)	0.074** (0.014)
Oroa	0.023 (0.843)	0.034 (0.768)	−0.040 (0.671)	−0.028 (0.758)	−0.003 (0.973)	0.002 (0.983)

续　表

Var.	|DCA|		|DA1|		|DA2|	
	(1)	(2)	(1)	(2)	(1)	(2)
Doroa	−0.141 (0.403)	−0.159 (0.344)	−0.146 (0.250)	−0.165 (0.189)	−0.348*** (0.004)	−0.356*** (0.004)
|Ocf|	0.071 (0.390)	0.076 (0.356)	0.305*** (0.000)	0.310*** (0.000)	0.295*** (0.000)	0.297*** (0.000)
Lambda		0.029 (0.247)		0.030* (0.084)		0.013 (0.491)
Adj. R^2	0.095	0.097	0.210	0.213	0.204	0.203
F-Value	6.305***	5.845***	14.408***	13.271***	13.907***	12.558***

N=454. 注：括号内是经 White(1984)异方差调整后的 P 值。***，**，* 分别表示在 1%，5%，10%水平上显著。

表 5-7、表 5-8 和表 5-9 分别为不同发行定价阶段的回归分析结果。从表 5-7 的结果来看，所有回归的结果完全一致，即 Big10 与反映盈余管理程度的 3 个替代变量均无显著负相关关系。这表明在第一阶段，即 1998 年和 1999 年“十大”和非“十大”审计师之间并不存在明显的审计质量差异化。

表 5-7　第一阶段的回归分析结果

Var.	|DCA|		|DA1|		|DA2|	
	(1)	(2)	(1)	(2)	(1)	(2)
C	0.114 (0.538)	0.126 (0.540)	0.059 (0.771)	0.113 (0.628)	0.132 (0.487)	0.194 (0.368)
Big10	−0.009 (0.774)	0.008 (0.927)	−0.027 (0.508)	0.046 (0.595)	−0.023 (0.529)	0.060 (0.440)
Size	0.004 (0.640)	0.004 (0.729)	0.003 (0.788)	0.000 (0.980)	−0.001 (0.883)	−0.005 (0.651)
Lev	−0.215** (0.037)	−0.214** (0.038)	−0.104 (0.353)	−0.103 (0.359)	−0.095 (0.319)	−0.094 (0.325)
GW	0.151*** (0.006)	0.151*** (0.006)	0.191** (0.014)	0.190** (0.015)	0.154** (0.010)	0.153** (0.010)
Oroa	0.181 (0.266)	0.180 (0.272)	0.249 (0.210)	0.245 (0.222)	0.179 (0.325)	0.175 (0.343)
Doroa	−0.274 (0.429)	−0.275 (0.430)	−0.007 (0.979)	−0.011 (0.969)	−0.206 (0.404)	−0.210 (0.392)
|Ocf|	−0.088 (0.306)	−0.088 (0.309)	0.165 (0.206)	0.164 (0.208)	0.194 (0.111)	0.194 (0.112)

续 表

Var.	|DCA|		|DA1|		|DA2|	
	(1)	(2)	(1)	(2)	(1)	(2)
Lambda		−0.008 (0.855)		−0.037 (0.433)		−0.042 (0.306)
Adj. R^2	0.287	0.281	0.328	0.324	0.302	0.300
F-Value	6.690***	5.895***	7.880***	7.016***	7.109***	6.382***

N=114. 注:括号内是经 White(1984)异方差调整后的 P 值。***,**,*分别表示在 1%,5%,10%水平上显著。

从表 5-8 的回归结果看,|DCA|和|DA2|为因变量的回归结果保持一致,Big10 的系数均缺乏统计显著意义,表明"十大"和非"十大"之间仍未表现出明显的审计质量差异化。但是以|DA1|为因变量,在控制了自选择问题可能产生的影响后,Big10 的系数在 1%水平显著为负。由于使用不同的因变量无法得出一致的结论,所以看上去在第二阶段,即 2000 年和 2001 年,"十大"和非"十大"审计质量是否确实存在差异难以获得有力的证据支持。在一定程度上,也可以这样说,即在 2000 年和 2001 年期间,"十大"与非"十大"事务所之间的审计质量差异仍然不够明显。结合第 4 章的研究结论,表 5-8 的结果某种程度上也解释了为什么在市场化定价阶段并不存在对高质量审计的信号显示需求的原因。

但是这一状况在第三阶段,即 2002 年以后发生明显的改观。从表 5-9 的回归分析结果看,无论使用何种盈余管理度量方法,在控制了自选择问题产生的影响后,Big10 均显著为负。一致性的结果表明,2002 年以后,"十大"与"非十大"事务所的审计质量存在系统性的差异,大规模事务所能够更为有效地抑制公司管理当局的盈余管理行为。

表 5-8 第二阶段的回归分析结果

Var.	|DCA|		|DA1|		|DA2|	
	(1)	(2)	(1)	(2)	(1)	(2)
C	0.461 (0.117)	0.455 (0.147)	0.038 (0.818)	0.005 (0.973)	0.038 (0.819)	0.023 (0.888)
Big10	−0.014 (0.608)	−0.047 (0.659)	−0.008 (0.716)	−0.165*** (0.001)	0.000 (1.000)	−0.073 (0.369)

续　表

Var.	|DCA|		|DA1|		|DA2|	
	(1)	(2)	(1)	(2)	(1)	(2)
Size	−0.019 (0.186)	−0.018 (0.232)	−0.002 (0.819)	0.000 (0.963)	0.000 (0.979)	0.001 (0.871)
Lev	−0.011 (0.933)	−0.006 (0.967)	0.089 (0.228)	0.115* (0.089)	0.021 (0.800)	0.033 (0.725)
GW	0.037 (0.204)	0.036 (0.218)	0.018 (0.306)	0.014 (0.405)	0.019 (0.248)	0.017 (0.289)
Oroa	−0.117 (0.663)	−0.115 (0.670)	−0.213 (0.280)	−0.206 (0.234)	−0.193 (0.362)	−0.190 (0.359)
Doroa	0.230 (0.470)	0.200 (0.538)	−0.058 (0.807)	−0.203 (0.253)	−0.310 (0.105)	−0.377** (0.047)
|Ocf|	0.350 (0.106)	0.357 (0.105)	0.475*** (0.000)	0.512*** (0.000)	0.462*** (0.000)	0.479*** (0.000)
Lambda		0.020 (0.766)		0.098*** (0.001)		0.046 (0.336)
Adj. R^2	0.050	0.043	0.300	0.359	0.297	0.305
F-Value	1.808	1.613	7.527	8.579	7.443	6.944

N=123. 注：括号内是经 White(1984)异方差调整后的 P 值。 ***，**，* 分别表示在 1%,5%,10%水平上显著。

综合全样本以及分阶段的回归分析结果，可以得出以下结论：在我国，按规模区分的不同审计师类型是否存在审计质量差异化，在不同的时期结论并不相同，在 2002 年以前系统性的审计质量差异化并不明显，而在 2002 年以后大规模审计师所提供的审计质量要系统性地高于小规模审计师。

本书认为，之所以出现这样的结果，正如前文所述，原因在于我国经济转型和新兴市场的特征决定了证券审计市场的发展同样处于迅速演进的状态之中，会计师事务所是否会进行差异化自身的努力，则归根结底取决于其差异化自身的行为是否能够获得市场的认同，并能够在弥补差异化成本的基础上实现其收益最大化目标。

我国转型经济和新兴市场的背景决定了制度的变迁和更迭更为迅速，同时也决定了影响审计质量的需求和供给方力量会随着时间的推移而发生较大的变化。第 4 章的研究结果表明，在我国随着市场化进程的加快，出于减轻代理成本和信号显示的需要，自发的高质量审计需求开始日益显现，而这正是事务所从事审计质量差异化的动力所在。对照本章和第 4 章的研究结果，研究结论表现出高度的统一性，即审计质量差异化是与自发的高质量审计需求相联系的。此外，需要说明的一点是，表 5-6、表 5-7、表 5-8 和表 5-9 的回归分析结果表明，控制变量 GW 的系数显著为正，并保持了一定的稳定性，表明成长性越高的公司盈余管理程度越高。这一结果符合 Ghosh & Moon(2003)的预期。

表 5-9 第三阶段的回归分析结果

Var.	|DCA|		|DA1|		|DA2|	
	(1)	(2)	(1)	(2)	(1)	(2)
C	0.692*** (0.000)	0.616*** (0.001)	0.086 (0.467)	0.035 (0.779)	0.128 (0.283)	0.085 (0.503)
Big10	−0.020 (0.231)	−0.093* (0.076)	−0.036*** (0.001)	−0.086** (0.020)	−0.030** (0.012)	−0.072* (0.071)
Size	−0.027*** (0.001)	−0.023** (0.011)	−0.003 (0.588)	−0.001 (0.939)	−0.006 (0.370)	−0.003 (0.629)
Lev	−0.039 (0.566)	−0.025 (0.708)	0.021 (0.710)	0.030 (0.572)	0.027 (0.642)	0.035 (0.531)
GW	0.083** (0.012)	0.077** (0.019)	0.059** (0.035)	0.055* (0.049)	0.056* (0.059)	0.052* (0.075)
Oroa	0.100 (0.590)	0.126 (0.499)	0.030 (0.835)	0.047 (0.735)	0.100 (0.492)	0.114 (0.419)
Doroa	−0.427* (0.094)	−0.440* (0.083)	−0.233 (0.250)	−0.242 (0.238)	−0.395 (0.100)	−0.403* (0.095)
|Ocf|	−0.044 (0.707)	−0.029 (0.800)	0.241*** (0.005)	0.250*** (0.004)	0.221 (0.016)	0.230 (0.015)
Lambda		0.049 (0.120)		0.033 (0.145)		0.028 (0.250)
Adj. R^2	0.081	0.086	0.146	0.150	0.128	0.129
F-Value	3.121***	3.037***	5.118***	4.810***	4.524***	4.194***

N=217. 注：括号内是经 White(1984)异方差调整后的 P 值。***，**，* 分别表示在 1%，5%，10%水平上显著。

3. 对第三阶段区分盈余管理方向的补充检验

以上研究结果表明，在控制市盈率定价阶段，大规模会计师事务所能够有效地降低盈余管理程度。那么一个令人感兴趣的问题是，由于在我国 IPO 过程中制度诱发型盈余管理的目的在于夸大发行前收益以提高发行价格，最大化发行收入。那么高质量审计师在对 IPO 公司审计时，是否更为关注收益增加的盈余管理行为呢？

为此，本书以区分盈余管理的方向，对第三阶段进行重新检验。表 5-10 和表 5-11 给出了分盈余管理方向的回归结果。从表 5-10 的回归结果看，对于正向盈余管理，只有在 DCA 为因变量时，控制自选择问题后，Big10 在 10％水平显著为负。而从表 5-11 的回归结果看，对于负向盈余管理，当以 DA1 和 DA2 为因变量时，Big10 在 1％水平显著为正。以上结果一定程度上说明，在 IPO 过程中，高质量审计师并没有对正向的盈余管理行为给予特别的关注。

表 5-10　第三阶段正向盈余管理的回归分析结果

Var.	DCA＞0(N＝135)		DA1＞0(N＝96)		DA2＞0(N＝107)	
	(1)	(2)	(1)	(2)	(1)	(2)
C	0.714*** (0.003)	0.607** (0.023)	－0.025 (0.806)	0.032 (0.782)	0.263* (0.072)	0.302** (0.039)
Big10	－0.022 (0.334)	－0.131* (0.073)	－0.008 (0.412)	0.038 (0.372)	－0.007 (0.649)	0.025 (0.614)
Size	－0.030** (0.010)	－0.023* (0.070)	0.001 (0.779)	－0.002 (0.708)	－0.013* (0.073)	－0.015** (0.039)
Lev	－0.002 (0.986)	0.003 (0.971)	0.010 (0.809)	0.010 (0.815)	0.071 (0.162)	0.071 (0.164)
GW	0.061 (0.141)	0.056 (0.179)	0.087*** (0.006)	0.088*** (0.007)	0.098** (0.038)	0.100** (0.037)
Oroa	0.278 (0.293)	0.306 (0.245)	0.747*** (0.000)	0.747*** (0.000)	0.355** (0.034)	0.348** (0.034)
Doroa	－0.166 (0.734)	－0.245 (0.619)	－0.402** (0.018)	－0.380** (0.039)	－0.391 (0.119)	－0.377 (0.141)
Ocf	－0.116 (0.451)	－0.094 (0.540)	－0.548*** (0.000)	－0.560*** (0.000)	－0.195* (0.081)	－0.199* (0.088)
Lambda		0.068* (0.096)		－0.030 (0.289)		－0.021 (0.497)
Adj. R^2	0.046	0.057	0.547	0.551	0.137	0.132
F-Value	1.722	1.815	13.731	12.638	2.863	2.607

注：括号内是经 White(1984)异方差调整后的 P 值。***，**，* 分别表示在 1％，5％，10％水平上显著。

表 5-11　第三阶段负向盈余管理的回归分析结果

Var.	DCA<0(N=82)		DA1<0(N=121)		DA2<0(N=110)	
	(1)	(2)	(1)	(2)	(1)	(2)
C	−0.631*** (0.004)	−0.624** (0.010)	−0.143 (0.488)	−0.064 (0.757)	−0.064 (0.773)	0.027 (0.904)
Big10	0.019 (0.423)	0.026 (0.701)	0.040*** (0.007)	0.163*** (0.001)	0.049*** (0.002)	0.185*** (0.001)
Size	0.026** (0.019)	0.025** (0.032)	0.004 (0.683)	0.001 (0.954)	−0.001 (0.917)	−0.005 (0.649)
Lev	−0.006 (0.966)	−0.009 (0.947)	0.090 (0.282)	0.046 (0.545)	0.112 (0.233)	0.056 (0.512)
GW	−0.117** (0.045)	−0.117** (0.048)	−0.059** (0.045)	−0.045 (0.104)	−0.024 (0.452)	−0.007 (0.809)
Oroa	0.325 (0.167)	0.320 (0.189)	0.344 (0.155)	0.303 (0.202)	0.359 (0.132)	0.301 (0.199)
Doroa	0.854*** (0.005)	0.855*** (0.005)	0.513 (0.168)	0.494 (0.181)	0.570 (0.139)	0.553 (0.148)
Ocf	−0.147 (0.143)	−0.148 (0.148)	−0.591*** (0.000)	−0.634*** (0.000)	−0.598*** (0.000)	−0.643*** (0.000)
Lambda		−0.005 (0.910)		−0.082 (0.007)		−0.090 (0.005)
Adj. R^2	0.100	0.087	0.344	0.373	0.322	0.355
F-Value	1.998	1.774	7.995	8.152	6.748	7.006
N	82		121		110	

注：括号内是经 White(1984)异方差调整后的 P 值。 ***，**，* 分别表示在 1%，5%，10%水平上显著。

4. 敏感性测试

为了保证研究结论的可靠性，笔者做了一个重要的敏感性测试，关于事务所规模的替代选择。与第 4 章相同，本书分别采用以下度量方法来对事务所规模变量进行敏感性测试（限于篇幅，敏感性测试的结果没有加入此报告）：

一是考虑到 IPO 公司观察到的事务所类型可能并非是基于当年事务所的市场份额，因此本书以 IPO 前一年的事务所市场份额为依据区分“十大”和非“十大”，重新回归的结果基本稳定。仍需要说明的是，正如李树华(2000)所言，“十大”和非“十大”之分带有较大的主观成分。因此本书尝试将“十大”拓展至“十三大”和“十五大”后，发现研究结论仍基本不变。

二是本书以 2003 年 2 月 28 日，中国证监会发行监管部门在《股票发行审核标准备忘录第 16 号——首次公开发行股票的公司专项复核的审核要求》中指定的 15 家具备专项复核资格的事务所作为高质量审计师的替代变量。研究结果仍然保持了较高的稳定性。该敏感性测试的结果具有一定的政策意义，在一定程度上表明监管部门在确定具有专项复核资格的会计师事务所时，事务所的审计质量是其重要的决策依据。

5.5　研究结论

本书以我国 1998—2004 年间 A 股 478 家 IPO 公司为研究样本，考察 IPO 发行定价制度变迁、盈余管理与审计质量之间的关系。对 IPO 定价制度变迁与盈余管理关系的研究，结果表明制度诱发型盈余管理行为会随着制度的变迁而发生变化，在 IPO 定价制度发生变化时，有较弱的证据支持定价管制程度的下降会导致收益增加的盈余管理程度随之下降，具体表现为在 15 倍市盈率定价阶段收益增加的盈余管理程度最高，控制市盈率定价阶段次之，市场化定价阶段最低。

对事务所规模与盈余管理关系的研究，结果表明在控制了自选择问题的影响后，与小规模会计师事务所（非“十大”）相比，大规模会计师事务所（“十大”）能够更为有效地抑制 IPO 过程中的盈余管理，提供更高的审计监督强度、更高的审计质量。不过，这种显著性的差异仅仅体现控制市盈率定价阶段（即 2001 年以后），在 15 倍市盈率定价阶段（1998—1999），大规模事务所与小规模事务所所提供的审计监督强度并无显著差异，而在市场化定价阶段（2000—2001），两者之间的差异仍不够明显。此外，研究结果还发现，即便在 2001 年以后，也没有证据表明在 IPO 过程中高质量审计师更为关注收益增加（即正向）的盈余管理行为。

IPO 定价制度变迁、审计师声誉与 IPO 抑价

第 6 章

在本书第 2 章的审计质量研究框架中，审计质量的产品包括信息质量和信息可信性。由于高质量的审计活动能够显著提高会计信息的可信性，从而具有明显的经济后果，如资源的优化配置、融资成本的降低等。本章以我国 IPO 定价制度的变迁为研究背景，实证检验我国审计师声誉与 IPO 抑价之间的关系，以对审计质量的经济后果进行考察。

6.1　目前国内关于审计质量经济后果的实证研究进展

目前国内关于审计质量经济后果的实证研究文献较少，其中在 IPO 市场方面，胡旭阳(2003)以 1997 年至 2001 年上半年间深沪 578 家 IPO 公司为样本，检验了中介机构声誉与 IPO 抑价之间的关系。研究结果表明，作为市场中介机构的会计师事务所和承销商的声誉高低均与抑价程度无显著相关关系。陈海明和李东(2004)则以 1996 年 1 月至 2003 年 3 月间 507 家 IPO 公司为样本，检验了会计师事务所声誉假说。研究结果表明，中外合资和合作的知名事务所作为主审计师的 IPO 公司的新股发行抑价相对较低，而国内"十大"知名事务所所审 IPO 公司的抑价程度反而更高。李常青和林文荣(2005)以 1999 年 7 月至 2002 年 12 月间沪深 312 家 IPO 公司为样本，考察了会计师事务所声誉与 IPO 抑价之间的关系。研究结果表明，发行规模与初始收益率显著负相关，但没有获得事务所声誉能够降低 IPO 抑价的证据。

除 IPO 市场外，王艳艳和于李胜(2006)以我国 2001—2004 年间 A 股上市公司中信息不对称严重的公司为研究样本，考察了事务所声誉与权益资本成本之间的关系。研究首先将市场交易量与前 5 年的盈余变化额的标准差回归的残差作为信息不对称的代理变量(Bartov & Bodnar，1996)，以此确定信息不对称严重的样本公司；其次根据 Ohlson(1995)发展的"剩余收益贴现模型"和 GLS 模型计算权益资本成本，多元回归分析的结果表明，在信息不对称程度较高的企业中，可以通过选择"四大"、国内"十大"和具有专项复核资格的事务所，向市场传递信号，以减少信息不对称，从而降低权益资本成本。江伟(2007)同样以 2001—2004 年间我国 A 股上市公司为样本，考察了审计质量对我国上市公司长期债务融资的影响。研究结果表明，高质量审计师(国内"十大")有助于上市公司获得更多的长期债务融资；并且进一步的研究发现，在我国上市公司中及在金融发展水平较高的地区，高质量的审计对上市公司获得长期债务融资的作用有所减弱。作者认为在法律体系不健全和公司治理不完善的情况下，高质量的审计可以作为一种替代机制，从而帮助企业获得长期债务融资。

在上市公司方面，王艳艳和于李胜（2006）及江伟（2007）的研究获得了较为一致的证据说明审计质量具有显著的经济后果，高质量（或者高声誉）的审计师有助于减少信息不对称，从而降低企业的融资成本。但是在 IPO 市场方面，研究结果大都表明审计师声誉与 IPO 抑价无显著相关关系，但是以上 3 篇研究的一个共有缺陷是在一个相对较长的时期内，没有考虑我国 IPO 定价制度变迁可能产生的影响。

6.2 理论分析与研究假设

6.2.1 信息不对称与我国 IPO 市场的抑价现象

1. 关于 IPO 抑价的理论解释

IPO 抑价（也称为初始回报率，文中交替使用），是指新股发行上市后，二级市场的首日交易价格大于一级市场发行价格的现象。一般地，二级市场被认为是一个价格发现功能更强的市场，所以当一、二级市场出现价格差异时，人们往往认为二级市场是有效的，而一级市场的发行价格存在抑价现象。自从 Stoll & Curley（1970）、Logue（1973）、Reilly（1973）和 Ibbotson（1975）最早发现美国 IPO 市场存在抑价现象以来，其他研究者发现这一现象在世界范围内普遍存在。金融学对于高收益率的基本解释是风险溢价和流动性溢价，但对于如此之高的 IPO 初始收益率水平，研究者通常都认为风险和流动性似乎都不足以充分解释。已有的研究主要是从信息不对称的角度来解释 IPO 抑价现象。研究者认为在 IPO 市场的参与者发行人、承销商、投资者（机构投资者以及其他投资者）、公司管理层等之间存在着广泛的信息不对称，而关于抑价的理论解释通常是在这些参与者之间寻找不同的组合，再从双方信息差异的角度展开分析，从而形成了不同的理论假说（Ritter & Welch，2002；贾春新和刘力，2006）。代表性的观点包括：

（1）基于发行人与投资者之间的信息不对称——信号传递假说。

该假说认为，由于股票的风险和收益取决于公司的实际经营状况，所以关于 IPO 股票价值发行人比投资者要具有信息优势（Allen & Faulhaber，1989；Welch，1989；Grinblatt & Hwang，1989；Chemmanur，1993），这将导致 IPO 市场出现典型的“柠檬”问题，即只有低于平均质量的公司才愿意以平均价格出售其股票。为了向投资者传递关于股票质量的信息，高质量的公司有意将 IPO 价格定低，尽管这会使得发行公司在 IPO 时蒙受一定的损失，但公司在将来按照较高的二级市场价格增发新股时，可以筹得更多的资金；而低质量的公司很可能无法通过在未来的二级市场增发新股收回 IPO 低定价时所付出的成本，因此难以模仿高质量公司的这种做法，这就使得 IPO 抑价成了发行人向投资者传递公司质量信息的一个信号。

（2）基于承销商与发行人之间的信息不对称。

Baron（1982）最早提出了该假说，他认为承销商要比普通企业的发行人拥有更多关于股票价格的信息，但两者之间的委托代理关系存在着利益冲突。对承销商而言，高价发行可能会导致发行失败并对其声誉造成负面影响，因而其有动力压低发行价格。而对于发行人而言，其监督承销商同样需要付出成本。在发行人与承销商关于发行价格制订的博弈过程中形成了 IPO 抑价。

（3）基于投资者之间的信息不对称——“赢者诅咒”假说。

Rock（1986）认为，IPO 过程中的投资者具有异质性，如机构投资者和散户之间，由于信息搜寻是有成本的，所以投资者可以分为两类：有信息的投资者和无信息的投资者。对于有信息的投资者而言，由于其更为了解 IPO 股票的实际价值，所以只会购买定价低于股票价值的 IPO 股票；而对于无信息的投资者，由于不了解 IPO 股票的实际价值，所以只能对所有发行的股票进行申购。这样 IPO 定价高的股票通常有较高的比例为无信息投资者所购买。Rock（1986）将该现象称为“赢者诅咒”，这使得理性的无信息投资者可能会因此退出发行市场，即导致优势信息投资者挤出无信息投资者。为了吸引无信息投资者的参与以保证发行成功，发行人需要采取抑价发行策略，将抑价视为对无信息投资者可能申购到高价股票的一种补偿。Beatty & Ritter（1986）扩展了 Rock 模型，他们认为 IPO 抑价程度和发行公司的事先不确定性（ex ante uncertainty）正相关，发行公司的价值不确定性越大，则信息的价值、无信息投资者的偏见及必要的折价将会越高。

(4)基于承销商与投资者之间的信息不对称——动态信息收集假说。

在累积订单询价制中，根据投资者与承销商之间的关系，可以将市场中的投资者分为两类：一类是与承销商保持着良好的长期关系，持股时间较长的机构投资者；另一类是与承销商为临时关系，持股时间较短的散户投资者。承销商新股定价的依据主要来自机构投资者的需求信息，其向机构投资者询价的过程是一个动态的多期博弈过程，为了保证机构投资者报出真实的需求价格信息后仍能够获利，承销商只能抑价发行股票(Benveniste & Spindt，1989；Benveniste & Wilhelm，1990；Spatt & Srivastava，1991)。

尽管大多数研究者普遍接受市场参与者之间的信息不对称是引起 IPO 抑价的重要原因(Ritter & Welch，2002)，然而围绕以上基于信息不对称所构建的理论假说，研究者所获得的实证证据并不一致。关于信号传递假说，Welch(1989)的研究表明，确实有大量的 IPO 公司在首次公开发行后有再次发行活动。但是 Jegadeesh et al. (1993)的研究却发现，究竟是市场反馈效应还是发行人 IPO 初期的发行计划促使了以后的再次发行活动很难区分，因为其研究发现在促使未来再次发行方面，IPO 初始收益率与首日后的市场收益率一样有效。此外，Michaely & Shaw(1994)采用了联立方程对 IPO 抑价现象进行研究，对于抑价程度更高的 IPO 样本，研究并没有发现其有更高的二次发行趋势。对于承销商与发行人之间信息不对称假说，在 20 世纪下半叶大量的投资银行上市，但是 Muscarella & Vetsuypens(1989)的研究却发现投资银行自身的发行同样存在着 IPO 抑价现象。对于“赢者诅咒”假说，Koh & Walter (1989) 、Keloharju(1993) 、Ridder(1986) 、Levis (1990) 、Sternberg & Hanley(1991) 分别对新加坡、芬兰、瑞典、英国、美国的 IPO 市场进行了实证考察，但并未获得一致的结论。对于动态信息收集假说，尽管不少研究获得了相应的实证证据(Michaely & Shaw，1994；Lee、Taylor、Walter，1999；Cornelli & Goldreich，2001)，但是动态信息假说暗含着当承销商能够彻底探究上百个潜在投资者的需求和价格信息时，个别投资者提供的信息就并不显得有价值了。因此该假说并不能对 IPO 折价现象做出全面的解释。

2. 信息不对称与我国 IPO 市场的抑价现象

自 1990 年和 1991 年底我国沪深股市设立以来，新股发行上市首日超高的初始收益率现象就一直存在。本书第 3 章表 3-2 统计的结果显示，在

1993—2001 年期间，我国 A 股 IPO 市场首日回报率均值高达 269%，如此之高的首日回报率引起了国内外学者的广泛关注。至于我国 IPO 市场超高初始收益率的成因，研究者的观点莫衷一是，其中最具代表性观点包括两个方面：一是超高的初始收益率是由于我国新股发行的行政性定价管制所致；二是将原因归结为我国经济转型的过程伴随着高度的内在经济不确定性，我国金融市场的基本特征之一就是高度的信息不对称。我国 IPO 市场超高初始收益率是由于高度的信息不对称所致。

Mok & Hui(1998)较早对我国沪市 1992 年 5 月至 1993 年 12 月 31 日上市的 101 只 A 股和 22 只 B 股进行了研究。结果发现 A 股平均的超额收益为 289% ，B 股为 26% 。研究结果表明，信息不对称能够解释 A、B 股新股初始超额收益存在巨大差异的原因。Su & Fleisher(1999)在考察了我国深、沪两市 1987 年 1 月 1 日－1995 年 12 月 31 日发行的 308 只新股后发现，新股平均首日收益为 948% ，他们认为这是由于中国经济转型过程中的信息不对称和政策不确定等造成的。从以上两篇研究的结果看，国外学者对于我国早期 IPO 市场初始报酬率的解释基本是从传统的信息不对称的角度来进行的。

国内学者的研究则更多地从我国特殊的制度背景出发，关注制度因素，尤其是股票发行定价制度对于初始回报率的影响。王晋斌(1997)的研究最早从股票发行定价制度的角度解释了我国 IPO 抑价的成因。研究以 1997 年 1 月 8 日至 6 月 27 日沪市 52 只股票为样本，结果表明风险与初始收益率正相关，但解释能力不足 10%，预期股利、发行规模、公司规模、宏观经济景气指标、中签率以及承销的方式对初始收益率无显著影响。作者认为其研究期间审批制下发行市盈率“一刀切”的新股发行定价办法导致了初始发行超额收益率。此后，李博和吴世农(2000)则以 1996－1999 年 543 家 IPO 公司为样本，研究发现在此期间股票初始收益率均值为 129.8%。根据研究结果，作者认为我国 IPO 定价偏低的原因主要是股票发行市场的制度性缺陷和股票二级市场的运行及投资者的投机行为共同作用的结果。杜莘等(2001)以 1995 年 1 月至 1998 年 5 月上市的 472 家 A 股 IPO 公司为样本，研究结论认为发行市盈率受到限制，二级市场价位的抬升无法带动发行价格上升，这是造成研究期间初始回报率居高不下的主要原因。并且研究中不能剔除代表发行时间的虚拟变量，原因在于造成高初始回报率的原因在不同时期有差异。浦剑悦和韩杨(2002)以 2000 年 1 月至 2001 年 8 月 193 家 IPO 公司为样本,采用单变量分析方法的研究结果表明,Rock 模型和信号传递模型都不能用来解释我国 IPO 抑价现象。于增彪和梁文涛(2004)以 1992 年 1 月 1 日－2001 年 12 月 31 日间上市的 1126 家 IPO 公司为样本,考察了股票发行定价体制与 IPO 抑价之间的关系。研究结果表明,核准制发行方式下 IPO 公司股票与审批制发行方式下 IPO 公司股票在上市首日初始收益率上无显著差异。蒋顺才等(2006)以 1991—2005 年沪深 1230 家 IPO 公司为样本,研究结果认为发行审核制度变迁是影响我国 A 股 IPO 首日收益率的主要因素。肖曙光和蒋顺才(2006)则以 1990 年沪深交易所设立至 2003 年 12 月 31 日上市的 1137 家公司为样本,从制度变迁的角度考察了影响 IPO 抑价现象的制度因素。作者认为将我国 IPO 制度总体上分为四个时期:审批制以前不规范阶段、审批制后期、通道核准制及保荐核准制,制度的变迁显著影响了 IPO 交易成本,而抑价水平则是 IPO 交易成本的综合体现,我国 IPO 制度总体上是向着市场化方向迈进,在这一过程中抑价水平总体上呈现出下降趋势。研究所获得的证据基本支持了作者的观点。郁桦君(2005)以 2001 年 11 月 1 日至 2005 年 6 月 30 日沪深 258 家 IPO 公司为样本考察了询价制实施的效果。研究结果表明,询价制度并未使 IPO 效率获得大幅提高,首日及首周平均收益率仍处于较高水平。作者认为询价制度仍需要进一步完善。

尽管以上学者的研究将我国 IPO 抑价的成因基本归结为制度因素,尤其是股票发行定价制度,但是也有众多的学者从信息不对称的角度,同时结合了我国的特殊制度因素,对我国的 IPO 抑价现象进行了解释。陈工孟和高宁(2000)以 1991－1996 年间 514 家 A 股 IPO 公司及 85 家 B 股 IPO 公司为样本,研究结果表明,B 股的抑价情况与 A 股差别很大,平均抑价率只有 26%。而 A 股抑价的原因主要有两个方面:一是从发行到上市较长的时间间隔导致公司的风险较高;二是后续融资的需要。此外作者认为 A 股抑价可能是企业经营者的有意决策。刘力和李文德(2000)以沪深 1991－1999 年间 781 家 IPO 公司为样本,研究结果表明,新股首日超额收益率超过 130%,但随着时间的推移,首日收益率总体上有下降的趋势,但起伏较大。而首日换手率过高,则说明 IPO 市场中充斥着大量的短期寻利者,新股发行中存在着过度反应现象。此外,研究发现首日收益率同发行间隔、流通股比例、上市后第一个交易月内股价标准差正相关，与筹资规模等负相关，这表明 A 股过高的收益率部分是由于这一市场较大的不确定性引起的。韩德宗和陈静(2001)以 1997 年 1 月—1999 年 12 月沪深 379 家 IPO 公司为研究样本，研究结果表明，一定程度上我国 IPO 市场存在"热发(hot issue)"现象，公司特定风险与 IPO 抑价显著正相关说明信息不对称是 IPO 抑价的一个重要影响因素。此外发行规模也与抑价显著负相关，说明二级市场存在投机泡沫现象，而发行方式则与抑价无显著相关关系。杨丹和王莉(2001)则以 1998 年 1 月 1 日—2000 年 12 月 31 日沪深 255 家 IPO 公司为样本，研究发现两个市场的新股抑价程度均可以用信息不对称假说来解释，在用于解释的变量中，新股的发行规模、发行市盈率、发行前一年的每股收益及发行前市场状况 4 个变量在描述假说中的事先不确定性是显著有效的。靳云汇和杨文(2002)以沪市 1996 年 1 月 1 日—2001 年 9 月 1 日发行的 441 家 A 股公司为样本，研究认为在 2000 年以前，由于低市盈率为特征的计划价格发行方式导致了超高的新股初始收益率，抑价水平不是市场化因素选择的结果。而 2000 年以后，信息不对称假说可以解释我国的新股抑价现象。Su(2004)以我国 1994 年 1 月—1999 年 12 月 587 家 IPO 公司为样本，考察了信息不对称假说及信号传递假说。研究结果表明，IPO 抑价与事先不确定性的替代变量显著相关，并且一定程度上 IPO 抑价可以用信号传递假说进行解释。作者认为，总的来说其研究结论符合"赢者诅咒"假说和信号传递模型的预期。

此外还有部分研究从市场供求、二级市场状况的角度对我国 IPO 抑价的成因进行了考察。宋逢明和梁洪昀(2001)以 1999 年 1 月 1 日—12 月 16 日上市的 95 家 IPO 公司为样本，研究结果表明，取消市盈率限制后个股间发行市盈率水平仍未显著拉开，初始报酬率均值为 113.8%，仍处于很高水平，影响初始回报的主要因素则主要来自二级市场的总体状态，如股价总体水平、行业影响等。李翔和阴永晟(2004)以 1997 年 1 月 1 日—2003 年 3 月 18 日沪深 743 家 IPO 公司为样本，考察了发行管制变迁下我国股市 IPO 的抑价问题。研究结果表明，对发行的管制并不是影响我国首日回报率过高的主要因素，控制了其他影响因素后放开管制时期仍然比前后两个管制时期有更高的首日回报率。研究认为新股首日的高回报主要是由于市场的供求矛盾所决定的。杨丹(2004)以沪深股市设立至 2000 年 12 月 1053 家

IPO公司为样本,从政府管制股票供给的角度,考察了上市公司的壳资源价值与新股发行定价的关系,研究认为政府管制形成了中国特有的上市公司壳资源价值,发行公司在一级市场通过寻租取得壳资源,在二级市场变现,这是导致一、二级市场价差的根本原因。研究结果表明,稀缺性程度指标与首日收益率显著相关。从而支持了文章的研究假设。此外研究还发现首日收益率与发行市盈率在5%水平显著正相关,作者认为市盈率倍数限制使得发行市盈率高的股票因未能定到合理的高价而使得抑价程度更高。

综合以上关于我国IPO抑价现象成因的研究结果,总的来说,可以看出:(1)我国股票发行定价的行政性管制和经济转型过程中IPO市场高度的信息不对称是我国IPO抑价的基本成因,对我国超高的IPO抑价现象都有较强的解释力,这表明转型时期我国IPO抑价基本上主要由两部分组成——管制性(制度性)抑价和信息不对称抑价;(2)随着时间的推移、市场化水平的提高,制度因素对于IPO抑价的解释力在下降,而信息不对称对于抑价的解释力在上升,两者对于抑价解释的相对重要性发生了逆转,这个分界线可能在2000年前后,与《证券法》的出台和新股发行定价进行市场化改革有关。

以上分析对于本书关于审计师声誉与IPO抑价关系的研究是重要的。通俗来讲,如果IPO抑价的成因是由于制度性因素造成的,那么对发行人而言,抑价所造成的财富损失也就是不可避免的。在这种情形下,发行人的任何努力都是徒劳的,包括对高质量审计师的选择。这也是为什么李树华(2000)将其研究期间(1993—1996)新股发行定价制度视为IPO公司排斥高质量审计师的首要原因。以上关于我国IPO抑价现象的研究表明2000年以后,市场参与者之间的信息不对称对于抑价现象具有较强的解释力,这使得本书的研究成为可能,也是本文研究的理论基础之一。

6.2.2 定价管制程度、审计师声誉与IPO抑价

在经典代理文献中,外部独立审计被认为是用来减少经理人与所有者之间代理成本的制度安排(Jensen & Meckling,1976;Watts & Zimmerman,1983)。由于不同公司代理冲突的程度和性质不尽相同,所以所需求的审计服务也是异质性的。异质性审计服务需求的存在导致会计师事务所进行声誉资本投资以提供差异化审计质量(DeAngelo,1981)。而正是审计质量差异化推动

了 IPO 市场中发行人的审计师选择(Simunic & Stein,1987)。如前所述,由于非上市公司面临的信息披露要求极为有限,IPO 市场被认为存在更为严重的信息不对称问题。发行人、承销商以及投资者之间的信息不对称则会导致新股抑价发行,并且抑价的程度与发行公司先验价值不确定性存在正相关关系(Baron,1982;Rock,1986;Beatty & Ritter,1986)。抑价的存在导致财富从发行人向投资者转移,因此发行人有强烈的动机降低抑价程度以最大化发行收入。由于已审财务会计信息是 IPO 公司信息披露内容的重要组成部分,所以审计师的选择对于新股发行定价显得格外重要。

从信息不对称的角度看,关于审计师声誉与 IPO 抑价关系的解释有两种,且基本立足点均在于高质量的审计活动,这意味着更高的信息披露质量。第一种解释从信号显示的角度来考虑。由于信息不对称与 IPO 抑价存在正相关的关系,无疑所有 IPO 公司的在位所有者都有动机披露"低"的先验价值不确定性,而对于那些事先不确定性确实"高"的公司来说,则有更强烈的动机进行虚假报告(Beatty,1989)。为避免逆向选择问题,拥有有利私人信息的发行人有动机选择"信号"以差异化自身,可选择的信号之一就是审计师声誉(Titman & Trueman ,1986;Dater et al. ,1991)。审计师声誉之所以可以作为信号传递机制,原因在于:一方面,高声誉的审计师在提供与公司价值相关的信息质量方面具有比较优势。通常对高声誉审计师来说,若事后错报或漏报被发现将导致其损失(声誉损失和诉讼赔偿等)更多,因而高声誉的事务所有更强的动机正确报告会计准则的应用偏差(Palmrose,1988)。另一方面,从成本的角度看,为提供高质量审计活动,高声誉的审计师通常会收取更高的审计费用作为"声誉溢价"(Beatty,1989;Klein & Leffler,1980)。而对于事先不确定性确实"高"的发行人而言,以上两点使得其聘请高质量审计师的预期成本超过了其预期收益,从而阻止了其模仿行为。第二种解释则是从降低信息搜寻成本的角度来考虑。该观点认为,对于 IPO 公司而言,由于营业历史很短或其他原因,投资者能够获得用来评估公司未来业绩和前景的信息很少,所以必须在很大程度上依赖企业家(管理者)自身披露。在缺乏可信的财务报表的情况下,市场参与者为寻求其他关于公司信息不得不承担高昂的来源的信息搜寻成本。高质量的审计活动能够提高财务会计信息质量,从而减少外部投资者的信息搜寻成本,使其可以依赖于已审财务报表,更为准确地估计关于公司价值不确定性的分布，这种比较优势使得市场对审计服务予以定价，即投资者愿意为此支付更高的价格(Tinic,1988;Menon & Willams,1991)。

在经验证据方面，总的来说，以美国等成熟证券市场为背景的研究结果表明，在IPO过程中，选择高声誉审计师能够减轻市场参与者之间的信息不对称，从而有效降低IPO抑价程度(如Simunic & Stein,1987;Beatty,1989;Michaely & Shaw,1995)。

但是，以我国的IPO市场为背景，关于审计师声誉与IPO抑价关系的研究至少需要考虑两个重要的影响因素，其一是不同类型的事务所之间的审计质量是否存在差异。Simunic & Stein(1987)认为正是审计质量差异化推动了IPO市场中的审计师选择。如果事务所之间的审计质量不存在系统性差异，那么审计师选择作为"信号显示机制"就缺乏基本的理论基础。在本文第5章的研究中，研究结果表明，至少在2001年以后，在我国会计师事务所之间是存在着审计质量差异化的，大规模事务所的审计质量系统性地高于小规模事务所。此外需要考虑的另一个重要影响因素是我国IPO抑价的成因。如前所述，如果抑价的原因只是制度因素，而与市场参与者之间的信息不对称无关，那么从信号显示需求来看无疑发行人没有选择高质量审计师的动力。不过，综观众多关于我国IPO抑价研究的结果，总的来说都表明在我国IPO抑价的成因至少包括两个主要部分，即制度性抑价与信息不对称抑价。并且随着时间的推移、市场化水平的提高，信息不对称所导致的抑价问题越来越重要，也受到越来越多的关注。本文第3章的研究结果表明，即使是在存在定价管制的情况下，依然存在着关于独立审计的"信号显示"需求，不过这种"信号显示"需求的强弱一定程度上取决于定价管制程度的高低。

从我国股票发行定价制度的变化来看，市场化水平及定价管制程度的改变必然使得市场参与者成本和收益的预期发生转变。在定价管制程度较高时，由于几乎是行政力量单方面决定了股票发行价格，"一刀切"的低定价方式在保证了政府顺利解决为国有企业改革提供融资通道的同时(杨丹，2004)，也必然形成了超高的IPO初始回报率。此时从名义回报率来看，最大的受益者是投资者，而对于发行人而言，由于失去了定价自主权，采取任何方式减轻其与投资者之间信息不对称的努力都只是徒增成本而已。然而在管制定价程度较低的情况下，情况会发生改观，控制市盈率上限的定价方式，就必然意味着发行人有一定的定价自主权，所控制的上限越高，发行人的定价自主权就越大。此时对于发行人而言，除管制因素所导致的抑价无法避免外，信息不对称将进一步使得发行人的财富向新的投资者转移，而对于拥有有利私人信息的发行人而言，尽量减少信息不对称所带来的抑价损失，在现有条件下最大化发行收入是必然的选择。而作为专职提供信息鉴证的市场第三方中介，在审计质量存在差异的前提下，不同质量的审计师其所提供的信息质量也必然存在着差异，因而在减轻市场参与者之间的信息不对称问题上，高质量的审计师显然具有比较优势。此外，与“质量溢价”相对应，高质量的审计师由于提供了更高水平的鉴证服务，因而会收取更高的费用。而对于拥有不利私人信息的发行人而言，信息披露制约和更高的审计服务成本在很大程度上阻止了其聘请高质量审计师，如此差异使得审计师选择成为一种信号显示机制。综合以上分析，借此提出 H_1 和 H_2：

H_1：其他条件一定的情况下，在定价管制程度较低时，审计师声誉与 IPO 抑价负相关。

H_2：其他条件一定的情况下，审计师声誉与 IPO 审计收费正相关。

在此需要说明的是，由于数据获得性方面的限制，对于 H_2 的检验本文只能对控制市盈率定价阶段进行考察。

新股发行定价存在管制且管制程度较低的情况下，对于发行人而言，除投资者外，监管者在定价中的角色无疑也需要着重考虑。在我国，作为 IPO 市场的重要参与者之一，与投资者一样，监管者同样是信息的需求者，并且笔者认为其至少部分代表了公众投资者的利益。由于无论是在审批制还是核准制下，监管者都主要充当了两种角色：一是决定发行人的上市申请是否能够得到批准；二是决定其发行价格在政策允许的范围内是否恰当。因而发行人与监管者之间的信息不对称，对于发行人的发行定价决策来说无疑至关重要。

在管制定价程度较高时，由于几乎所有的公司都可以以控制市盈率上限定价发行，所以监管者主要责任实际上只有一个，即决定备选公司是否具备上市资格。当管制定价程度较低时，除了决定公司能否上市外，监管者还需要对发行人所确定发行价格进行最后的核准。显然并非所有的 IPO 公司都可以市盈率控制上限定价发行，IPO 公司最后确定的发行市盈率必然产生分化是可预期的。而对于那些认为其 IPO 定价受管制影响较大的发行人无疑有更强烈的动机用足政策给予的空间，尽量减少抑价所带来的财富损失。从新股发行定价最后确定的发行市盈率来看，IPO 公司可以分成两类，一类其最后确定的发行市盈率就是控制市盈率上限，另一类则确定的发行市盈率低于控制市盈率上限。直观来说，显然前者的新股定价受到了定价管制的巨大影响，而后者的定价行为则几乎不受定价管制的约束，因而一个可检验的假设含义就是前者的抑价程度应该高于后者。图 6-1 描绘了在定价管制程度较低的控制市盈率定价阶段，发行市盈率与 IPO 抑价之间的关系。如图所示，一方面，尽管仍有 53%的 IPO 公司以管制上限 20 倍定价发行新股，但总的来看发行市盈率已经产生了较大程度的分化；另一方面，以 20 倍[①]市盈率定价发行新股的 IPO 公司平均抑价程度远高于那些低于 20 倍市盈率定价的 IPO 公司。

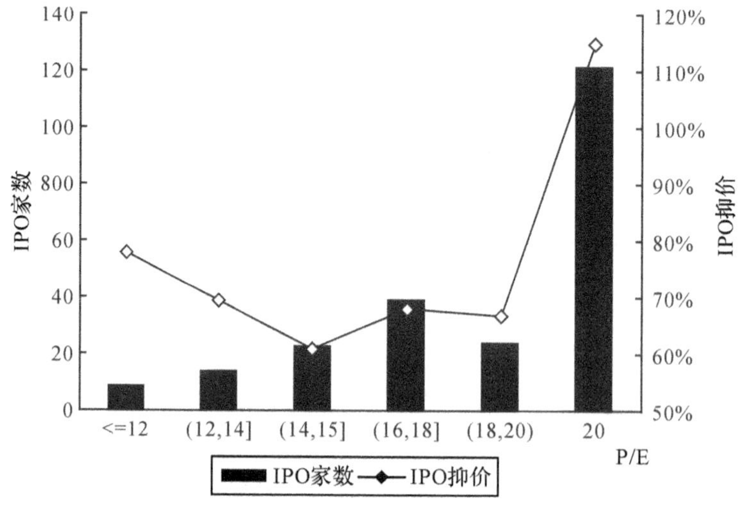

图 6-1　控制市盈率定价阶段发行市盈率与 IPO 抑价关系图

作为追求发行收益最大化的理性发行人，其所确定的发行市盈率低于控制市盈率上限本身对于监管者包括市场来讲就是一个明确的信号，传递了发行人自身对公司价值的判断信息，从而事实上减轻了市场参与者之间的信息不对称。从审计师声誉与 IPO 抑价的关系来看，无疑这一信号的存在会降低审计师声誉作为信号传递机制的价值，削弱两者之间的负相关关

① 在确定市盈率倍数时，若发行市盈率≥19.5 倍，则视为 20 倍。石岘纸业(600462)发行市盈率为 26 倍，我们亦视为 20 倍处理。

系。而对于最后确定的发行市盈率就是控制市盈率上限的 IPO 公司来说，其抑价仍至少包括两个部分：管制抑价和信息不对称抑价。类似于管制定价程度较高时的分析，对某一 IPO 公司而言，若定价管制的限制使得其定价严重偏低，由于可以较为轻松地以市盈率管制上限定价，其与监管者包括投资者之间信息不对称就显得不再重要；而对于那些定价并未严重偏低，需经过努力才能获得以市盈率管制上限发行定价的 IPO 公司而言，此时其与监管者包括市场投资者之间的信息不对称就显得格外重要。因此，从审计师声誉与 IPO 抑价的关系来看，与低于管制上限定价的 IPO 公司相比，以管制上限定价的 IPO 公司中两者之间应该表现出更强的负相关关系。借此提出 H_3：

H_3：其他条件一定的情况下，在控制市盈率定价阶段，与发行市盈率未达到管制上限时相比，当发行市盈率达到市盈率管制上限时，会计师事务所声誉与 IPO 抑价的负相关更为显著。

6.3 研究设计

6.3.1 样本选择和数据来源

本章的研究选择我国沪深 A 股 1998 年 1 月 8 日至 2004 年 8 月 25 日首次发行的 635 家公司为初选样本。考虑到部分样本可能存在的异质性问题，本书对样本进行了如下筛选：(1)剔除非公开发行、比例换股、历史遗留问题上市以及已经或同时在其他市场上市的样本公司。理由是与其他样本公司相比，该类样本公司所面临的投资者类型、信息环境以及监管环境等可能存在相当大的差异。举例来说，若某公司在已经发行了 B 股后又发行 A 股，事实上并非真正意义上的 IPO。(2)剔除了金融类样本公司。原因在于该类样本公司财务数据的含义可能与其他样本公司存在较大差异，缺乏可比性。(3)由于研究所需相关变量的计算要求，剔除了数据缺失或不足的样本公司。具体的样本选择过程及年度分布见表 6-1。在执行了以上样本筛选程序后，最终样本为 566 家，其中第一阶段、第二阶段和第三阶段所包含的样本数分别为 176、168 和 221；从分阶段来看，样本基本保持了对称性。另外，由于上市公告书中关于发行费用明细的披露从 2001 年下半年以后才开始较为系统[①]，数据获得性方面的限制使得对于 H_2 的检验只能在第三阶段进行。在第三阶段，在剔除 7 家发行费用明细数据缺失的样本后，H_2 检验的最终样本观测数为 214 家。

本书研究的数据来源包括：(1)IPO 公司上市前相关数据(财务数据、股权结构以及其他公司特征数据)均来自公司公开可获得的招股说明书及上市公告书，系手工收集完成并经核对无误。(2)会计师事务所的合并、分立及名称的变化等由笔者根据网络以及相关资料查询自行加以整理。(3)IPO 公司发行情况、上市后市场交易数据及会计师事务所排名所需年报数据来自国泰安公司与香港理工大学联合开发的 CSMAR 数据库。

表 6-1　样本选择过程

首发年份	1998	1999	2000	2001	2002	2003	2004	合计
初选样本	102	93	139	67	70	66	98	635
减：非公开发行	3	0	0	0	0	0	0	3
减：金融业	0	1	1	0	2	1	0	5
减：比例换股等	1	1	1	0	1	0	1	5
减：在其他市场上市	3	3	6	9	3	1	0	25
减：数据缺失或不足	3	4	9	5	8	2	0	31
最终样本	92	84	122	53	56	62	97	566

6.3.2　模型和变量

1. 审计师声誉与 IPO 抑价模型

为检验 H_1 和 H_3，本文设定如下事务所声誉与 IPO 抑价模型：

$$UP = \alpha_0 + \alpha_1 Big10 + \alpha_2 Risk + \alpha_3 Offer + \alpha_4 LR + \alpha_5 UW10 + \alpha_6 Lotwin + \alpha_7 Gap + \alpha_8 Mktret + \alpha_9 Mktstd + \varepsilon$$

其中，UP 为因变量，表示 IPO 抑价程度，计算方法为：UP=[(上市首日收盘价－发行价)/发行价]－上市首日市场报酬率，其中市场报酬率采用市场

① 《股票发行审核备忘录——第 1 号》(2001 年 2 月 12 日)第十三条“关于发行费用的列支范围问题”首次明确指出：发行费用是与本次发行有关的各项费用，包括注册会计师费用、律师费用、评估费用、承销费用、审核费用以及上网发行费用等。

的指数报酬率计算。Big10 为实验变量，若为“十大”会计师事务所，取值为 1，否则为 0，定义方法与第 4 章相同，预期符号为负。

控制变量中，Risk 用于控制公司事先风险对 IPO 抑价程度的影响，定义方法与第 4 章一致，预期符号为正。Offer 表示公司的发行规模，根据公司首次公开发行的募股数进行度量，预期符号为负。已有研究表明（如 Carter & Manaster，1990；Christy et al. 1996），发行规模与 IPO 抑价之间具有显著的负相关关系。Michel 和 Alexander（2001）认为，IPO 公司新股发行的数量越多，原股东权益稀释程度越高，越有可能采取各种措施来降低抑价，避免自身财富遭受损失。国内研究者则认为，发行规模直接关系到申购的难易程度，数量大的发行增加了市场供应，从而使得新股抑价程度下降，并且较小发行规模的股票更具有投机性（如李翔和阴永晟，2004；李长青和林文荣，2005）。此外 Chi & Padgett（2002）认为，发行规模小的公司股价可能更容易受到操纵。LR 用以控制流通股比例对 IPO 抑价的影响，反映了本书研究期间我国流通股与非流通股割裂的现状。此外，从一定程度上讲，股本规模不变，流通股比例越高则市场供应量越大，预期符号为负。UW10 为表示承销商声誉的虚拟变量，以美国等发达证券市场为背景进行的研究大都表明（如 McDonald & Fisher，1972；Logue，1973；Carter & Manaster，1990；Tinic，1998），承销商声誉能够有效降低 IPO 抑价程度，但是绝大多数国内学者的研究结果表明（如刘江会和刘晓亮，2004；刘江会等，2005；郭泓和赵振宇，2006），两者之间无显著负相关关系。李翔和阴永晟（2005）则认为，从供求矛盾的角度来看，两者之间可能表现出正相关关系。本书对该变量的影响加以控制，对其符号方向不做预期。Lotwin 用于控制中签率对于抑价程度的影响。中签率在一定程度上可以反映市场的供求关系，预期符号为负。Gap 反映了从发行到上市的时间间隔，这个间隔越长，一方面市场的风险越高，另一方面资金占用成本也越高，针对我国早期市场的研究基本上表明两者表现出正相关关系（如 Su & Fleshier，1999；陈工孟和高宁，2000），本书预期符号为正。Mktret 和 Mktstd 分别为 IPO 前 90 天市场指数收益率和标准差，用于控制市场氛围对抑价程度的影响，预期符号皆为正。Ritter（1991）和 Aggarwal & Conroy（2000）的研究均表明，首日收益率和市场气氛之间具有显著的正相关关系。Su（2004）和蒋顺才等（2006）的研究表明，市场气氛同样显著地影响了我国 IPO 市场初始收益率。此外，在回归中本书对行业的影响进行了控制。

本书对于 H_1 的检验采用分段回归的方法，在控制市盈率定价条件下，发行市盈率的分化只出现在管制程度较低的第三阶段，因此对 H_3 的检验只在第三阶段进行。

2. IPO 审计定价模型

为检验 H_2，本书设定如下 IPO 审计定价模型：

$$\mathrm{LnFee}=\beta_0+\beta_1 Big10+\beta_2 Risk+\beta_4 LR+\beta_5 Sub+\beta_6 Invree+\beta_7 Capint+\beta_8 Loca+\eta$$

其中，LnFee 为因变量，表示会计师事务所收取的 IPO 审计费用，采用公司上市公告书中披露的注册会计师费用（Auditor Compensation）作为 IPO 审计费用的替代变量，在计算时取自然对数。上市公告书中披露的注册会计师费用内容主要包括发行审计费用、验资费用以及专项审核费用等，其中审计费用构成了注册会计师费用的主体。因此本书认为将其作为 IPO 审计费用的替代变量应当是合理的。试验变量为 Big10，表示会计师事务所声誉，若为“十大”所取值为 1，否则为 0，预期符号为正。

控制变量用于控制公司规模、风险因素、业务复杂程度及地域特征对于审计收费的影响。Size 表示公司规模，预期符号为正。自 Simunic（1980）关于审计定价影响因素的研究以来，绝大多数研究者均发现公司规模是影响审计收费的首要因素。国内自王振林（2001）的研究以来也均表明了这一点。Risk 表示公司事先风险，预期符号为正。针对法律诉讼风险较高的美国市场的研究绝大多数表明公司风险与审计收费正相关（如 Simunic，1980；Craswell et al.，1995）。尽管我国审计师所面临的法律诉讼风险较低（刘峰和许菲，2002），不少研究结果表明公司风险与审计收费无显著相关关系（如刘斌等，2003；张继勋和徐奕，2005），但也有研究的结果表明两者之间的正相关关系是存在的，理由是在我国审计失败面临的监管处罚较为严厉（如王振林，2002；李补喜和王平心，2005；韩洪灵和陈汉文，2007）。LR 用于控制流通股比例对审计收费的影响，本书认为在发行审计中，流通股比例越高，审计师越可能更多地感知来自市场和监管部门的压力，因而可能会收取更高的审计费用，预期符号为正。Sub、Invrec 和 Capint 用于控制业务复杂程度对于审计收费的影响，分别表示纳入合并报表子公数目的平方根、存货及应收款项占总资产的比重以及固定资产占总资产的比重，Sub 和 Invrec 预期符号为正，Capint 预期符号为负。目前国内关于业务复杂性对审计费用影响的证据并不一致，刘斌等(2003)、韩厚军和周春生(2003)、伍利娜(2003)与李补喜和王平心(2005)的研究结果表明，业务复杂程度与审计收费无显著相关关系，张继勋和徐奕(2005)等的研究结果则显示业务复杂程度与审计收费显著正相关。Loca 用于控制地域因素对审计收费的影响，若上市公司注册地为北京、上海、广东、浙江或江苏取值为 1，否则为 0，预期符号为正。刘斌等(2003)认为，在我国由于地区物价水平的差异，发达地区审计收费的标准可能较高。此外，研究中对行业的影响加以了控制。

3. 自选择偏误的控制

本书根据 Kim et al. (2003)及 Chaney et al. (2004)研究中所采用的两阶段方法，来控制 OLS 估计中可能存在的自选择偏误问题(Heckman，1978；Maddala，1983)。首先，采用如下 Probit 回归，分阶段估计第 3 章中构建的审计师选择模型，计算出 Lambda(Inverse Mill's Ratio，IMR)。然后在对原研究模型进行 OLS 回归时，将 Lambda 作为控制变量使用以克服可能存在的自选择问题。在实证研究结果中，本书将会对两种方法回归的结果同时予以报告。

$$\Pr(\text{Big10}) = \alpha_0 + \alpha_1 \text{Risk} + \alpha_2 \text{Share1} + \alpha_3 \text{Share1}^2 + \alpha_4 \text{State} + \alpha_5 \text{Admin} + \alpha_6 \text{Lev} + \alpha_7 \text{Size} + \alpha_8 \text{Herf25} + \alpha_9 \text{Growth} + \alpha_{10} \text{Capint} + \alpha_{11} \text{Invrec} + \mu$$

6.4 实证结果与分析

6.4.1 描述性统计和单变量分析

表 6-2　变量的描述性统计结果

Var.	N	Mean	Std	Median	Max	Min	Q1	Q3
UP	566	1.210	0.874	1.065	8.338	−0.085	0.598	1.580
Big10	566	0.177	0.382	0.000	1.000	0.000	0.000	0.000
Risk	566	0.000	1.508	0.192	4.023	−7.717	−0.841	1.100
Offer	566	17.793	0.635	17.728	22.333	16.341	17.371	18.064

续 表

Var.	N	Mean	Std	Median	Max	Min	Q1	Q3
LR	566	0.322	0.064	0.318	0.548	0.150	0.269	0.364
UW10	566	0.465	0.499	0.000	1.000	0.000	0.000	1.000
Lotwin(%)	566	0.401	0.760	0.218	11.157	0.026	0.072	0.416
Gap	566	33.104	30.931	22.000	386.000	12.000	15.000	37.000
Mktret	566	0.037	0.157	0.021	0.449	−0.324	−0.077	0.135
Mktstd	566	0.014	0.004	0.013	0.026	0.007	0.010	0.016
LnFee	214	14.234	0.474	14.221	17.331	13.082	13.998	14.509
Size	214	19.879	0.860	19.786	25.575	18.443	19.297	20.284
Sub	214	1.207	1.082	1.000	5.745	0.000	0.000	2.000
Invrec	214	0.353	0.171	0.357	0.830	0.002	0.224	0.452
Capint	214	0.381	0.200	0.360	0.886	0.011	0.230	0.514
Loca	214	0.439	0.497	0.000	1.000	0.000	0.000	1.000

表 6-2 给出了研究变量的描述性统计结果。其中 UP 的均值为 121%，反映了我国初始报酬率较高的现状，其中第一阶段、第二阶段及第三阶段的初始报酬率均值分别为 125.3%、154.5%和 91.7%，直观来看，20 倍市盈率定价阶段的抑价程度是最低的。但一个有趣的现象是，在市场化定价阶段抑价程度却是最高的，郭泓和赵振宇(2006)认为这可能与 2000 年及 2001 年市场成交较为活跃有关。本书则认为这至少可以说明除管制因素外，其他因素对于抑价程度的影响也是重要的。LR 均值为 32.2%，反映了股权分置改革前，我国非流通股比例较高，几乎占到总股本 2/3。UW10 的均值为 46.5%，说明“十大”承销商的市场份额约占到总市场份额的一半。Lotwin 的均值为 0.4%，最大值为 11.16%，反映了我国 IPO 市场需求旺盛、供给远小于需求的现实状况，从需求和供给的价格决定来看，股票发行的供给方管制对于抑价的形成是重要的，这也是有学者将第二阶段称为“单边市场化”阶段的原因。Gap 的均值为 33 天，且第一阶段、第二阶段和第三阶段的均值分别为 57.7 天、29.4 天和 16.4 天，呈现出单调下降趋势，表明从发行到上市时间间隔对于抑价的影响逐渐降低。Loca 的均值为 43.9%，表明在第三阶段来自北京、上海、广东、浙江以及江苏的 IPO 公司较多，这和

地区经济发展程度是相关的。

表 6-3　IPO 抑价模型自变量相关系数表

Var.	Big10	Risk	Offer	LR	UW10	Lotwin	Gap	Mktret	Mktstd
Big10		0.006	0.027	−0.119	0.014	−0.071	−0.096	−0.040	0.008
		(0.883)	(0.516)	(0.005)	(0.735)	(0.093)	(0.022)	(0.338)	(0.852)
Risk	0.005		0.209	0.096	−0.161	−0.003	−0.084	0.009	−0.109
	(0.897)		(<0.0001)	(0.022)	(0.000)	(0.940)	(0.046)	(0.827)	(0.009)
Offer	0.078	0.153		−0.032	0.174	0.570	0.254	0.143	0.084
	(0.065)	(0.000)		(0.448)	(<0.0001)	(<0.0001)	(<0.0001)	(0.001)	(0.046)
LR	−0.136	0.084	−0.129		−0.093	−0.140	−0.093	−0.013	−0.064
	(0.001)	(0.047)	(0.002)		(0.027)	(0.001)	(0.027)	(0.754)	(0.126)
UW10	0.014	−0.160	0.211	−0.114		0.321	0.230	0.067	0.030
	(0.735)	(0.000)	(<0.0001)	(0.007)		(<0.0001)	(<0.0001)	(0.112)	(0.473)
Lotwin	0.030	−0.034	0.465	−0.191	0.216		0.615	0.297	0.095
	(0.471)	(0.418)	(<0.0001)	(<0.0001)	(<0.0001)		(<0.0001)	(<0.0001)	(0.024)
Gap	−0.080	−0.042	0.067	−0.024	0.089	0.157		0.143	0.212
	(0.058)	(0.321)	(0.114)	(0.575)	(0.034)	(0.000)		(0.001)	(<0.0001)
Mktret	−0.040	0.013	0.173	−0.008	0.074	0.194	0.029		0.234
	(0.336)	(0.763)	(<0.0001)	(0.845)	(0.081)	(<0.0001)	(0.491)		(<0.0001)
Mktstd	0.004	−0.073	0.157	−0.073	0.075	0.179	0.203	0.434	
	(0.928)	(0.082)	(0.000)	(0.082)	(0.075)	(<0.0001)	(<0.0001)	(<0.0001)	

N=566. 注：右上方为 Spearman 相关系数，左下方为 Pearman 相关系数，括号内为 P 值。

表 6-3 和表 6-4 分别为 IPO 抑价模型及审计定价模型独立变量的相关系数表。从表 6-3 来看，除 UW10 与 Lotwin 相关系数较高外，其他变量间相关系数均低于 0.5。从表 6-4 来看，除 Capint、Invrec 及 Size 和 Risk 的相关系数较高外，其他变量间的相关系数也均低于 0.5，表明模型的回归结果受多重共线性的影响不大。在实际的多元回归分析中，各变量的 VIF(方差膨胀因子)也均低于 5，说明系数的估计是较为准确的。

表 6-4　IPO 审计定价模型自变量相关系数表

Var.	Big10	Size	Risk	LR	Sub	Invrec	Capint	Loca
Big10		0.090 (0.191)	−0.088 (0.200)	−0.218 (0.001)	0.172 (0.012)	−0.064 (0.352)	0.037 (0.587)	0.335 (<.0001)
Size	0.152 (0.026)		0.587 (<.0001)	−0.219 (0.001)	0.147 (0.032)	−0.144 (0.035)	0.269 (<.0001)	−0.113 (0.099)
Risk	−0.067 (0.333)	0.566 (<.0001)		0.170 (0.013)	0.080 (0.246)	0.024 (0.729)	0.200 (0.003)	−0.210 (0.002)
LR	−0.220 (0.001)	−0.323 (<.0001)	0.154 (0.024)		−0.212 (0.002)	0.034 (0.625)	0.059 (0.392)	−0.204 (0.003)
Sub	0.138 (0.045)	0.194 (0.005)	0.082 (0.233)	−0.233 (0.001)		−0.141 (0.040)	−0.078 (0.255)	0.226 (0.001)
Invrec	−0.058 (0.400)	−0.187 (0.006)	0.027 (0.690)	0.036 (0.600)	−0.150 (0.028)		−0.713 (<.0001)	0.172 (0.012)
Capint	0.037 (0.593)	0.279 (<.0001)	0.219 (0.001)	0.051 (0.461)	−0.096 (0.161)	−0.744 (<.0001)		−0.286 (<.0001)
Loca	0.335 (<.0001)	−0.057 (0.403)	−0.189 (0.006)	−0.205 (0.003)	0.213 (0.002)	0.197 (0.004)	−0.279 (<.0001)	

N＝214. 注：右上方为 Spearman 相关系数，左下方为 Pearman 相关系数，括号内为 P 值。

表 6-5 报告了按照 Big10 分组的单变量比较结果。尽管全样本的比较结果表明由“十大”会计师事务所主审的 IPO 公司抑价程度显著低于非“十大”审计的公司，但是分阶段的比较结果说明这一结果主要是由于第三阶段引起的，在第一阶段和第二阶段组间关于抑价程度的比较并无显著性差异。从均值和中值来看，在第三阶段经“十大”和非“十大”审计的 IPO 公司平均抑价程度为 72.3％和 98.1％，中值则分别为 62.8％和 86.8％，均值和中值差异分别达到了 25.8％和 24％。第三阶段审计费用的组间比较结果表明“十大”收取了更高的费用，且在 1％水平上显著，这一结果在按照发行市盈率是否达到控制上限分组后仍然成立。此外，按照发行市盈率是否达到该阶段控制上限分组的比较结果表明，在 PE20＝1 组，经“十大”审计的公司抑价程度显著更低，而在 PE2＝0 组，经“十大”审计的公司抑价程度低于非“十大”审计的公司，但统计上并不显著。表 6-5 单变量分析的结果一定程度上支持了本书的研究假设。

表 6-5　IPO 抑价和审计费用的组间比较结果

Var	all sample			First			Second		
	Big10=1 (N=100)	Big10=0 (N=466)	t(z)stat H_0:A−B=0	Big10=1 (N=18)	Big10=0 (N=158)	t(z)stat H_0:A−B=0	Big10=1 (N=28)	Big10=0 (N=141)	t(z)stat H_0:A−B=0
UP	1.005 (0.883)	1.254 (1.092)	−2.89*** (−2.662***)	1.006 (0.943)	1.281 (1.098)	−1.15 (−0.954)	1.547 (1.355)	1.545 (1.417)	0.01 (−0.243)
	Third			Third(PE20=1)			Third(PE20=0)		
	Big10=1 (N=54/50)	Big10=0 (N=167/164)	t(z)stat H_0:A−B=0	Big10=1 (N=31/28)	Big10=0 (N=82/81)	t(z)stat H_0:A−B=0	Big10=1 (N=23/22)	Big10=0 (N=85/83)	t(z)stat H_0:A−B=0
UP	0.723 (0.628)	0.981 (0.868)	−2.84*** (−2.021**)	0.794 (0.737)	1.272 (1.037)	−3.50** (2.667***)	0.627 (0.560)	0.700 (0.689)	−0.69 (−0.638)
Ln-Fee	14.393 (14.403)	14.186 (14.221)	2.75*** (2.759***)	14.369 (14.260)	14.164 (14.211)	1.97* (1.664*)	14.424 (14.449)	14.208 (14.221)	1.95* (2.270**)

注：括号内为中值，***，**，* 分别表示在 1%，5%，10%水平上显著。

6.4.2　多元回归分析

表 6-6 给出了关于 H_1 的分阶段多元回归，其中(1)和(2)分别表示未考虑和考虑自选择问题的回归结果。其中在第三阶段 Big10 显著为负，表明在该阶段会计师事务所声誉越高，则 IPO 抑价程度越低，从而支持了本书的 H_1。在第二阶段模型(1)的结果表明会计师事务所声誉与 IPO 抑价无显著正相关关系，但控制了自选择问题的模型(2)结果表明在该阶段事务所声誉与抑价的负相关关系可能也是存在的。而关于第一阶段的回归结果则非常有趣，在第一阶段看上去事务所声誉非但不能降低 IPO 抑价程度，控制自选择问题后的回归结果表明两者之间甚至存在正相关关系，且在 5%水平上显著。再观察 Risk 的回归结果，有意思的是，与后两个阶段相反，在该阶段 Risk 越低的公司其抑价程度反而更高。本书认为，可能的解释在于，在管制定价程度较高时，“一刀切”的行政低定价方式使得优质公司成为最大的利益牺牲者，尽管可能的后续发行以及壳资源价值一定程度可以弥补这一损失。杨丹(2004)认为，管制定价存在巨大的外在成本，即这是以牺牲公平原则和市场规则为代价的，抹杀了定价的合理差别，其结果必然导致资源配置效率低下。事先风险越低的公司其抑价程度反而更高，正是“一刀切”行政低定价所造成的结果。同理，在一定程度上，Big10 的系数为正也可以由此加以解释。

表 6-6　审计师声誉与 IPO 抑价模型的回归结果

Var.	Exp. Sign	First (N=176)		Second (N=168)		Third (N=221)	
		(1)	(2)	(1)	(2)	(1)	(2)
C		17.991*** (0.000)	19.590*** (0.000)	15.109*** (0.000)	15.201*** (0.000)	3.561** (0.034)	3.570** (0.030)
Big10	—	0.171 (0.321)	1.151** (0.046)	0.023 (0.904)	−0.717* (0.081)	−0.177* (0.053)	−0.599*** (0.004)
Risk	+	−0.086*** (0.009)	−0.082** (0.014)	0.096** (0.036)	0.127** (0.012)	0.095** (0.024)	0.085** (0.040)
Offer	—	−0.925*** (0.000)	−1.027*** (0.000)	−0.768*** (0.000)	−0.750*** (0.000)	−0.228*** (0.009)	−0.212** (0.014)
LR	—	−1.614* (0.062)	−1.193 (0.186)	−0.136 (0.877)	−0.238 (0.777)	0.751 (0.300)	0.187 (0.815)
UW10	—	0.149 (0.138)	0.125 (0.218)	0.115 (0.341)	0.105 (0.384)	0.067 (0.505)	0.068 (0.500)
Lotwin	—	−0.042 (0.228)	−0.035 (0.325)	−0.232* (0.080)	−0.212* (0.087)	0.027 (0.861)	0.099 (0.532)
Gap	+	0.007* (0.059)	0.007* (0.072)	0.003 (0.1750)	0.003 (0.108)	−0.002 (0.901)	−0.001 (0.971)
Mkeret	+	2.112*** (0.003)	2.096*** (0.003)	1.913*** (0.001)	1.790*** (0.002)	0.741** (0.021)	0.726** (0.026)
Mktstd	+	−20.806 (0.282)	−22.264 (0.260)	−14.489 (0.516)	−14.941 (0.482)	92.441*** (0.000)	89.444*** (0.000)
Lambda	?		−0.575* (0.083)		0.472 (0.103)		0.292** (0.018)
行业		控制	控制	控制	控制	控制	控制
Adj. R^2		0.515	0.522	0.331	0.342	0.185	0.195
F-Value		15.273***	14.653***	7.401***	7.233***	4.848***	4.809***

注：括号内为 P 值，***，**，* 分别表示在 1%，5%，10%水平上显著。

表 6-6 中，控制变量的回归结果表明，在第二和第三阶段，事先风险越高的公司其抑价程度越高，与预期一致。Offer 在所有阶段与预期一致显著为负，表明发行规模越大抑价程度越低。LR 则基本上与抑价无显著相关关系，表明流通股比例可能不是抑价程度的重要影响因素。UW10 的系数在所有阶段均不显著，这与国内目前绝大多数关于承销商声誉的研究结果基本是一致的。Gap 在第一阶段显著为正，但在此后两个阶段与抑价无显著

相关关系。原因在于，如前所述，随着时间的推移，IPO 公司从发行到上市的时间间隔已经大为缩短了。Mktret 以及 Mktstd 的回归结果表明，在我国，市场氛围显著地影响了 IPO 的抑价水平。其中，在所有阶段，IPO 前市场报酬率越高，则抑价程度相应越高。而在第三阶段，IPO 前市场风险越高，则抑价程度相应也越高。以上结果表明市场气氛假说（Ritter，1984，1991；Aggarwal、Conroy，2000）对于我国 IPO 抑价成因是具有解释力的。

表 6-7　IPO 审计定价模型的回归结果（第三阶段）

Var.(2)	Var.	Exp. Sign	(1)
C		8.141*** (0.000)	8.419*** (0.000)
Big10	＋	0.167** (0.014)	0.314* (0.067)
Size	＋	0.299*** (0.000)	0.283*** (0.000)
Risk	＋	−0.019 (0.501)	−0.010 (0.732)
LR	＋	1.836*** (0.003)	1.944*** (0.002)
Sub	＋	0.034 (0.262)	0.032 (0.297)
Invrec	＋	−0.591** (0.041)	−0.614** (0.038)
Capint	−	−0.605** (0.013)	−0.636** (0.011)
Loca	＋	−0.029 (0.665)	−0.031 (0.642)
Lambda	?		−0.101 (0.333)
行业		控制	控制
Adj. R^2		0.261	0.261
F−Value		7.266***	6.776***

N=214. 注：括号内为 P 值，***，**，* 分别表示在 1%，5%，10%水平上显著。

表 6-7 报告了 H_2 的检验结果。其中试验变量 Big10 在（1）、（2）中均显著为正，表明作为“声誉（或质量）溢价”，至少在第三阶段“十大”确实收取了更高的 IPO 审计费用，从而支持了本书的 H_2。

控制变量中，Size 在 1%水平显著为正，与预期一致。Risk 则与 IPO 审计收费无显著相关关系，表明至少在现阶段，由于在我国诉讼风险较低，审计师对 IPO 公司未来价值的不确定所引致的风险并未给予特别的关注，公司特定风险并非 IPO 审计定价的重要影响因素。一个有趣的现象是，LR 与审计定价在 1%水平上显著正相关，说明流通股比例越高则审计定价越高。与前述一致，本书认为在 IPO 过程中，其他条件一定的情况下，流通股比例越高，发行量越大，审计师可能所感知的由此带来的市场及监管压力越大，因而会收取更高的审计费用作为补偿。在反映业务复杂性的变量中，Sub 的系数符号与预期一致但不显著，Invrec 的系数符号与预期相反并在 5%水平上显著，由于已有研究结果关于变量 Invrec 与审计定价关系的检验结果是混合的，笔者认为该变量可能并不能很好地反映公司的业务复杂性。只有 Capint 在 5%水平上显著为负与研究的预期一致，在一定程度上说明业务复杂性程度越低，相应的审计收费就会越低。反映地域特征的变量 Loca 与审计收费无显著相关关系，表明在 IPO 过程中，至少在本书研究期间地域因素并不影响审计收费高低。

表 6-8 报告了在第三阶段按照是否达到控制市盈率倍数上限分组的检验结果。为了将第三阶段的全样本回归与表 6-6 的回归相区别，本书在模型中加入了 PE20 变量，用以考察理论分析中的一个预期，即发行市盈率达到控制上限的样本应当有更高的抑价程度，在一定程度上反映了定价管制的影响；此外该回归的结果还被用来作为分组回归的一个参照。该回归的结果表明，虚拟变量 PE20 在 1%的显著为正，若其他变量的影响保持不变，大致可以认为达到控制上限的样本组比未达到控制上限的样本组抑价程度大约要高出 0.32，无疑这是一个相当大的数值。按 PE20 分组回归的结果支持了本书的 H_3，即在发行市盈率达到控制上限组（PE20＝1），Big10 显著为负，而在发行市盈率未达到控制上限组，Big10 与抑价程度未表现出显著负相关关系。本书认为，对于监管者包括市场投资者而言，发行人确定的发行市盈率未达到控制上限本身就是一个非常明确的信号，反映了发行人自身对于公司价值的判断，从而有效地减轻了市场参与者之间的信息不对称，这一信号一定程度上削弱了审计师声誉与 IPO 抑价之间的负相关关系。而那些需要努力方能以控制上限发行的 IPO 公司而言，为了尽可能减少信息不对称所带来的抑价损失，现有条件下最大化发行收入是迫切需要的。控

制变量的回归结果基本与表 6-6 相同，此处不再予以说明。

表 6-8 审计师声誉与 IPO 抑价模型(第三阶段)按 PE20 分组的回归结果

Var.	Third (N=221)		Third(PE=0) (N=108)		Third(PE20=1) (N=113)	
	(1)	(2)	(1)	(2)	(1)	(2)
C	2.988* (0.077)	3.008* (0.071)	4.224** (0.034)	4.211** (0.036)	5.838* (0.075)	5.817* (0.068)
Big10	−0.204** (0.025)	−0.595*** (0.005)	−0.022 (0.828)	0.068 (0.799)	−0.278* (0.067)	−1.040*** (0.002)
Risk	0.065 (0.132)	0.056 (0.189)	−0.009 (0.800)	−0.007 (0.847)	0.157* (0.062)	0.130 (0.115)
Offer	−0.199** (0.025)	−0.184** (0.037)	−0.227** (0.040)	−0.229** (0.043)	−0.349* (0.051)	−0.313* (0.076)
LR	0.924 (0.194)	0.397 (0.611)	1.955*** (0.006)	2.068** (0.018)	0.303 (0.820)	−0.894 (0.509)
UW10	0.060 (0.564)	0.061 (0.556)	0.143 (0.260)	0.146 (0.265)	−0.118 (0.425)	−0.086 (0.558)
Lotwin	0.006 (0.971)	0.073 (0.649)	0.928 (0.354)	0.880 (0.391)	0.134 (0.619)	0.231 (0.407)
Gap	−0.004 (0.806)	−0.002 (0.874)	−0.017 (0.354)	−0.018 (0.329)	−0.006 (0.761)	−0.005 (0.814)
Mktret	0.621* (0.052)	0.610* (0.061)	1.230*** (0.000)	1.232*** (0.000)	0.020 (0.975)	−0.010 (0.988)
Mktstd	78.187*** (0.000)	75.691*** (0.000)	−4.062 (0.830)	−3.099 (0.872)	113.573*** (0.000)	108.501*** (0.000)
PE20	0.324 0.001	0.317*** (0.001)				
Lambda		0.271** (0.033)		−0.059 (0.725)		0.549*** (0.008)
行业	控制	控制	控制	控制	控制	控制
Adj. R^2	0.229	0.237	0.184	0.177	0.183	0.206
F-Value	5.673***	5.565***	2.855***	2.641***	2.929***	3.072***

注：括号内为 P 值，***，**，* 分别表示在 1%，5%，10%水平上显著。

6.4.3 敏感性测试

为保证研究结果的可靠性，本章进行了以下三方面的敏感性测试(限于篇幅，敏感性测试的结果没有做报告)：

(1)审计师声誉的替代度量方法。与第4章和第5章保持一致，本书采用了以下两种方法进行了敏感性测试：一是考虑到IPO公司观察到的事务所类型可能并非基于当年事务所的市场份额，因此笔者以IPO前一年的事务所市场份额为依据区分“十大”和非“十大”；二是以2003年2月28日，中国证监会发行监管部门在《股票发行审核标准备忘录第16号——首次公开发行股票的公司专项复核的审核要求》中指定的15家具备专项复核资格的事务所作为高质量审计师的替代变量。以上敏感性测试的结果基本保持不变。此外需要说明的是，正如李树华(2000)所言，“十大”和非“十大”之分带有较大的主观成分，因此本书尝试将“十大”拓展至“十三大”和“十五大”后，发现研究结论仍具有较高的稳定性。

(2)为了减轻可能存在的分布问题的影响(Willenborg，1999)，本书对IPO抑价进行自然对数转型，重新回归的结果保持稳定。

(3)由于IPO审计收费的范围可能包括发行前三年又一期的财务会计资料，在审计定价模型中，对Size、Invrec及Capint三个变量的度量方法，本书以三年的平均值加以取代，重新回归的结果保持不变。

6.5 研究结论

本章以我国IPO定价制度变迁为研究背景，对审计质量的经济后果进行了考察。以我国沪深A股1998年1月8日至2004年8月25日首次公开发行的566家IPO公司为研究样本，研究结果表明，随着股票发行定价市场化水平的提高，在IPO过程中，发行人选择高质量审计师有助于减轻其与市场投资者以及监管者之间的信息不对称，从而获得融资成本的降低，审计质量具有明显的经济后果。

具体来讲，在管制定价程度较高的相对固定市盈率定价阶段，审计师声誉与IPO抑价并不存在显著负相关关系，相反却在一定程度上表现出正相关关系。这表明在“一刀切”的定价方式下，投资者是最大的受益者，而优质公司则是最大的利益牺牲者(杨丹，2004)。“一刀切”的低定价方式造成了资源配置缺乏效率，抑制甚至排斥了高质量审计需求。随着我国新股发行定价市场化水平的提高，在市场化定价阶段，在控制了自选择问题的影响后，研究结果表明，审计师声誉与IPO抑价的负相关关系可能是存在的，但是仍不够明显。对照第5章的研究结果，原因可能在于在该阶段我国事务所之间的审计质量差异化仍不够明显。但是在此后的控制市盈率定价阶段，审计师声誉与IPO抑价在1%水平表现出了显著负相关关系，审计师声誉越高则IPO抑价程度越低。并且对于该阶段IPO审计定价的考察结果同时表明，作为"声誉（或质量）溢价"，高声誉的审计师在IPO过程中确实收取了更高的审计费用。这表明在我国，高质量审计活动的信息披露制约和更高的审计服务成本共同阻止了拥有不利私人信息、事先不确定性风险确实"高"的发行人的模仿行为，从而从较大程度上保证了审计师选择可以作为一种有效的"信号显示机制"，提高IPO市场中资源配置的效率。

此外，对控制市盈率定价阶段，区分IPO公司的发行市盈率是否达到控制上限的进一步研究结果表明，尽管定价的管制程度较低，但是管制因素对于抑价的形成仍具有重要影响。本书的研究结果表明，在达到控制上限的样本组，其抑价的程度与未达到控制上限的样本组相比大约要高出0.32，这是一个相当大的数字。同时在存在管制约束的情况下，除市场投资者外，发行人在定价过程中无疑还需要对管制者的角色给予充分的重视。本书的研究结果表明，在达到控制上限样本组中，审计师声誉与IPO抑价保持显著的负相关关系，但是在未达到控制上限样本组，两者之间的负相关关系明显减弱。其原因在于，作为理性的以追求发行收益最大化为目标的发行人，其所确定的发行市盈率若低于控制市盈率上限本身对于监管者包括市场来讲就是一个明确的信号，在减轻了市场参与者之间的信息不对称的同时也削弱了审计师声誉作为信号传递机制的价值；而在达到控制市盈率上限样本组中，尤其是对于那些需经过努力方能以控制市盈率上限发行定价的IPO公司来说，其与监管者包括市场投资者之间的信息不对称显得格外重要，努力降低信息不对称所带来的抑价损失，最大化发行收入是其首要目标。在缺乏其他信号传递机制的情况下，审计师声誉与IPO抑价因此表现出更强的负相关关系。

结　语

第7章

本章主要是在前述各章节研究的基础上，对本书的研究结论予以概括，并做简要评论。同时，指出本书的研究局限及未来可能的后续研究方向。

7.1　本书的主要研究结论和启示

本书是以在我国经济转型和新兴市场总体背景下具备了迅速演进特征的证券审计市场为研究背景，以我国股票发行定价制度的变迁为研究切入点，对审计质量需求和供给及其变化趋势等问题进行了分析和实证检验。主要的研究结论和启示概述如下：

(1)李树华(2000)发现在我国首批独立审计准则实施后，"十大"会计师事务所的 IPO 市场份额不断下降。本文的研究发现，在我国股票发行定价制度不断向市场化方向迈进的过程中，无论是以客户家数还是以客户资产总额为基准来进行衡量，"十大"的市场份额均获得了稳定的较大幅度的提升。具体来说，分别以客户家数和客户资产总额为基准进行计算，在相对固定市盈率定价阶段，"十大"的市场份额分别为 9.7%和 24.6%。与此形成鲜明对比的是，在市场化定价阶段，"十大"的市场份额则分别上升为 16.1%和 39.7%。到了控制市盈率定价阶段，"十大"的市场份额更是获得了大幅提升，分别达到了 24.1%和 61.7%。

(2)本书第 4 章的研究结果表明，在相对固定市盈率定价阶段，从根本上来说我国证券审计市场是缺乏高质量审计需求的。直至 2000 年以后，新兴的高质量审计需求开始逐渐显现。在市场化定价阶段，"十大"IPO 市场份额的提高主要来自对高质量审计的监督需求，具体来说包括两个方面：一是股东与管理层之间的代理冲突所引致的高质量审计需求；二是公司内部人与债权人之间的代理冲突所引发的高质量审计需求。但是在该阶段并不存在对高质量审计的信号显示需求，原因在于在该阶段，"十大"与非"十大"之间的审计质量差异化仍不够明显，并且市场对于审计质量的感知也需要一个逐步认识的过程。在控制市盈率定价阶段，"十大"IPO 市场份额的提高主要来自四个方面，既包括对高质量审计的监督需求，也包括信息需求。在信号显示需求方面，IPO 公司的事先风险越低越有可能选择高质量审计师，以此来向市场(包括监管者)传递其质量更高、风险更低、更值得投资的价值相关信息。在监督需求方面，除第二阶段股东与管理层之间，以及公司内部人与债权人之间代理冲突引致的高质量审计需求外，更高比例的非国有企业上市也是该阶段“十大”市场份额显著提高的原因之一。

(3)总结以上研究结果，本书可以在此回答第 1 章中所提出的问题，即李树华(2000)在我国 IPO 市场中所发现的“审计独立性的提高与审计市场的背离”现象，在 2000 年以后已经终止并发生了较大程度的逆转，“十大”的 IPO 市场份额开始获得了稳步提升，而原因正是来自我国股票发行定价的逐步市场化以及其他新兴高质量审计需求的出现。

(4)尽管与相对固定市盈率定价阶段相比，新兴高质量审计需求的出现使得市场化定价阶段和控制市盈率定价阶段“十大”的 IPO 市场份额获得了显著提高，但即使是“十大”市场份额最高的控制市盈率定价阶段，其以客户家数计算的市场份额也仅为 24%，这表明在我国现阶段仍然存在抑制甚至排斥高质量审计的影响因素。本书第 4 章的研究结果表明，在一定程度上，第一大股东持股比例与“十大”的选择表现出正“U”形关系，总体上是排斥高质量审计的。而图 4-2 的分析结果更是表明，在这个正“U”形关系中，从样本的分布来看，处于下降通道的样本公司比例约占全样本的 71.4%，并且 51.3%的样本公司的第一大股东持股比例集中于(30,60]，这就在现有市场环境下形成了抑制高质量审计需求的一个巨大的“底部陷阱”。新兴的高质量审计需求与抑制高质量审计需求动因的共同作用是“十大”在 IPO 市场的市场份额尽管获得了稳步提升，但总体上仍然不高的根本原因。本书认为，这一巨大“底部陷阱”的形成，在于大股东(内部人)与中小股东缺乏一致的利益基础，在法律约束不足、市场约束机制匮乏、公司治理不够完善的情况下，中小股东难以对大股东(内部人)的利益侵占行为进行制约，理论上所分析的由代理人承担的代理成本在现阶段对大股东(内部人)而言不具有现实意义。由于从总体上看，在证券市场当中，中小股东总是处于弱势群体的地位，所以这一现状的改变，本书认为，有赖于法律对于中小投资者保护水平的进一步提高，有赖于公司治理的进一步完善，有赖于有效的市场约束机制的形成。2007 年股权分置改革的完成，正是在市场约束机制的形成方面向前迈进了一大步。

(5)本书第 5 章对 IPO 定价制度变迁与盈余管理关系的研究结果表明，制度诱发型盈余管理行为会随着制度的变迁而发生变化，在 IPO 定价制度发生变化时，有较弱的证据支持定价管制程度的下降会导致收益增加的盈余管理程度随之下降，具体表现为在 15 倍市盈率定价阶段收益增加的盈余管理程度最高，控制市盈率定价阶段次之，市场化定价阶段最低。这一研究结论含义在于，政府管制的存在可能导致市场微观主体的行为异化，而管制的取消或者程度的减轻则会导致市场微观主体的自觉纠正行动。在李树华(2000)的研究中认为，在高度行政管制定价方式下，IPO 前的盈余管理需要使得公司更为偏好具有较低独立性的事务所。本书的研究表明，随着新股发行定价的逐步市场化，这一动机已经大为减弱。

(6)从供给方的角度看，在 2000 年以前，“十大”与非“十大”所提供的审计质量并不存在系统性差异。根据第 4 章的研究结果，其原因在于，在总体上缺乏高质量审计需求的情况下，会计师事务所缺乏审计质量差异化的动力。在新股发行市场化定价期间(2000—2001)，随着新兴高质量审计需求的逐渐显现，我国会计师事务所提供的审计质量开始产生分化，但仍不够明显；合理的解释是，显然这种审计质量差异化的努力需要一定的时间。不过，在 2001 年以后，本书的研究结果表明，大规模事务所与小型事务所的审计质量存在显著的系统性差异。在控制了自选择问题的影响后，与小规模会计师事务所(非“十大”)相比，大规模会计师事务所(“十大”)能够更为有效地抑制 IPO 过程中的盈余管理，提供更高的审计监督强度、审计质量更高。不过，较为遗憾的是，研究发现即便在 2001 年以后，也没有证据表明在 IPO 过程中高质量审计师更为关注收益增加(即正向)的盈余管理行为。

此外，需要说明的一点是，在考察事务所审计质量差异化的敏感性测试中，本书以 2003 年 2 月 28 日中国证监会发行监管部门在《股票发行审核标准备忘录第 16 号——首次公开发行股票的公司专项复核的审核要求》中指定的 15 家具备专项复核资格的事务所作为高质量审计师的替代变量，研究结果仍然保持了较高的稳定性。该敏感性测试的结果具有一定的政策意义，在一定程度上表明监管部门在确定具有专项复核资格的会计师事务所时，事务所的审计质量是其重要的决策依据。

(7)本书第 6 章的研究结果表明，随着股票发行定价市场化水平的提高，在 IPO 过程中，发行人选择高质量审计师，有助于减少其与市场投资者及与监管者之间的信息不对称，从而获得融资成本的降低，审计质量具有明显的经济后果。具体来讲，在管制定价程度较高的相对固定市盈率定价阶段，审计师声誉与 IPO 抑价并不存在显著负相关关系，相反却一定程度上表现出正相关关系。这表明在“一刀切”的定价方式下，投资者是最大的受益者，而优质公司则是最大的利益牺牲者。“一刀切”的低定价方式造成了资源配置缺乏效率，抑制甚至排斥了高质量审计需求。在市场化定价阶段，在控制了自选择问题的影响后，研究结果表明，审计师声誉与IPO抑价的负相关关系可能是存在的，但是仍不够明显。对照第5章的研究结果，原因可能在于在该阶段我国事务所之间的审计质量差异化仍不够明显所致。但是在此后的控制市盈率定价阶段，审计师声誉与IPO抑价在1%水平表现出了显著负相关关系，审计师声誉越高则IPO抑价程度越低。

(8)本书研究发现，在控制市盈率定价阶段，尽管定价管制程度较低，但是管制的存在仍然对审计师声誉与IPO抑价之间的关系产生了影响。原因在于在存在管制约束的情况下，除市场投资者外，发行人在定价过程中无疑还需要对管制者的角色给予充分的重视。研究结果表明，在达到控制上限样本组，审计师声誉与IPO抑价保持显著的负相关关系，但是在未达到控制上限样本组，两者之间的负相关关系明显减弱。这一研究结论的含义在于，在我国，在从事与证券审计市场相关问题的研究时，对于制度因素的深入细致考察是完全必要的，这也使得我们的研究结果可能与西方主流的研究结论相区别，从而具有中国特色。

(9)作为“声誉(或质量)溢价”，在2001年以后，高声誉的审计师在IPO过程中确实收取了更高的审计费用。这表明，在我国高质量审计活动的信息披露制约和更高的审计服务成本共同阻止了拥有不利私人信息、事先不确定性风险确实“高”的发行人的模仿行为，从而较大程度上保证了审计师选择可以作为一种有效的“信号显示机制”，提高IPO市场中资源配置的效率。需要说明的是，由于我国证券审计市场具有更高程度的竞争性，从而能够较好地降低市场势力对于审计定价的影响，因此“声誉(或质量)溢价”的存在更多地可以用竞争性市场假设(Simunic，1980)来进行解释。

7.2 本研究的局限性及可能的后续研究方向

囿于本人知识结构、时间及研究能力，本书可能仍存在下述不足之处：

(1)在我国，截至目前，并没有明显的像国外那样的理论界和实务界都普遍接受的“四大”与非“四大”之分。在本书当中，由于研究时期较长，本书对于会计师事务所类型的区分，仍然按照李树华(2000)的研究，按照以客户资产总额为基准计算的市场份额大小区分为“十大”和非“十大”。并且在具体计算时，若某事务所的市场份额排名在该年度的前 10 名，则该事务所属于“十大”，反之则属于非“十大”。这使得在本书研究期间，在不同年份，事实上“十大”事务所的具体构成是有所变动的，缺乏时间上的一致性，尽管在 2001 年以后变动的幅度已经很小了。这一处理方法对本书的结果会造成何种影响，尚不得而知。

(2)在本书第 4 章、第 5 章以及第 6 章的敏感性测试中，分别使用“十三大”和“十五大”会计师事务所替代“十大”进行敏感性测试，研究结果仍基本保持不变。但是这一结果一定程度上也说明，在我国大规模事务所和小规模事务所之间的区分可能并没有一个特别的门槛，“十大”和非“十大”的区分是主观处理的结果，这会对研究结果产生何种影响，也尚未可知。此外，需要说明的是，本书的研究并没有使用享有国际声誉的国际“四大”事务所作为高质量审计师的替代变量进行考察，原因在于笔者在研究中发现，国际“四大”在 IPO 市场中的市场份额极低。至于为什么会出现这种情况，需要进一步的深入研究。

(3)本书的研究时间截止于 2004 年 9 月，原因在于此后为配合股权分置改革的顺利进行，新股发行暂停了一年多时间，直至 2006 年 5 月，IPO 市场才开始重新启动。由于数据方面的限制，本书没有对此后的 IPO 市场进行考察。

本书认为，在 2006 年 5 月我国 IPO 市场恢复新股发行后，由于股权分置改革的需要，新股发行是在一个全新的环境下进行(“全流通”)。此外，在新股发行定价问题上，也不再采用控制市盈率方法，而是完全采用市场化定价(累计投标询价)的办法，新修订的《证券法》第三十三条则进一步取消了监管部门对于发行人和承销商所确定发行价格的最后核准要求，这些变化会对 IPO 市场中的审计师选择产生什么样的影响，IPO 审计市场的结构会出现何种变化，本文的研究结论是否继续成立，需要进一步的深入研究。此外，本书的研究是以 IPO 市场为研究对象，研究结果是否可以推广至年报审计市场值得进一步深入考察。举例来说，本书发现在 2002 年以后更多的非国有企业上市是新兴高质量审计需求出现的原因之一，大规模审计师在 2002 年以后 IPO 市场份额的提高部分可以由此解释，但是在年报审计市场当中，国有控股上市公司的存量比重依然很高，这限制了本书研究结论的进一步推广。

附录一　1998—2004年"十大"会计师事务所的市场份额排名(按客户资产总额计算)

事务所名称	1998	事务所名称	1999	事务所名称	2000	事务所名称	2001
大华	6%	大华	6%	中天勤	7%	毕马威华振	16%
毕马威华振	5%	深圳中天	4%	大华	6%	安达信华强	5%
上海众华	4%	毕马威华振	4%	安永华明	5%	大华	4%
上海	4%	上海众华	4%	上海立信长江	4%	上海立信长江	4%
深圳中天	4%	上海上会	4%	北京京都	4%	安永华明	3%
四川君和	4%	天勤	3%	上海上会	3%	北京京都	3%
安永华明	3%	安永华明	3%	上海众华沪银	3%	普华永道中天	3%
上海立信	3%	上海立信	3%	安达信华强	3%	浙江天健	2%
蛇口中华	3%	北京京都	3%	毕马威华振	3%	上海众华沪银	2%
浙江天健	3%	四川君和	3%	浙江天健	3%	信永中和	2%
事务所名称	2002	事务所名称	2003	事务所名称	2004		
毕马威华振	15%	毕马威华振	15%	毕马威华振	16%		
普华永道中天	11%	普华永道中天	10%	普华永道中天	9%		
安永大华	4%	上海立信长江	4%	上海立信长江	5%		
上海立信长江	4%	安永大华	4%	安永华明	4%		
安永华明	3%	安永华明	3%	安永大华	3%		
北京京都	3%	信永中和	3%	信永中和	3%		
信永中和	3%	北京京都	2%	北京京都	2%		
上海众华沪银	2%	上海众华沪银	2%	浙江天健	2%		
浙江天健	2%	浙江天健	2%	河北华安	2%		
深圳鹏城	2%	河北华安	2%	德勤华永	2%		

注：1999年，天勤为原蛇口中华；2000年，中天勤则为深圳中天和天勤合并而成。

参考文献

中文部分

[1] 陈工孟，高宁. 中国股票一级市场发行抑价的程度与原因[J]. 金融研究，2000(8)：2-12.

[2] 陈汉文. 注册会计师职业行为准则研究[M]. 北京：中国金融出版社，1999.

[3] 陈汉文. "红光"造假行为与注册会计师过失分析[J]. 审计研究，2000(2)：8-15.

[4] 陈汉文. 证券市场与会计监管[M]. 北京：中国财政经济出版社，2001.

[5] 陈汉文，黄宗兰. 审计独立性：一项理论研究[J]. 审计研究，2001(4)：21-28.

[6] 陈汉文，吴益兵，李荣，徐臻真. 萨班斯法案404条款：后续进展[J]. 会计研究，2005(2)：82-86.

[7] 陈海明，李东. 我国新股短期发行抑价的会计师事务所声誉假说实证研究[J]. 审计与经济研究，2004(1)：50-52.

[8] 陈俊，陈汉文. 公司治理、会计准则执行与盈余价制相关性[J]. 审计研究，2007(2)：45-52.

[9] 陈俊，毛志忠. 国外审计质量研究思考——需求方和供给方影响[J]. 经济管理，2008(12)：36-42.

[10] 陈小悦，孙爱军. CAPM在中国股市的有效性检验[J]. 北京大学学报(哲学社会科学版)，2000(4)：28-37.

[11] 陈小悦，肖星. 配股权与上市公司利润操纵[J]. 经济研究，2000(1)：30-36.

[12] 陈信元，原红旗. 上市公司资产重组财务会计问题研究[J]. 会计研究，1998(10)：1-10.

[13] 陈信元，夏立军. 审计任期与审计质量：来自中国证券市场的经验证据[J]. 会计研究，2006(1)：44-53.

[14] 陈武朝,郑军.中国注册会计师行业服务需求的特点及其影响的探讨[J].审计研究,2001(1):51-53.

[15] 陈旭霞.独立董事说"不"有信息增量吗[J].中国注册会计师,2005(4):51-55.

[16] 蔡春,黄益建,赵莎.关于审计质量对盈余管理影响的实证研究——来自沪市制造业的经验证据[J].审计研究,2005(2):3-10.

[17] 蔡春,鲜文铎.会计师事务所行业专长与审计质量相关性的检验——来自中国上市公司审计市场的经验证据[J].会计研究,2007(6):41-47.

[18] 杜莘,梁洪昀.中国A股市场初始回报率研究[J].管理科学学报,2001(4):55-61.

[19] 樊纲,王小鲁.中国市场化指数:各地区市场化相对进程报告[M].北京:经济科学出版社,2001.

[20] 樊纲,王小鲁.中国市场化指数:各地区市场化相对进程报告[M].北京:经济科学出版社,2003.

[21] 樊纲,王小鲁.中国市场化指数:各地区市场化相对进程2004年度报告[M].北京:经济科学出版社,2004.

[22] 方军雄,洪剑峭,李若山.我国上市公司审计质量影响因素研究[J].审计研究,2004(6):35-43.

[23] 方军雄.注册会计师职业声誉经济后果性文献综述[J].中国注册会计师,2006(7):63-65.

[24] 方军雄,许平,洪剑峭.CPA职业声誉损害经济后果性研究——来自银广夏事件的初步发现和启示[J].南方经济,2006(6):90-101.

[25] 冯舜华,杨哲英,徐坡岭.经济转轨的国际比较[M].北京:经济科学出版社,2001.

[26] 郭泓,赵震宇.承销商声誉对IPO公司定价、初始和长期回报影响实证研究[J].管理世界,2006(3):22-28.

[27] 韩德宗,陈静.中国IPO定价偏低的实证研究[J].统计研究,2001(4):29-35.

[28] 韩洪灵.中国证券审计市场的结构、行为与绩效[D].厦门:厦门大学,2006.

[29] 韩洪灵,陈汉文.中国上市公司初始审计的定价折扣考察:来自审计师变更的经验证据[J].会计研究,2007(9):83-89.

[30] 韩厚军,周生春.中国证券市场会计师报酬研究[J].管理世界,2003(2):15-22.

[31] 郝玉贵.我国独立审计市场特征探析[J].审计理论与实践,2003(12):28.

[32] 何晓东,余玉苗.中国 IPO 市场审计师选择主要影响因素的实证分析[J].财会通讯,2008(1):47-49.

[33] 洪剑鞘,陈朝晖.中国股市 IPO 效应实证研究[J].中国会计与财务研究,2002(1):30-43.

[34] 胡旭阳.中介机构的声誉与股票市场信息质量——对我国股票市场中介结构作用的实证研究[J].证券市场导报,2003(2):58-61.

[35] 黄玲,吴立范.IPO 祭——透过市盈率看目前新股发行定价机制[J].股市动态分析,2004(35):9-11.

[36] 黄群慧,张艳丽.国有企业代理阶层的"激励空缺"问题初探[J].经济研究,1995(8):13-15.

[37] 侯鸿翔.委托代理理论与国有企业改革[J].经济问题,1999(4):25-28.

[38] 靳云汇,杨文.新股折价现象的实证分析[J].统计研究,2003(3):49-53.

[39] 贾春新,刘力.首次公开发行:从理论到实证[J].管理世界,2006(7):159-169.

[40] 蒋顺才,蒋永明,胡琦.不同发行制度下我国新股首日收益率研究[J].管理世界,2006(7):32-38.

[41] 蒋尧明,罗新华.有效需求主体的缺失与会计信息失真[J].会计研究,2003(8):3-7.

[42] 科斯,阿尔钦,诺思,等.财产权利与制度变迁——产权学派与新制度经济学派译文集[M].上海:上海三联书店、上海人民出版社,2003.

[43] 郎咸平.国企绩效分析和职业经理人制度建立[EB/OL].(2014-09-17)[2015-10-12]http://finance.sina.com.cn.

[44] 雷光勇,刘慧龙.控股股东性质、利益输送与盈余管理幅度[J].中国工业经济,2007(8):90-97.

[45] 李博,吴世农.中国股市新股发行(IPOs)的初始收益率研究[J].南开管理评论,2000(5):31-36.

[46] 李补喜,王平心.上市公司审计费用率影响因素实证研究[J].南开管理评论,2005(2):91-95.

[47] 李常青,林文荣.会计师事务所声誉与IPO折价关系的实证研究[J].厦门大学学报(哲学社会科学版),2004(5):78-85.

[48] 李东平,黄德华,王振林."不清洁"审计意见、盈余管理与会计师事务所变更[J].会计研究,2001(6):51-57.

[49] 李连军,薛云奎.中国证券市场审计师声誉溢价与审计质量的经验研究[J].中国会计评论,2007(10):401-414.

[50] 李明辉.代理成本与审计师选择——基于中国IPO公司的研究[J].财经研究,2006(4):91-102.

[51] 李奇凤,宋琰纹.事务所地域与其对盈余管理的抑制能力[J].中国会计评论,2007(3):83-94.

[52] 李寿喜.产权、代理成本和代理效率[J].经济研究,2007(1):102-113.

[53] 李树华.审计独立性的提高与审计市场的背离[M].上海:上海三联书店,2000.

[54] 李爽,吴溪.中国证券市场中的审计报告行为:监管视角与经验证据[M].北京:中国商业出版社,2003.

[55] 李爽,吴溪.后中天勤时代的中国证券审计市场[J].会计研究,2005(6):10-15.

[56] 李维安,王新汉,王威.盈余管理与审计意见关系的实证研究——基于非经营性收益的分析[J].财经研究,2004(11):126,135.

[57] 李仙,聂丽洁.我国上市公司IPO中审计质量与盈余管理实证研究[J].审计研究,2006(6):67-72.

[58] 李翔,阴永晟.发行管制变迁下的中国股市IPO首日回报率研究[J].经济科学,2004(3):43-53.

[59] 李亚静,朱宏泉,黄登仕,等.董事会控制、经济报酬与公司经营绩效[J].系统工程理论与实践,2005(2):30-39.

[60] 李增泉,余谦,王晓坤.掏空、支持与并购重组[J].经济研究,2005(1):95-105.

[61] 林舒,魏明海.中国A股发行公司首次公开募股过程中的盈利管理[J].中国会计与财务研究,2000(6):87-130.

[62] 林毅夫.关于制度变迁的经济学理论:诱导性变迁与强制变迁[M]//[美] R. H. 科斯,A. 阿尔钦,D. 诺斯,等.财产权利与制度变迁.刘宇英,译.上海:上海三联书店、上海人民出版社,1994.

[63] 林毅夫.经济学研究方法与中国经济学科发展[J].经济研究,2001(4):74-81.

[64] 林毅夫,蔡昉,李周.现代企业制度的内涵与国有企业改革方向[J].经济研究,1997(3):3-10.

[65] 林毅夫,蔡昉,李周.竞争:政策性负担和国有企业改革[J].经济社会体制比较,1998(5):1-5.

[66] 林毅夫.中国的奇迹:发展战略与经济改革[M].上海:格致出版社、上海人民出版社、上海三联书店,1999.

[67] 林毅夫.再论制度、技术与中国农业发展[M].北京:北京大学出版社.1999.

[68] 林毅夫,刘培林.自生能力和国企改革[J].经济研究,2001(9):60-70.

[69] 刘斌,叶建中,廖莹毅.我国上市公司审计收费影响因素的实证研究——深沪市2001年报的经验证据[J].审计研究,2003(1):44-47.

[70] 刘斌,孙回回,李嘉明.自愿性会计政策变更与非标审计意见的相关性研究[J].财贸研究,2004(3):101-107.

[71] 刘峰,林斌.会计师事务所脱钩与政府选择:一种解释[J].会计研究,2000(2):9-15.

[72] 刘峰,许菲.风险导向型审计、法律风险、审计质量——兼论“五大”在我国审计市场的行为[J].会计研究,2002(2): 21-27.

[73] 刘峰,张立民,雷科罗.我国审计市场制度安排与审计质量需求[J].会计研究,2002(12):22-27.

[74] 刘峰,周福源.国际五大意味着高审计质量吗?——来自我国A股市场的初步证据.中山大学工作论文.2005.

[75] 刘峰,周福源.国际四大意味着高审计质量吗?——基于会计稳健性角度的检验[J].会计研究,2007(3):79-94.

[76] 刘江会,刘晓亮.我国承销商声誉与IPO抑价关系的实证分析.上海师

范大学商学院工作论文,2004.

[77] 刘江会,尹伯成,易行健.我国证券承销商声誉与IPO企业质量关系的实证研究[J].财贸经济,2005(3):9-16.

[78] 刘力,李文德.中国股市股票首次公开发行首日超额收益研究[J].中国会计与财务研究,2000(4):1-53.

[79] 刘明辉,李黎,张羽.我国审计市场集中度与审计质量关系的实证分析[J].会计研究,2003(7):37-41.

[80] 刘勤,颜志元.会计估计与独立审计质量——来自中国A股上市公司的证据[J].会计研究,2006(9).82-88.

[81] 刘青.国有企业委托代理关系的特殊性及改革路径[J].当代世界社会主义问题,2003(2):43-49.

[82] 刘少波.控制权收益悖论与超控制权收益[J].经济研究,2007(2):85-96.

[83] 刘小玄.企业边界的重新确定:分立式的产权重组——大中型国有企业的一种改制模式[J].经济研究,2001(4):3-13.

[84] 刘运国,麦剑青.论四大会计师事务所的审计质量[J].中山大学学报,2006(3):118-128.

[85] 刘运国,麦剑青,魏哲妍.审计费用与盈余管理实证分析[J].审计研究,2006(2):74-80.

[86] 罗党论,黄郡.审计师与控股股东"掏空"行为——来自中国上市公司的经验证据[J].当代经济管理,2007(2):123-127.

[87] 陆建桥.中国亏损上市公司盈余管理实证研究[J].会计研究,1999(9):25-35.

[88] 吕炜.转轨经济研究思路的评述、反思与创新[J].财经问题研究,2004(2):3-10.

[89] 吕先锫,王伟.注册会计师非标准审计意见影响因素的实证研究[J].审计研究,2007(1):51-58.

[90] 吕兆德,朱星文,宗文龙.民间审计地域特征研究——来自中国A股市场的证据[J].统计研究,2007(1):40-46.

[91] 浦剑悦,韩杨.新股发行抑价的两种模型检验[J].南开管理评论,2002(4):45-47,54.

[92] 漆江娜,陈慧霖,张阳.事务所规模、品牌、价格与审计质量——国际"四大"中国审计市场收费与质量研究[J].审计研究,2004(3):59-65.

[93] 青木昌彦,张春霖.对内部人控制的控制:转轨经济中公司治理的若干问题[J].改革,1994(6):11-24.

[94] 施东晖.转轨经济中的所有权与竞争:来自中国上市公司的经验证据[J].经济研究,2003(8):46-54.

[95] 施锡铨,周侃.信息不完全情况下新股发行定价的选择及效率[J].统计研究,2000(11):34-38.

[96] 宋德舜.国有控股、最高决策者激励与公司绩效[J].中国工业经济,2004(3):91-98.

[97] 宋建波,陈华昀.我国注册会计师审计与上市公司盈余管理研究[J].财经问题研究,2005(3):87-90.

[98] 宋逢明,梁洪昀.发行市盈率放开后的A股市场初始回报研究[J].金融研究,2001(2):94-100.

[99] 孙铮,曹宇.股权结构与审计需求[J].审计研究,2004(3):7-14.

[100] 孙铮,王跃堂.资源配置与盈余操纵之实证研究[J].财经研究,1999(4):3-9.

[101] 谭劲松,郑国坚.产权安排、治理机制、政企关系与企业效率[J].管理世界,2004(2):104-156.

[102] 田高良,王晓亮.我国A股IPO效率影响因素的实证研究[J].南开管理评论,2007(5):94-99.

[103] 田利辉.国有股权对上市公司绩效影响的U型曲线和政府股东两手论[J].经济研究,2005(10):48-58.

[104] 童继生,李元旭."新兴市场"研究综述[J].学术月刊,2001(10):110-112.

[105] 王春峰,李吉栋.IPO盈余管理的实证检验[J].天津大学学报(社会科学版),2003(4):324-328.

[106] 王春峰,赵威,房振明.新股投资者情绪度量及其与新股价格行为关系[J].系统工程,2007(7):1-5.

[107] 王晋斌.新股申购预期超额报酬测度及其可能原因的解释[J].经济研究,1997(12):17-24.

[108] 王奇波，宋常. 国外关于最优股权结构与股权制衡的文献综述[J]. 会计研究，2006(1)：83-94.

[109] 王艳艳，陈汉文. 审计质量与会计信息透明度[J]. 会计研究，2006(4)：9-15.

[110] 王艳艳，陈汉文，于李胜. 代理冲突与高质量审计需求——来自中国上市公司的经验证据[J]. 经济科学，2006(2)：72-82.

[111] 王跃堂，陈世敏. 脱钩改制对审计独立性影响的实证研究[J]，审计研究，2001(3)：2-9.

[112] 王咏梅，王鹏."四大"与"非四大"审计质量市场认同度的差异性研究[J]. 审计研究，2006(5)：49-56.

[113] 王钰. 国有企业经营者收入问题探析[J]. 管理世界，2002(11)：148-149.

[114] 王振林. 政府规范、审计服务的供求与审计收费——中国上市公司的证据[D]. 上海：上海财经大学，2002.

[115] 王正位，赵冬青，朱武祥. 再融资门槛无效吗？[J]. 管理世界，2006(10). 108-113.

[116] 王志强，刘星. 上市公司 IPO 盈余管理与其后期市场表现的实证分析[J]. 经济管理，2003(18)：78-81.

[117] 魏刚. 高级管理层激励与上市公司经营绩效[J]. 经济研究，2000(3)：34-39.

[118] 魏刚，陈工孟. IPO 公司盈余预测精确性之实证研究[J]. 财经研究，2001(3)：42-49.

[119] 伍利娜. 审计定价影响因素研究——来自中国上市公司首次审计费用披露的证据[J]. 中国会计评论，2003(7)：113-128.

[120] 吴世农，卢贤义. 我国上市公司财务困境的预测模型研究[J]. 经济研究，2001(6)：46-55.

[121] 吴水澎，李奇凤. 国际四大、国内十大与国内非十大的审计质量[J]. 当代财经，2006(2)：114-118.

[122] 吴溪. 我国证券审计市场的集中度与注册会计师独立性[J]. 中国注册会计师，2001(9)：14-16.

[123] 夏冬林，林震昃. 我国审计市场的竞争状况分析[J]. 会计研究，2003

(3):40-46.

[124] 夏立军.盈余管理计量模型在中国股票市场的应用研究[J].中国会计与财务研究,2003(2):94-122.

[125] 夏立军,陈信元,方铁强. 审计任期与独立性:来自中国证券市场的经验证据[J].中国会计与财务研究,2005(1):54-101.

[126] 夏立军,方铁强.政府控制、治理环境与公司价值——来自中国证券市场的经验证据[J].经济研究,2005(5):40-51.

[127] 夏立军,杨海斌.注册会计师对上市公司盈余管理的反应[J].审计研究,2002(4):28-34.

[128] 肖继辉,彭文平.上市公司总经理报酬业绩敏感性研究[J].财经研究,2004(12):34-43,52.

[129] 肖曙光,蒋顺才.我国A股市场高IPO抑价现象的制度因素分析[J].会计研究,2006(6):70-75.

[130] 谢德仁,陈武朝.注册会计师职业服务市场的细分研究[J].会计研究,1999(8):2-10.

[131] 刑文祥.中国职业经理人的成长与发展[J].经济研究,2007(1):64-65.

[132] 徐浩萍.会计盈余管理与独立审计质量[J].会计研究,2004(1):44-49.

[133] 徐浩萍,罗炜.投资银行声誉机制有效性:执业质量与市场份额双重视角的研究[J].经济研究,2007(2).124-136.

[134] 徐筱凤,李寿喜.什么影响了上市公司年报审计费用:基于普华永道中天审计客户的实证分析[J].世界经济文汇,2004(6):65-75.

[135] 耿建新, 刘文鹏.我国上市公司配股融资行为的实证研究[J].会计研究,2001(9):21-27.

[136] 杨丹.上市公司壳资源价值与新股定价实证研究[J].经济学家,2004(2):108-116.

[137] 杨丹,王莉.中国新股发行抑价:一个假说的检验[J].复旦学报(社会科学版),2001(5):85-90.

[138] 杨瑞龙.论国有经济中的多级委托代理关系[J].管理世界,1997(1):106-115.

[139] 杨时展. 中国注册会计师制度的沿革和发展[J]. 财会通讯，1995(2)：21-23.

[140] 杨万铭，李海明. 交易成本范式：批评与发展[J]. 学术月刊，2004(12)：50-56.

[141] 杨万铭，李海明. 探析中国经济转型之谜[J]. 财经科学，2004(4)：29-33.

[142] 杨晓敏，韩廷春. 制度变迁、金融结构与经济增长[J]. 财经问题研究，2006(6)：70-81.

[143] 杨旭东，莫小鹏. 新配股政策出台后上市公司盈余管理现象的实证研究[J]. 会计研究，2006(8)：44-51.

[144] 郁铧君. 我国 IPO 询价制度实施效果研究[J]. 证券市场导报，2005(9)：23-28.

[145] 岳衡，林小驰，王君亦. 上有政策，下有对策——上市公司应对新配股政策的策略. 北京大学工作论文. 2007

[146] 易琮. 行业制度变迁的诱因与绩效[D]. 广州：暨南大学，2002.

[147] 易琮. 有关审计市场集中度问题的探讨[J]. 中国注册会计师，2002(5). 34-35.

[148] 禹来. 国有企业的外部人控制问题[J]. 管理世界，2002(2)：95-102.

[149] 余玉苗. 中国上市公司审计市场结构的初步分析[J]. 经济评论，2001(3)：120-122.

[150] 于增彪，梁文涛. 股票发行定价体制与新上市 A 股初始投资收益[J]. 金融研究，2004(8)：51-58.

[151] 原红旗，李海建. 会计师事务所组织形式、规模与审计质量[J]. 审计研究，2003(1)：32-37.

[152] 曾颖，叶康涛. 股权结构、代理成本与外部审计需求[J]. 会计研究，2005(10)：63-70.

[153] 谌新民，刘善敏. 上市公司经营者报酬结构性差异的实证研究[J]. 经济研究，2003(8)：55-63.

[154] 张慧君. 经济转型的阶段性及其路径演化研究[J]. 江苏社会科学，2007(3)：47-55.

[155] 张继勋，徐奕. 上市公司审计收费影响因素研究——来自上市公司

2001—2003 年的经验证据[J]. 中国会计评论,2005(1):99-116.
[156] 张俊瑞,赵进文,张建. 高级管理层激励与上市公司经营绩效相关性的实证分析[J]. 会计研究,2003(9):29-34.
[157] 张立民,管劲松. 我国 A 股审计市场的结构研究——来自 2002 上市公司年度报告的数据[J]. 审计研究,2004(5):31-36.
[158] 张玲. 财务危机预警分析判别模型[J]. 数量经济技术经济研究,2000(3):49-51.
[159] 张奇峰. 政府管制提高会计师事务所声誉吗?——来自中国证券市场的经验证据[J]. 管理世界,2005(12):14-23,
[160] 张奇峰,张鸣,王俊秋. 公司控制权安排影响外部审计需求吗?——以上市公司的审计师选择及其审计费用为例[J]. 中国会计与财务研究,2007(1):46-109.
[161] 张为国,王霞. 中国上市公司会计差错的动因分析[J]. 会计研究,2004(4):24-29.
[162] 张维迎. 产权安排与企业内部的权力斗争[J]. 经济研究,2000(6):41-78.
[163] 张维迎. 从公司治理结构看中国国有企业改革的成效、问题与出路[J]. 社会科学战线,1997(2):42-51.
[164] 张维迎. 公有制经济中的委托人—代理人关系:理论分析和政策含义[J]. 经济研究,1995(4):10-20.
[165] 张维迎. 所有制、治理结构及委托—代理关系——兼评崔之元和周其仁的一些观点[J]. 经济研究,1996(9):3-15.
[166] 张维迎. 控制权损失的不可补偿性与国有企业兼并中的产权障碍[J]. 经济研究,1998(7):3-14.
[167] 张雁翎,彭浩然. 盈利预测误差的契约性与上市公司盈余管理研究[J]. 财经研究,2004(11):136-144
[168] 章永奎,刘峰. 盈余管理与审计意见相关性实证研究[J]. 中国会计与财务研究,2002(1):1-29.
[169] 中国注册会计师协会组织翻译. 美国审计总署(GAO)研究报告——关于会计师事务所强制轮换潜在影响的法定研究[M]. 中国财政经济出版社. 2004.

[170] 周嘉南，黄登仕.上市公司高级管理层报酬业绩敏感度与风险之间关系的实证检验[J].会计研究，2006(4):44-50.

[171] 周其仁.公有制企业的性质[J].经济研究，2000(11):3-12.

[172] 周其仁.市场里的企业:一个人力资本与非人力资本的特别合约[J].经济研究，1996(6):71-80.

[173] 周孝华，赵炜科，刘星.我国股票发行审批制与核准制下IPO定价效率的比较研究[J].管理世界，2006(11):13-18.

[174] 周中胜，陈俊.大股东资金占用与盈余管理[J].财贸研究，2006(3):128-135.

[175] 周中胜，陈汉文.大股东资金占用与外部审计监督[J].审计研究，2006(3):73-81.

[176] 朱红军，夏立军，陈信元.转型经济中审计市场的需求特征研究[J].审计研究，2004(5):53-62.

[177] 朱武详，张帆.公司上市前后经营业绩变化的经验分析[J].世界经济，2001(11):11-18.

[178] 朱先奇，董玲.经济转型时期的制度变迁与行为异动[J].经济问题，2005(7):7-8.

英文部分

[1] Akerlof, G. A. The market for "lemons": quality, uncertainty, and the market mechanism[J]. Quarterly Journal of Economics, 1970 (Aug.):488-500.

[2] Albring,. S. M., Elder, R. J. IPO underpricing and audit quality differentiation within Non-Big5 Firms[M]. Working paper: University of South Florida,2004.

[3] Abdel-Khalik, A. Rashad. Demand for auditing: theory and evidence from private companies[M]. ARC working Paper No. 86-1. University of Florida,1986.

[4] Abdel-Khalik, A. R. Why do private companies demand auditing? A case for organizational loss of control[J]. Journal of Accounting, Auditing and Finance. 1993,8(1):31-52.

[5] Aggarwal. R.,P. Conroy. Price discovery in initial public offerings

and the role of lead underwriter[J]. Journal of Finance,2000(Dec.): 2903-2922.

[6] Agrawal, A. , S. Chadha. Corporate governance and accounting scandals[J]. Journal of Law and Economics,2005 (Oct.): 371-406.

[7] Aharony ,J. ,Lin,C. J. , M. Loeb. Initial pubic offering, accounting choices, and earnings management [J]. Contemporary Accounting Research,1993(10):61-81.

[8] Aharony,J. , Lee C. W. J. , Wong T. J. Financial packaging of IPO firms in China [J]. Journal of Accounting Research, 2000, 38 (1): 103-126.

[9] Albrecht, W. S. , Sack, R. J. Accounting education: Charting the course through a perilous future [M]. American Accounting Association: Sarasota, FL,2000.

[10] Allen, F. , Faulhaber,G. R. Signalling by underpricing in the IPO market[J]. Journal of Financial Economics,1989,2(Aug.):303-323.

[11] Ashbaugh, H. , LaFond R. , Mayhew B. W. Do nonaudit services compromise auditor independence? [J]. Further evidence. The Accounting Review,2003,78(3):611-639.

[12] Baber, W. R. Toward understanding the role of auditing in the public sector[J]. Journal of Accounting & Economics, 1983 (5): 213-227.

[13] Baber, W. R. , Kumar K. R. , Verghese T. Client security price reactions to the Laventhol and Horwath Bankruptcy[J]. Journal of Accounting Research,1995,33(2):385-395.

[14] Bae,K. ,J. Kang. , Kim J. Tunneling or value added? evidence from mergers by Korean business groups[J]. The Journal of Finance,2002 (57):2695-2740.

[15] Balsam, S. , Krishnan J. , Yang J. S. Auditor industry specialization and earnings quality [J]. Auditing: A Journal of Practice and Theory,2003,22(2):71-97.

[16] Balvers, R. J. , McDonald, B. , Miller, R. E. Underpricing of new

issues and the choice of auditor as a signal of investment banker reputation[J]. The Accounting Review,1988,63(4):605-622.

[17] Bandyopadhyay,S. P. , Kao J. L. Competition and Big 6 brand name reputation: Evidence from the Ontario municipal audit market[J]. Contemporary Accounting Research,2001,18(1): 27-64.

[18] Baron, D. A model of the demand for investment banking advising and distribution services for new issues[J]. The Journal of Finance, 1982,37(4):955-976.

[19] Basu, S. The conservation principle and the asymmetric timeliness of earnings[J]. Journal of Accounting and Economics, 1997, 24 (1): 1-37.

[20] Beatty, R. , Ritter J. Investment banking, reputation, and the underpricing of initial public offerings [J]. Journal of Financial Economics,1986, 15(1/2):213-233.

[21] Beatty, R. P. Auditor reputation and the pricing of initial public offerings[J]. The Accounting Review,1989,64(Oct.):693-709.

[22] Beatty,R. P. ,Ritter J. R. Investment banding,reputation and the underpricing of initial pubic offerings [J]. Journal of Financial Economics,1986(15):213-232.

[23] Beck, P. J. , Frecka T. J. , Solomon I. A model of the market for MAS and audit services: Knowledge spillovers and auditor-auditee bonding[J]. Journal of Accounting Literature,1988(7):50-60.

[24] Becker . , C. L, DeFond M. L. , Jiambalvo J. , Subramanyam K. R. The effect of audit quality on earnings management [J]. Contemporary Accounting Research,1998,15(1):4-24.

[25] Bell T. B. , Landsman W. R. , Shackelford D. A. Auditors' perceived business risk and audit fees: Analysis and evidence [J]. Journal of Accounting Research,2001,15(1):35-43.

[26] Benston, G. J. The value of the SEC's accounting disclosure requirements[J]. The Accounting Review,1969,44(July):515-532.

[27] Benveniste, L. M. Spindt, P. A. How investment bankers determine

the offer price and allocation of new issues[J]. Journal of Financial Economics,1989(2):343-361.

[28] Benveniste, L. M. Wilhelm, W. J. A comparative analysis of IPO proceeds under alternative regulatory environment[J]. Journal of Financial Economics,1990(1/2):173-207.

[29] Bockus, K., Gigler F.. A theory of auditor resignation[J]. Journal of Accounting Research,1989,36(2): 191-208.

[30] Bushman,R. M., Smith A. J. Financial accounting information and corporate governance[J]. Journal of Accounting & Economics,2001(32): 237-333.

[31] Callaghan, J. H., Mittelstaedt, H. Fred, Yardley, James A. Auditors' incompatible economic incentives[D]. Working Paper: University of Illinois at Urbana-Champaign,1985.

[32] Carcello,J. V.,Lin,J. K. Raghunandan. Auditors' reporting options and client disclosure quality[J]. Research in Accounting Regulation, 2005(18):127-142.

[33] Carpenter, C. G., Strawser R. H. Displacement of auditors when clients go public[J]. Journal of Accountancy,1971(June):55-58.

[34] Casterella,J. R., Francis J. R., Lewis B. L., et al. Auditor industry specialization, client bargaining power, and audit pricing [J]. Auditing: A Journal of Practice and Theory,2004,23(1):123-140.

[35] Chaney, P. K., Philipich K. L. Shredded reputation: The cost of audit failure[J]. Journal of Accounting Research, 2002, 40(4): 1221-1245.

[36] Chaney,P. K., Jeter D. C., Shivakumar L. Self-selection of auditors and audit pricing in private firms[J]. The Accounting Review,2004, 79(1):51-72.

[37] Chang,E., Wong S. M. L. Political control and firm performance in China's listed firms[J]. Journal of Comparative Economics, 2004(32):617-636.

[38] Chen. C. J. P., Chen S., Su X. J. Profitablility regulation, earnings

management, and modified audit opinions: evidence from China[J]. Auditing: A Journal of Practice and Theory, 2001(20): 9-30.

[39] Chen, K. C. W., Yuan H. Earnings management and capital resource allocation: evidence from China's accounting-based regulation of rights issue[J]. The Accounting Review, 2004, 79(3): 645-665.

[40] Chemmanur, T. J. The pricing of initial public offering: a dynamic model with information production[J]. The journal of Finance, 1993 (Mar.): 285-304.

[41] Chen, K. Y., Lin, K. L., Zhou, J. Audit quality and earnings management for Taiwan IPO firms[J]. Managerial Auditing Journal, 2005(20): 86-104.

[42] Chow, C. W. The demand for external auditing: size, debt and ownership influences [J]. Accounting Review, 1982, 57 (Apr.): 272-291.

[43] Chung, H., Kallapur S. Client importance, nonaudit services, and abnormal accruals [J]. The Accounting Review, 2003, 78 (4): 931-955.

[44] Claessens, S., Djankov S., Fan J., Lang L. Disentangling the incentive and entrenchment effects of large shareholdings[J]. Journal of Finance, 2002(57): 2741-2771.

[45] Clarkson, P. M., Simunic D. A. The association between audit quality, retained ownership, and firm-specific risk in U. S. vs. Canadian IPO markets[J]. Journal of Accounting & Economics, 1994 (17): 207-228.

[46] Cornelli, F., Goldreich D. Bookbuilding and Strategic Allocation[J]. The Journal of Finance, 56(6): 2337-2369.

[47] Copley, P. A., Douthett E. B. The association between auditor choice, ownership retained, and earnings disclosure by firms making initial pubic offerings [J]. Contemporary Accounting Research, 2002, 19(1): 49-76.

[48] Craswell, A., Francis J., Taylor S. Auditor brand name reputation

and industry specializations[J]. Journal of Accounting & Economics, 1995(20):297-322.

[49] Craswell, A. ,Francis J. Pricing initial audit engagements: A test of competing theories [J]. The Accounting Review, 1999, 74 (2): 201-216.

[50] Craswell, A. , Francis J. , Taylor S. Auditor brand name reputation and industry specialization [J]. Journal of Accounting & Economics, 1995 (20):297-322.

[51] Cullinan, C. P. Evidence of Non-Big6 Market Specialization and Pricing Power in a niche assurance service market[J]. Auditing: A Journal of Pracitce and Theory,1998 (17):47-57.

[52] Cushing, B. , Loebbecke J. Studies in Accounting Research # 26: Comparison of Audit Methodologies of Large Accounting Firms[M]. Sarasota: American Accounting Association,1986.

[53] Danos P. , Eichenseher J. W. Long-term trends toward seller concentration in the U. S. audit market[J]. The Accounting Review, 1986(Oct.):633-650.

[54] Dater. S. M. , Feltham G. A. , Hughes J. S. The role of audits and audit quality in valuing new issues[J]. Journal of Accounting & Economics. 1991(14):3-49.

[55] Davidson, R. A. , Neu D. A note on the association between audit firm size and audit quality[J]. Contemporary Accounting Research, 1993 (9):479-488.

[56] Davis,L. E. , North D. C. Institutional change and american economic growth[M]. Cambridge University Press,1971.

[57] DeAngelo, L. Auditor independence, "low balling," and disclosure regulation[J]. Journal of Accounting & Economics,1981a,(Aug.): 113-127.

[58] DeAngelo, L. Auditor size and auditor quality [J]. Journal of Accounting & Economics,1981b, (Dec.):183-199.

[59] DeAngelo. L. , DeAngelo H. , Skinner D. Accounting choices of

troubled companies[J]. Journal of Accounting & Economics, 1994, 17(1&2): 113-143.

[60] Dechow, P., Dichev I. The quality of accruals and earnings: the role of accrual estimation errors[J]. The Accounting Review, 2002, 77 (4): 35-59.

[61] DeFond, M. L. The association between changes in client firm agency costs and auditor switching[J]. Auditing: A Journal of Practice and Theory, 1992(11): 16-31.

[62] DeFond, M. L., Wong T. J., Li. The impact of improved auditor independence on audit market concentration in China[J]. Journal of Accounting & Economics, 2000(28): 269-305.

[63] DeFond, M. L., Francis, J. R., Wong, T. J. Auditor industry specialization and market segmentation: evidence from Hong Kong [J]. Auditing: A Journal of Practice and Theory, 2000, 19(Spr.): 49-66.

[64] DeFond, M. L., Park C. W. Smoothing income in anticipation of future earnings[J]. Journal of Accounting & Economics, 1997, 23 (2): 115-139.

[65] DeFond, M. L., Raghunandan K., Subramanyam K. R. Do nonaudit services fees impair auditor independence? Evidence from going concern audit opinions[J]. Journal of Accounting Research, 2002, 40(4): 1247-1274.

[66] DeFond, M. L., Francis J. Audit research after Sarbanes-Oxley[J]. Auditing: A Journal of Practice and Theory, 2005(24): 5-30.

[67] DeFond, M. L., Jiambalvo J. Debt covenant effects and the manipulation of accruals[J]. Journal of Accounting & Economics, 1994, 17(1/2): 145-176.

[68] DeJong, D. V., Forsythe R., Schatzberg J. W., Uecker W. C. Collusion and product quality in agency relationships: A laboratory investigation[M]. Working Paper, University of Lowa. 1986.

[69] DeJong, D. V., Smith J. H. The determination of audit

responsibilities: An application of agency theory[J]. Auditing: A Journal of Practices and Theory,1984 (Fall):20-34.

[70] Dopuch, N., Simunic D. Competition in auditing: An assessment[R]. Fourth Symposium on Auditing Research, University of Illinois, 1982.

[71] Doogar R., Easley R. F. Concentration without differentiation: A new look at the determinants of audit market concentration[J]. Journal of Accounting & Economics,1998, 25(3): 235-253.

[72] Downes, D. H., Heinkel R. Signalling and the valuation of unseasoned new issues[J]. Journal of Finance,1982 (Mar.):1-10.

[73] Dyck, A., Zingales L. Private benefits of control: an international comparison[J]. Journal of Finance,2004(59):537-600.

[74] Dye, R. A. information motivated auditor replacement[J]. Journal of Accounting & Economics,1991(14):347-374.

[75] Dye, R. A. Auditing standards, legal liability and auditor wealth [J]. Journal of Political Economy,1993(101):887-914.

[76] Eichenseher, J., Shields D. Corporate director liability and monitoring preference[J]. Journal of Accounting and Public Policy, 1985,23(4): 245-268.

[77] Ettredge, M., Greenberg R. Determinants of fee cutting on initial audit engagements[J]. Journal of Accounting Research,1990,28(1): 198-210.

[78] Falk, H. A comparison of regulation theories: the case for mandated auditing in the United States [J]. Research in Accounting Regulation,1989(3):103-124.

[79] FAN, Qintao. Earnings management and ownership retention for initial public offering firms: theory and evidence[J]. Accounting Review,2007,82(1):27-64.

[80] Fan. J. P. H., Wong T. J. Corporate ownership structure and the informative of accounting earning in east Asia [J]. Journal of Accounting & Economics,2002(33):401-425.

[81] Fan, J. P. H., Wong T. J. Do external auditors perform a corporate

governance role in emerging markets? Evidence from eastern Asia [J]. Journal of Accounting Research,2005,43(1):35-72.

[82] Farag, M. Discretionary accruals, non-audit service fees, and earnings persistence[M]. Paper presented at Auditing Section 2006 Mid-Year Conference,2006.

[83] Feltham, G. A., Hughes J. S., Simunic D. A. Empirical assessment of the impact of auditor quality on the valuation of new issues[J]. Journal of Accounting & Economics,1991(14):375- 399.

[84] Ferguson, A., Stokes D. Brand name audit pricing, industry specialization, and leadership premiums post-Big 8 and Big 6 mergers[J]. Contemporary Accounting Research,2002,19(1):77-110.

[85] Ferguson, A. Francis, J. E., Stokes, D. J. The effects of firm-wide and office-level industry expertise on audit pricing[J]. The Accounting Review,2003,78(2):429-448.

[86] Ferguson, M. J., Seow G. S., Young D. Nonaudit services and earnings management: U. K. evidence [J]. Contemporary Accounting Research,2004,21(4):813-841.

[87] Firth,M., Liau-Tan C. Auditor quality, signalling, and the valuation of Initial Public Offerings[J]. Journal of Business Finance and Accounting, 1998,25(1&2):145-165.

[88] Francis, J. R. The effect of audit firm size on audit prices: A study of the Australian market[J]. Journal of Accounting and Economics, 1984 (6):133-151.

[89] Francis, J., Stokes, D. Audit prices, product differentiation and scale economies: further evidence from the Australian audit market [J]. Journal of Accounting Research,1986(24):383-393.

[90] Francis, J. R., Simon D. T. A test of auditing pricing in the small-client segment of the U. S. audit market[J]. The Accounting Review,1987 (62):145-157.

[91] Francis, J. R., Wilson E. R. Auditor changes: A joint test of theories relating to agency costs and auditor differentiation[J]. The

Accounting Review, 1988 (63): 663-682.

[92] Francis , J. R. , Maydew E. L. , Sparks H. C. The role of big 6 auditors in the credible reporting of accruals[J]. Auditing: A Journal of Practice and Theory, 1999, 18(2): 17-34.

[93] Francis, J. R. , Krishan, J. Accounting accruals and auditor reporting conservatism [J]. Contemporary Accounting Research, 1999. (16): 135-165.

[94] Francis, Jere R. , Stokes Donald J. Audit prices, product differentiation and scale economics: evidence from the Australian Market[R]. Working Paper: University of Iowa, 1985.

[95] Francis, J. , Wang, D. Investor protection and auditor conservatism: are Big 4 auditors conservative only in the United States? [R]. Working Paper: University of Missouri, 2004.

[96] Francis, J. R. What do we know about audit quality? [J]. The British Accounting Review, 2004(36): 345-368.

[97] Frankel, R. M. , Johnson M. F. , Nelson K. K. The relation between auditors' fee for nonaudit services and earnings managements[J]. The Accounting Review, 2002 (77): 71-105.

[98] Ghosh, A. , Moon, D. Does auditors tenure impair audit quality? [R]. Working Paper: The Securities and Exchange Commission, 2003.

[99] Gist, W. E. , Michaels P. Auditor concentration and pricing of audit services: public policy and research implications[J]. Advances in Pubic Interest Accounting, 1995(6): 233-271.

[100] Grinblatt M. , Hwang C. Y. Signalling and the pricing of new issues[J]. The Journal of Finance, 1989(Jun.): 393-420.

[101] Grossman, S. , Hart D. One share-one vote and the market for corporate control[J]. Journal of Financial Economics, 1988 (20): 175-202.

[102] Gul, F. A. Audit prices, product differentiation and economic equilibrium [J]. Auditing: A Journal of Practice and Theory, 1999, 18(1): 90-100.

[103] Hackenbrack, K. Mandatory disclosure and the joint sourcing of audit and management advisory services[C]. Midyear American Accounting Association Conference, 2004.

[104] Harris, M., Raviv A. The theory of capital structure[J]. The Journal of Finance, (Mar.): 297-355.

[105] Heckman, J. J. Dummy endogenous variables in a simultaneous equations system[J]. Econometrica, 1978, 46(July): 931-959.

[106] Healy, P., Palepu K. Information asymmetry, corporate disclosure, and the capital markets: a review of the empirical disclosure literature[J]. Journal of Accounting & Economics, 2001 (31): 405-440.

[107] Hogan, C. E. Costs and benefits of audit quality in the IPO market: a self-selection analysis[J]. The Accounting Review, 1997, 72(1): 67-86.

[108] Hogan, C. E., Jeter D. C. Industry specialization by auditors[J]. Auditing: A Journal of Practice and Theory, 1999 (18): 1-17.

[109] Ibbotson, R. G, Jaffe, J. F. "Hot issue" markets[J]. Journal of Finance, 1975 (30): 1027-1042.

[110] Icerman, R., Hillison W. Disposition of audit-detected errors: Some evidence on evaluative materiality[J]. Auditing: A Journal of Practice and Theory, 1991, 10(1): 22-34.

[111] Jain, B., and Kini O. The post-issue operating performance of IPO firms[J]. Journal of Finance, 1994(49): 1699-1726.

[112] Jang, H.-Y. J., Lin C.-J. Audit quality and trading volume reaction: A study of initial public offering of stocks[J]. Journal of Accounting and Public Policy, 1993(12): 263-287.

[113] Jegadeesh, N., Wienstein M., Welch I. An empirical investigation of IPO return and subsequent equity offerings[J]. Journal of Financial Economics, 1989(34): 153-175.

[114] Jensen, M. C., Meckling W. H. Theory of the firm: Managerial behavior, agency costs and ownership structure[J]. Journal of

Financial Economics,1976(3):305-360.

[115] Jian,M. , Wong T.J. Earnings management and tunneling through related party transactionsl: evidence from Chinese corporate groups [R]. Working Paper,www.ssrn.com, 2003.

[116] Johnstone, K. M. , Bedard J. C. Risk management in client acceptance decisions[J]. The Accounting Review, 2003, 78(4): 1003-1025.

[117] Johnson, S. R. , Boone P. , Breach A. , Friedman E. Corporate Governance in the Asian financial crisis[J]. Journal of Financial Economics,2000(58):141-186.

[118] Johnson,S. R. ,La Porta. , Lopez-De-Silane F. , Shleifer A. Tunnelling [J]. American Economic Review,2000(90):22-27.

[119] Kanodia, C. , Mukherji A. Audit pricing lowballing and auditor turnover: A dynamic analysis[J]. The Accounting Review,1994,69 (4):593-615.

[120] Kasznik, R. On the association between voluntary disclosure and earnings management[J]. Journal of Accounting Research, 1999 (37):57-81.

[121] Kato, T, Long C. Chief executive compensation and corporate groups in Japan: new evidence from micro data[R]. Working Paper,2005.

[122] Kellogg, R. L. Accounting activities, security prices, and class action lawsuits[J]. Journal of Accounting & Economics,1984(6): 185-204.

[123] Keloharju, M. The winner's curse, legal liability, and the long-run price performance of initial public offerings in Finland[J]. Journal of Financial Economics, 1993 (2):251-277.

[124] Khanna, T. , Palepu K. Why focused strategy may be wrong in emerging markets[J]. Journal of Law and Economics, 1997(44): 179-198.

[125] Kinney, W. R, Jr. , Palmrose Z. , Scholz S. Auditor independence,

non-audit services, and restatements: Was the U. S. government right [J]. Journal of Accounting Research, 2004, 42(3): 561-588.

[126] Klein, A. Audit committee, board of director characteristics, and earnings management[J]. Journal of Accounting and Economics, 2002(Aug.): 375-400.

[127] Klein, B., Leffler K. B. Non-governmental enforcement of contracts: the role of market forces in assuring quality [R]. Working Paper, 1980.

[128] Klein, B., Leffler K. B. The role of market forces in assuring contractual performance[J]. Journal of Political Economy, 1981 (89): 615-641.

[129] Koh, F., Walter T. A. Direct test of Rock's models of the pricing of unseasoned issues [J]. Journal of Financial Economics, 1989 (23): 251-272.

[130] Kothari, S. P. Capital markets research in accounting[J]. Journal of Accounting and Economics, 2001(31): 105-231.

[131] Kothari, S. P., Leone A. J., Wasley C. E. Performance matched discretionary accrual measures[J]. Journal of Accounting Economics, 2005(39): 163-197.

[132] Krishnan, G. Audit quality and the pricing of discretionary accruals [J]. Auditing: A Journal of Practice & Theory, 2003b, 22(1): 109-126.

[133] Krishnan, J., Schauer P. C. The differentiation of quality among auditors: evidence from the not-for-profit sector[J]. A Journal of Practice and Theory, 2000, 19(2): 9-25.

[134] Krishnan, G., Schauer P. C. Differences in quality among audit firms[J]. Journal of Accountancy, 2001 (July): 85.

[135] Krishnan. G., Krishnan J. Litigation risk and auditor resignations[J]. The Accounting Review, 1997, 72(4): 539-560.

[136] La Porta, R., Lopez-de-Silanes, F., Shleifer, A., etc. Legal determinants of external finance[J]. Journal of Finance, 1997 (52):

1131-1150.

[137] La Porta,R. , Lopez-de-Silanes, F. , Shleifer, A. , etc. Law and finance[J]. Journal of Political Economy,1998(106):1113-1155.

[138] La Porta,R. , Lopez-de-Silanes, F. , Shleifer, A. , etc. Corporate ownership around the world. Journal of Finance[J]. 1999(54): 471-518.

[139] La Porta,R. , Lopez-de-Silanes, F. , Shleifer, A. , etc. Investor protection and corporate governance [J]. Journal of Financial Economics,2000a(58):471-518.

[140] La Porta,R. , Lopez-de-Silanes, F. , Shleifer, A. , etc. agency problem and dividend policies around the world [J]. Journal of Finance,2000b(55):1-33.

[141] La Porta,R. , Lopez-de-Silanes, F. , Shleifer, A. , etc. Investor protection and corporate valuaton[J]. Journal of Finance,2002(57): 1147-1170.

[142] Kim,J. B. , Chung R. , Firth M. Auditor conservatism, asymmetric monitoring and earnings management [J]. Contemporary Accounting Research,2003,20(2):325-359.

[143] La Porta, R. , Lopez-De-Silances F. , Shleifer A. Corporate ownership around the world[J]. The Journal of Finance,1999 (Apr.):471-517.

[144] Larcker, D. F. , Richardson S. A. Fees paid to audit firms, accrual choices, and corporate governance [J]. Journal of Accounting Research,2004,42(3):625-658.

[145] Lee. C. J. Liu, T. Wang. The 150-hour rule[J]. Journal of Accounting & Economics,1999,27(2):203-228.

[146] Lee. C. J. , Gu Z. Low balling legal liability and auditor independence [J]. The Accounting Review,1998,73(4):533-556.

[147] Lee, H. Y. , Mande V. The effect of the private securities litigation reform act of 1995 on accounting discretion of the client managers of big 6 and non-big 6 auditors[J]. Auditing: A Journal of Practice & Theory,2003,22(1):93-108.

[148] Lee, P., Stokes D., Taylor S., et al. The association between audit quality, accounting disclosures and firm-specific risk: evidence from initial pubic offerings[J]. Journal of Accounting and Pubic Policy, 2003(22): 377-400.

[149] Leland, H., Pyle D. Information asymmetries, financial structure and financial intermediation[J]. Journal of Finance, 1977, 32(3): 71-387.

[150] Lennox, C. S. Non-audit fees, disclosure and audit quality[J]. The European Accounting Review, 1999 (2): 239-252.

[151] Lennox, C. Managerial ownership and the choice of audit firm[M]. Working Paper: the University of NSW, 2003.

[152] Levis, M. The winner's curse problem, interest costs and the underpricng of initial public offerings[J]. Economic Journal, 1990 (100): 165-199.

[153] Li, C. T., Song F. M., Wong S. M. L. Audit firm size effects in China's emerging audit market[R]. Working Paper: the University of Hong Kong, 2006.

[154] Logue, D. E. On the Pricing of Unseasoned equity issues: 1965-1969 [J]. Journal of Financial and Quantitative analysis, 1973(8): 91-103.

[155] Loughran, T., Ritter J. The operating performance of firms conducting seasoned equity offering[J]. Journal of Finance, 1997(5): 1823-1850.

[156] Maddala, G. S. Limited-dependent and qualitative variables in econometrics[M]. New York, NY: Cambridge University Press, 1983.

[157] Mayhew, B. W., Schatzburg J. W., Sevcik G. R., etc. Examining the role auditor quality and retained ownership in IPO markets: experimental evidence [J]. Contemporary Accounting Research, 2004, 21(1): 89-138.

[158] McConnell, D. K., Jr., Banks G. Y. A common peer review problem[J]. Journal of Accountancy, 1998 (June): 39-44.

[159] Melumad, N. D., Thoman L. On auditors and the courts in an adverse selection setting[J]. Journal of Accounting Research, 1990

(28):77-120.

[160] Memon, K. , Williams D. D. Auditor credibility and initial public offerings[J]. The Accounting Review,1991 (66):313-332.

[161] Michaely, R. , Shaw W. Does the choice of auditor convey quality in an initial public offering[J]. Financial Management,1995,24(4): 15-30.

[162] Muzatko, S. , Johnstone K. , Mayhew B. et al. An empirical investigation of IPO underpricing and the change to the LLP organization of audit firms[J]. Auditing: A Journal of Practice and Theory,2004,23(1):53-67.

[163] Mok, H. M. K. , Hui Y. V. Underpricing and aftermarket performance of IPOs in Shanghai, China[J]. Pacific-Basin Finance Journal,1998(6): 453-474.

[164] Morck, R. Shleifer, A. , Vishny R. W. Managerial ownership and market valuation: an empirical analysis [J]. Journal of Financail Economics,1988(20):292-315.

[165] Narayanan, V. G. An analysis of auditor liability rules[J]. Journal of Accounting Research,1994(32):39-59.

[166] Nelson, M. W. , Elliott, J. A. ,Tarpley, R. L. Evidence from auditors about managers' and auditors' earnings management decisions[J]. The Accounting Review,2002(77): 175-202.

[167] Ng, D. An information economics analysis of financial reporting and external auditing[J]. Accounting Review,1978(53):910-920 .

[168] Ng, P. , Fung S. , Tai B. Auditing firm reputation and the underpricing of initial public offerings in Hong Kong: 1989-1991 [J]. The International Journal of Accounting,1994(29):20-233.

[169] Niemi,L. Auditor size and audit pricing: evidence from small audit firms[J]. European accounting review,2004(13):541-560.

[170] O'Keefe, T. B. , Westort P. J. The determinants of auditor report quality for municipalities [R]. Working Paper: University of Oregon, 1985.

[171] O'Keefe, T. B., Simunic D. A., Stein M. T. The production of audit services: Evidence from a major public accounting firm[J]. Journal of Accounting Research,1994,32(2): 241-261.

[172] Palmrose, Z. The demand for quality-differentiated audit services in an agency cost setting: An empirical analysis[G]//A. R. Abdel-Khalik, I. Solomon. Proceedings of the Sixth Symposium on Auditing Research, Champaign: University of Illinois Press,1984.

[173] Palmrose, Z. Audit fees and auditor size[J]. Journal of Accounting Research,1986,24(1):97-110.

[174] Palmose, Z. Analysis of auditor litigation and audit service quality [J]. The Accounting Review,1988 (63):55-73.

[175] Pearson, T., Trompeter G. Competition in the market for audit services: The effect of supplier concentration on audit fees[J]. Contemporary Accounting Research,1994(11):115-135.

[176] Pittman,J. A., Fortin S. Auditor choice and the cost of debt capital for newly public firms[J]. Journal of Accounting & Economics, 2004(37):113-136.

[177] Pratt, J., Stice J. D. The effect of client characteristics on auditor litigation risk judgements, required audit evidence, and recommended audit fees[J]. The Accounting Review, 1994 (69): 639-656.

[178] Carter R., Manaster S. Initial public offerings and underwriter reputation[J]. The journal of Finance,1990 (4):1045-1067.

[179] Raghunandan, K., Rama D. V. Auditor resignations and the market for audit services[J]. Auditing: A Journal of Practice & Theory, 1999, 18 (1): 124-134.

[180] Raghunandan, K. W. R. Read, J. S. Whisenant. Initial evidence on the association between nonaudit fees and restated financial statements[J]. Accounting Horizons,2003,17(3):223-234.

[181] Rennie, M., Senkow, D., Rennie, R., et al. Deregulation of the private corporation audit in Canada: Justification, lobbying, and

outcome[J]. Research in Accounting Regulation, 2003 (16): 227-241.

[182] Reynolds, J. K., Deis D. R., Jr., et al. Professional service fees and auditor objectivity[J]. Auditing: A Journal of Practice and Theory, 2004, 23(1): 29-52.

[183] Ritter, J. R. The "hot issue" market of 1980[J]. Journal of Business, 1984 (57): 215-240.

[184] Ritter. J. R., Welch I. A review of IPO activity, pricing and allocations [J]. Journal of Finance, 2002(57): 1795-1828.

[185] Rock, K. Why new issues are underpriced[J]. Journal of Financial Economics, 1986(15): 187-212.

[186] Sammons, D. A. Accounting for growth[J]. INC. Magazine, 1984 (Jan.): 75-82.

[187] Schneider A., Church, B. K., Ely K. M. Non-Audit Services and Auditor Independence : a review of the literature[J]. Journal of Accounting Literature, 2006(25): 169-211.

[188] Scott. W. R. The state of the art of academic research in auditing [J]. Journal of Accounting Literature, 1984(3): 153-193.

[189] Shleifer, A., Vishny R. A survey of corporate governance[J]. Journal of Finance, 1997(52): 737-783.

[190] Shu, S. Z. Auditor resignations: Clientele effects and legal liability [J]. Journal of Accounting & Economics, 2000(29): 173-205.

[191] Simon, D., Francis J. The effects of auditor change on audit fees: Tests of price cutting and price recovery [J]. The Accounting Review, 1988 (63): 255-269.

[192] Simunic, D. A. The pricing of audit services: Theory and evidence [J]. Journal of Accounting Research, 1980 (Spr.): 161-190.

[193] Simunic, D. A. Auditing, consulting, and auditor independence [J]. Journal of Accounting Research, 1984 (Aut.): 679-702.

[194] Simunic, D. A, Stein M. T. Product differentiation in auditing: Auditor choice in the market for unseasoned new issues [J].

Monograph prepared for Canadian Certified General Accountant Research Foundation, 1987, (June).

[195] Simunic, D. A, Stein M. T. Impact of litigation risk on audit pricing: A review of the economics and the evidence[J]. Auditing: A Journal of Practice and Theory, 1996(15):119-134.

[196] Simunic, D. A., Kim J. B., Stein M. T., Yi C. H. Voluntary audit and the cost of debt capital for privately held firms: Korean evidence [R]. Working Paper: Universtiy of British Columbia, 2007.

[197] Spatt, C., Srivastava S. Preplay communication, participation restrictions, and efficiency in initial public offerings[J]. The Society for Financial Stuies, 1991(4):709-726.

[198] Pierre St., Kent, J. Anderson A. An analysis of the factors associated with lawsuits against pubic accountants [J]. The Accounting Review, 1984 (Apr.) :242-263.

[199] Stoll, H. R., Curley A. J. Small business and the new issues market for equities[J]. The Journal of Financial and Quantitative Analysis. 1970 (Sep.):309-322.

[200] Su D. W. Leverage, insider ownership, and the underpricing of IPOs in China[J]. Int Fin Markets, Inst and Money, 2004 (14):37-54.

[201] Su, D. W., Fleisher B. M. An empirical investigation of underpricing in Chinese IPOs[J]. Pacific-basin Finance Journal, 1999(7):173-202.

[202] Sun, Q., Tong W. H. S. China share issue privatization: the extent of its success [J]. Journal of Financial economics, 2003 (70): 183-222.

[203] Su. D. W., Fleisher B. M. An empirical investigation of underpricing in Chinese IPOs[R]. Working Paper, 1997.

[204] Teoh, S. H., Wong T. J. Perceived auditor quality and the earnings response coefficient[J]. The Accounting Review, 1993(68):346-366.

[205] Teoh, S, Welch I., Wong T. J. Earnings management and the

long-term underperformance of initial public stock offerings[J]. Journal of Finance,1998a (Dec.):1935-1974.

[206] Teoh, S, Welch I., Wong T. J. Earnings management and the post-issue underperformance of seasoned enquiry offering[J]. Journal of Financial Economics,1998b (Oct.): 63-99.

[207] Tie, R. Concerns over auditing quality complicate the future of accounting[J]. Journal of Accountancy,1999 (Dec.):14-15.

[208] Tinic, S. Anatomy of initial public offerings of common stock[J]. The Journal of Finance, 1988,43(4):789-822.

[209] Titman, S., Trueman B. Information quality and the valuation of new issues[J]. Journal of Accounting & Economics, 1986(8): 159-162.

[210] Tuntiwongpiboon, N., Dugan M. An empirical investigation of the relationship between audit structure and client attributes[J]. Journal of Accounting, Auditing and Finance, 1994 (Spr.): 225-247.

[211] Wallace, W. A. The timing of initial audits of municipalities: an empirical test[J]. Research in Governmental and Non-Profit Accounting,1986(2):3-51.

[212] Wallace, W. A. The economic role of the audit in free and regulated markets: a review[J]. Research in Accounting Regulation,1987(1): 7-34.

[213] Wallace, W. A. Delay in accounting harmonization: evidence on auditor selection and cost-of-capital effects, 1986-1990[J]. Research in Accounting Regulation,2002 (15):39-68.

[214] Wallace, W. A. The economic role of the audit in free and regulated markets: a look back and a look forward[J]. Research in Accounting Regulation,2004(17):267-298.

[215] Warfield T., Wild J., Wild K. Managerial ownership, accounting choices, and informativeness of earnings[J]. Journal of Accounting & Economics,1995(20):61-91.

[216] Watkins, A. L. , Hillison, W, Morecroft S. E. Audit quality: a synthesis of theory and empirical evidence [J]. Journal of Accounting Literature,2004(23):153-193.

[217] Watts. R L. , Zimmerman J. L. Agency problems, auditing, and the theory of the firm: some empirical evidence[J]. The Journal of Law and Economics,1983 (Oct.):613-633.

[218] Watts. R L. , J. L. Zimmerman. Positive accounting theory[M]. Prentice Hall Publishing House,1986.

[219] Weber, J. , Willenborg, M. Do expert informational intermediaries add value? Evidence from auditors in Microcap IPOs[J]. Journal of Accounting Research,2003 (Sep.): 681-720.

[220] Welch, I. Seasoned offerings, imitation costs, and the underpricing of initial public offerings [J]. Journal of Finance, 1989 (44): 421-449.

[221] Whisenant, S. , Sankaraguruswamy S. , Raghunandan K. Evidence on the joint determination of audit and non-audit fees [J]. Journal of Accounting Research,2003,41(4):721-744.

[222] Willenborg, M. Empirical analysis of the economic demand for auditing in the initial public offerings market [J]. Journal of Accounting Research,1999,37(1):225-238.

[223] Zeff, S. A. The rise of "economic consequences"[J]. Journal of Accountancy,1978 (Dec.):56-63.

[224] Zhou, J. , Elder, R. Audit firm size, industry specialization and earnings management by initial public offerings firms[R]. Working Paper: State University of New York,2001.

后 记

本书是在我的博士论文基础上修订而成，现在读来，不免青涩，难免疏漏，然而字里行间，却也洋溢着无畏求知的勇气。博士论文的探索、思考和创作过程是我延续至今研究生涯的重要基石和精神财富，让我第一次有机会专注系统地探究独立审计在我国宏伟的市场化改革进程中的角色及其演进。时至今日，我仍感庆幸，因为我国新股发行市场化这一改革进程，自有公开证券市场以来，始终是市场各方瞩目和激辩的焦点，历经反复，曲折前行，至今仍是充满活力的研究课题，也一直是我长期观察、认识和理解我国独立审计制度安排及其绩效的重要窗口。

厦大求学的三年应该是我人生成长中最为重要的三年，在中国会计圣殿能够得遇导师陈汉文教授更是我一生之幸。犹记得初见先生，当时我在管院，先生素衣布鞋，恰好经过。言谈之际，先生问及我的食宿、生活等琐事，关切之情，至今难忘。先生为人至诚，襟怀坦荡，视弟子如家人，身教言传，关怀备至。先生学识渊博，治学严谨，视学术为生命，重视方法，敏于前沿。大师风范，让人心折。身不能至，心向往之。在我的学业进步方面，多年以来先生倾注了极大心血，耳提面命，谆谆教诲，至今萦绕于耳，催我奋进。在我的人生成长方面，长久以来先生给予了至诚关爱，鼓励开导，有求必应，至今历历在目，感人至深。师恩如山，感激涕零！唯愿先生身体健康，万事如意！

与此同时，我要特别感谢浙江大学王重鸣教授，先生德高望重，于我之关爱如父辈呵护，若浩瀚春风，极力提携，温暖拂面，铭刻心中。我还要特别感谢我的硕士生导师张传明教授，他和夫人毛志忠教授无微不至的关怀，让我感念至今，于我困难时期的热忱相助，让我感动莫名。

自强不息，止于至善。在厦大求学期间，我有幸聆听了一大批著名专家的精彩演讲，也得到了很多位学者老师的指点帮助，在此谨致以我的尊敬和感谢。他们是：厦门大学葛家澍教授、吴水澎教授、吴世农教授、曲晓辉教授、王光远教授、唐予华教授、刘震宇教授、薛祖云教授、黄炳艺教授、张国清教授、赵景文教授，大连出版社刘明辉教授，复旦大学孙谦教授，南开大学张继勋教授，重庆大学刘斌教授，武汉大学余玉苗教授，台北大学的李建然教授，等等。我还要感谢时在中山大学的刘峰教授，香港城市大学的陈杰平教授和苏锡嘉教授给我提供的学习机会和在论文上的指导。唯学无际，际于天地。在我持续的研究生涯中，有幸结识了不少学界翘楚，青年才俊，他们与我亦师亦友，共同研究的经历和探讨让我受益匪浅，获益良多，他们是：新加坡国立大学 Bin Ke 教授，香港中文大学 Donghui Wu 教授，美国德克萨斯大学奥斯汀分校 Yong Yu 教授、达拉斯分校 Ningzhong Li 教授和 Ying Huang 教授，美国纽约州立大学宾汉姆顿分校 Nan Zhou 教授、石溪分校 Zhifeng Yang 教授，澳大利亚默多克大学的 Frank F. Zhang 教授，香港浸会大学 Bingbing Hu 教授和 Wenming Wang 教授，西澳大利亚大学 Jamie Y. Tong 教授，美国西肯塔基大学的 Kam C. Chan 教授，劳伦斯理工大学 Yu Zhang 教授以及香港理工大学 Shuo Li 博士。

同时，在求学和论文创作过程中，我还得到了许多同窗好友的鼓励和帮助，他们是鑫成、陈宏、启亮、田静、洪灵、志元、凌云、海生、文贤、中胜、李正、艳艳、义刚、玉龙、学文、文昌、金若、长炜、荣昌、洪波、春江、杨辉、飞达、竑彬、国旺、雨龙等等，在此一并致谢并铭记友情于心中。最后，我也特别感谢厦门大学管理学院石云老师、杨颖瑜老师，港澳台办刘婉玉老师给予我的帮助。感谢浙江工商大学出版社王黎明编辑为本书的出版所付出的辛苦劳动。

陈　俊

2017 年 10 月